福州大学哲学社会科学学术著作出版基金资助项目
（项目批准号：14CBS06）

20世纪30年代美国流线型设计研究

王敏　著

中国建筑工业出版社

图书在版编目（CIP）数据

20 世纪 30 年代美国流线型设计研究 / 王敏著．—北京：中国建筑工业出版社，2014.12
ISBN 978-7-112-17665-6

Ⅰ．① 2…　Ⅱ．①王　Ⅲ．①工业设计—历史—研究—美国　Ⅳ．① TB47-097.12

中国版本图书馆 CIP 数据核字 (2015) 第 006525 号

责任编辑：马　彦
装帧设计：常　亭
责任校对：姜小莲　刘　钰

20世纪30年代美国流线型设计研究

王敏　著

*

中国建筑工业出版社出版、发行（北京西郊百万庄）
各地新华书店、建筑书店经销
北京云浩印刷有限责任公司印刷

*

开本：787×960毫米　1/16　印张：$15^{1/2}$　字数：240千字
2014年12月第一版　2014年12月第一次印刷
定价：45.00元
ISBN 978-7-112-17665-6
（26883）

序

众所周知，20 世纪 30 年代正值美国经济处于“大萧条时期”。论及这一时期，总会使人联想到 1929 年 10 月的“黑色星期二”、曾高达 25% 的失业率、罗斯福推行的“新政”以及“蓝鹰计划”等事件……

然而，30 年代也是美国工业设计蓬勃发展，并影响其制造业竞争格局的一个特定时期。正是由于美国经济需要走出萧条的困境，为工业设计的蓬勃兴起创造了条件——美国制造业自 1929 年遭受经济危机重创之后，在以刺激经济走向复苏的思想引导下，工业设计开始被视为一种“营销工具”，甚至成为产品市场竞争所必须的一种武器，得到了前所未有的发展机遇。正因如此，美国工业设计被称之为“大萧条之子”。这从一个侧面说明了此次经济危机与美国工业设计的兴起以及流线型设计风格的出现有相当紧密的联系。

伴随着美国工业设计参与消费产品的市场竞争，使得一种不同于当时欧洲的消费品设计风格——流线型设计风格，被人为地借用为促使美国经济走出困境的一种形式符号，并成为科技进步与时尚的象征。就此而言，流线型设计风格的出现，并不是鼓吹无节制的炫耀性消费，也不是鼓励“用毕即弃”的浪费，而是基于特定时期的经济与社会需求。这种需求一方面旨在促进产品的销售与产量，另一方面在于通过保持机器不断地生产，减少工人失业率，甚至可以说流线型设计风格的出现，一定程度上是基于人道主义之目的。这是正确认识流线型设计风格不能忽视的一个因素。

美国的第一代工业设计师，如当时设计界的“四巨头”：诺曼·贝尔·格迪斯、雷蒙德·罗维、亨利·德雷夫斯和达尔文·提格等人，先后在 20 世纪 20 年代末至 30 年代初期开设了自己的设计事务所，走上了设计服务于企业的职业化道路。需要说明的是，30 年代的美国工业设计师参与到企业的产品竞争战略之中，并不意味着就放弃了对产品美观与易用性等的考量。事实上，罗维及德雷夫斯等人在他们的设计中，同样注重产品的性能、有效利用与舒适性等问题。尤其是德雷夫斯总结了自己从事设计 20 余年的经验，并结合自己对人体尺度及相关参数的长期研究，于 1955 年出版了《为人而设计》一书，成为后人研究 20 世纪 30~50 年代产品设计以及人机工程学知识不可忽视的经典之作。

上述设计师们多通过“Re-design”的方式，不断向世人诠释流线型之于静态的日常家用品所产生的科技感和时尚感。所以，罗维等设计师虽然被贬称为“风格主义者”，但他们优化了原有产品不仅款式过时而且使用不便的外观，也赋予了新款产品以优雅简洁的设计理念和时尚美感，这符合当时经济危机时期人们对家用消费产品的精神需求与期待。

我们看到，受当时美国与欧洲制造体系以及文化背景等因素影响，欧美在各自的工业设计早期阶段，就已经呈现出明显不同的发展轨迹和价值取向：欧洲早期的工业设计承“艺术与手工艺运动”一脉，与造型艺术密切相联系；而美国流线型设计风格并非源于艺术（或传统的装饰艺术），而是借用于追求机车速度的工程设计领域——将符合空气动力学原理的“科学形式”用于静态产品的外观。另一特点，就是美国早期的设计师们背景多元，多数人没有系统地接受过相关的设计训练。可以说，流线型设计风格是兴起于美国本土的一种流行风格，具有鲜明的商业化倾向。

不能回避的是，在这种风格出现之初，就招致了不少的批评和排斥，如 MoMA 在当时举办的展览，就曾排斥流线型设计师们的作品参展。同样，来自包豪斯及其后乌尔姆学院的成员们，更是认为流线型设计风格为一种流于表面的外观式样，非但华而不实，而且盗用科技之名。

流线型设计与商业相结合，更令注重产品“好品味”的欧洲设计界所不能接受，如果将迪特·兰姆斯关于好设计的十原则，与贝尔·格迪斯的好设计六原则进行比较，不难发现这两位设计师对于好设计的原则，实则反映了欧美设计不同的评价标准和价值观。所以，设计史上对美国流线型设计风格的诸种批评与排斥，在今天来看或多或少存在着某些误解和片面的认识。

甚至在当前，对流线型设计风格的上述误解仍然存在，缺乏将 30 年代的经济背景与流线型设计相联系，因而就产品论设计的现象往往导致一叶障目的结论。流线型设计风格的研究价值也凸现出来，并且与这种风格相关的产品市场战略（如“年度款式改变”）及伦理等方面的讨论，仍有待于我们更加深入地进行分析和解读。

本书的研究目的，就是探讨流线型在 20 世纪 30 年代的美国从一种科学形式到消费风格的发展过程，以及促成这种转变的各种因素。尽管国内学界对此论题的讨论虽有前期观点，但并不意味着在此方面的探讨已时过境迁，而是需要参考更为丰富的资料重新发掘和分析。这不但是设计历史及理论研究者应秉持的态度，也是客观公证地认识历史、弥补现有不足的前提。

王敏博士选择从两条线索审视流线型设计的发展，相对完整地比较了形式与风格方面的先后变化，并以“形式追随市场”作为剖析产品款型变化的切入点，图文并茂且举例得当，尤其是他的一些学术观点，值得肯定。期待本书的付梓，能够进一步促进国内对西方工业设计历史与理论的研究。千里之行，贵在努力与坚持，学术研究更需要坚持不懈地努力，希望作者今后不断有成果与业界同仁分享。

是为序。

张夫也

2014 年 12 月于北京清华园

目　录

| 第一章 |
引言

1.1 提出问题

1.1.1 背景及研究价值简述

20 世纪 30 年代（以下简称 30 年代）的美国工业设计，以一种广泛应用于产品外观设计的流线型风格为主要特征。对此，美国学者唐纳德 · J · 布什（Donald J. Bush）在 1975 年出版的著作《流线型十年》（*The Streamlined Decade*）中，将 30 年代视为美国流线型设计发展的十年——既包括应用于交通工具设计的流线型科学形式，也包括主导了日常生活用品设计的一种流线型风格。

这种（当时）流行的设计风格自 30 年代出现后，就引发了欧美设计界及相关领域的学者对其进行持续不断地讨论（包括赞美与批评）。从现有的文献来看，对这风格的讨论，主要涉及如下方面的几个问题：1. 流线型风格究竟是一种时尚还是浪费？ 2. 将流线型用于静态的日常生活用品的外观，是否违背了形式与功能相统一的原则？ 3. 美国 30 年代正值经济大萧条时期，将流线型风格作为一种市场手段刺激产品的消费，是否有悖于设计伦理？ 4. 以提高速度为目标的流线型设计是科学合理的，而产品设计中的流线型风格形成过程是怎样的，其合理性体现在哪些方面？

正因为 30 年代的美国流线型设计在工业设计史中具有特殊的地位和影响，所以自 2000 年以来，国外仍有研究者从不同的学科和专业背景出发，试图对这种风格的形成、作用及其所蕴含的意义进行新的探究。[1] 其研究价值主要体现在以下三个方面：1. 流线型风格是工业设计职业在美国出现后，最早出现的一种以批量生产为基础的现代工业设计风格。2. 流线型设计（风格）源于工程设计领域，与美国制造体系的关系密不可分，具有显著的商业化倾向。因此，与同时期欧洲现代设计有着较大的差异性。3. 与当时流线型设计密切相关的一些市场战略，至今仍有借鉴和进一步研究的价值。如产品的"年度款式改变"和"更新设计"等，至今已成为制造企业竞争和销售的常见措施。

本文就是在这一背景下，关注 30 年代美国流线型设计及其风格演变的外在因素和内在的追求，并对这种风格的形式与功能间关系予以分析。尤其是要对"年度款式改变"战略实施下的款式"废止"与产品更新之间的发生机制进行重点讨论，以期深入揭示流线型设计在当时美国产品制造中所产生的作用和影响。

1.1.2 流线型设计释义

在研究流线型设计的文献中[2]，通常用 streamlining 一词表示流线型化、流线型的式样或风格。在《现代设计词典》（*Dictionary of Modern Design*）中，对 streamlining 的解释为："20 世纪 30 年代美国的许多（工业）产品与这种空气动力学的形式相关联，流线型反映了大众对于（机车）在陆地、海洋和空中行驶速度（提升）的热望。然而，虽然这种形式往往被视为 1933 年 DouglasDC-3 和伯林顿'和风'(Burlington Zephyr)、联合太平洋公司（Union Pacific）'M10000'火车和克莱斯勒公司的小汽车'气流'(Chrysler Air Flow) 等的代名词，这种形式被挪用于静态物品的外观设计上，以象征着技术的进步。"[3] 在另一本专业的设计词典 *Thames & Hudson Dictionary Design Science 1900* 中，对 streamlining 的解释是："(该词) 是一个与风格相似的术语，与一件既定物品在内部工作完成后外加的表面效果相关。不同之处在于其源于空

---

1 如 Christina Cogdell, Products or bodies? Streamline design and Eugenics as Applied Biology, *Design Issues*, Vol.19, No.1 (Winter, 2003). 以及 Susan Currell and Christina Cogdell, *Popular Eugenics: National Efficiency and American Mass Culture in the 1930s*, Athens, Ohio University Press, 2006.

2 参见：Jeffrey L.Meikle. *Twentieth century limited: industrial design America, 1925-1939*. Temple University Press, Philadelphia.1979; 论文有：Donald J. Bush, "Streamlining and American Industrial Design", *Leonardo*, Vol. 7, No.4 (Autumn, 1974), PP. 309-317.

3 Jonathan M. Woodham. *A Dictionary of Modern Design*. Oxford University Press. 2004, P.405; 需要说明的是该词典中提到的"1933 年 DouglasDC-3"，在时间上出现了错误。实际上，DouglasDC-3 是 1934 年在 DouglasDC-2 的基础上开始设计制造，首飞时间为 1935 年 12 月。

气动力学的形式，并因此被视为（一种）汽车的风格——尤其是在20世纪30年代至40年代，被通用汽车（公司）的哈利·厄尔（Harley Earl）和克莱斯勒公司所发展，这种风格在20世纪50年代发展到了极致。然而，其动力学的含义同样使之进入到了产品设计领域。”[1]

在《设计：关键概念》（*Design: The Key Concepts*）中，对于streamlining的解释为："该手法促使平滑、空气动力学（原理）的形式应用于从汽车、轮船和飞机到简易的卷笔刀等工业产品领域。这些设计师们声称这些形式是对自然形态的一种科学原理的阐述……然而，虽然这种说法有一些意义，实际上流线型的手法唤起了这一时期技术与机器的浪漫情怀。欧洲的现代主义运动往往只是将流线型的手法斥为一种风格，并声称其对于20世纪设计的发展并非是一个重要的贡献。现如今，美国设计师们在设计中采用流线型（手法）的产品，唤起了一种英雄时代的自信心。”[2]

与streamlining相关的另外两个词（或词组）是streamline（流线型）及streamlined design（流线型设计）。在麦克米伦高阶英语词典（英语版）中，对streamline这样解释："（动词）1. 通过更加现代或简洁的方式，使事物、条理和工序更为顺畅；2. 设计或使物体的外形平滑，以便在水或空气中更加迅速地移动。”[3]而纽约现代艺术博物馆（The MOMA）出版的《设计百科全书》（*The Design Encyclopedia*）中，streamline被认为是："一种20世纪30年代流行风格的（外在）形式。”[4]此外，在《工业设计读本》（*The Industrial Design Reader*）中，对streamline的解释则是："（该词）最初是一个流体力学的术语。约1909年空气动力学（aerodynamics）科学借用其描述平缓的气流，以及以最低阻力在空气中移动的一种物体外观形式。”[5]由此可知，streamlined design（流线型设计）指向了动态和静态两个不同的设计领域：一个指向对速度的探索（动态），将符合空气动力学原理的流线型形式应用于旨在追求速度的交通工具设计中；另一个则指向一种消费的风格（静态），把流线型形式作为一种"科技”因素应用于静态的消

1 Guy Julier. *The Thames & Hudson Dictionary-Design Since 1900*. Thames & Hudson, London. 2004. P: 191.

2 Catherine McDermott. *Design: The Key Concepts*. Routledge. 2007. P:211-212.

3 *Macmillan English Dictionary*. 北京：外语教学与研究出版社. 2003. P: 1418.

4 Mel Byars. *The Design Encyclopedia*. MOMA. 2004. P: 715.

5 Carma Gorman. *The Industrial Design Reader*. Allworth Press. 2004. P: 135.

费品外观设计中，目的是起到促进消费的作用（图 1.1）。

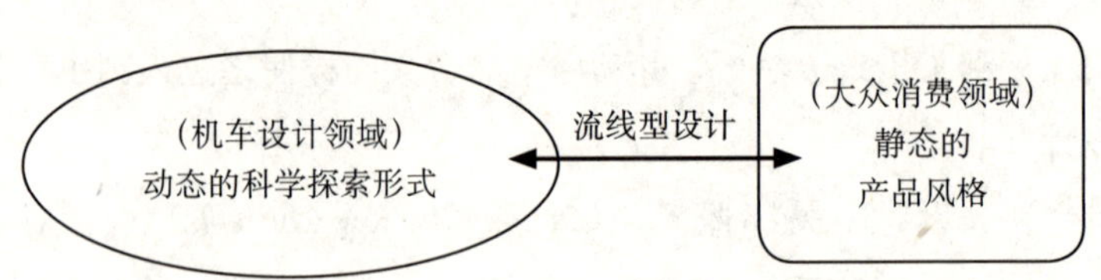

图 1.1 流线型设计的两个不同指向

此外，还有 streamform（流线形式）等与流线型相关的组合词，也同样表达了上述两种不同的指向。如在设计词典中，将 streamform 阐释为："一个在 20 世纪 30 年代和 40 年代被美国设计师们广泛地运用的一种装饰风格，如雷蒙德·罗维和诺曼·贝尔·格迪斯。这种风格是以一种泪滴形式为主——往往是流线型风格的产物——该风格被应用于无论与其功能是否有关的任何物品，并且被饰以了空气动力主义（aerodynamism）和速度的效果。沃尔特·达尔文·提格和诺曼·贝尔·格迪斯甚至将泪滴形作为一种可以实现的理想形式，一种交通设计的最终方案。"[1]

通过上述阐释与分析，可以认为"streamline"和"streamlining"均包含了两层含义：1. 一种科学的设计形式；2. 一种流行的商业设计风格。产生这两层含义的原因，与流线型设计发展的历史有密切关系。因为在 20 世纪 30 年代以前，流线型一直作为一种可以提高速度的有效形式被加以采用，并未被广泛地应用于产品外观设计中，将其视为一种刺激消费的流行风格。至 20 世纪 30 年代，流线型设计开始成为一种消费的风格。所以，无论是专业词典还是通用词典均将"作为一种科学形式的流线型"和"流线型设计风格"合二为一进行阐释。这里需要指出的是，在有的文献中，streamlining 专指流线型样式或风格。[2] 因此，流线型或流线型设计所具有的双层含义，实际上反映了其在 20 世纪 30 年代特殊的发展，体现了这样一个事实：即产品设计领域"借用"

1 Guy Julier. *The Thames & Hudson Dictionary-Design Since 1900.* Thames & Hudson, London. 2004. P: 191.

2 参见：Donald J. Bush, *The Streamlined Decade*, New York, George Braziller, 1975. P: 175.

或“挪用”了工程技术领域科学的流线型形式，只是所追求的已不再是速度而是产品的销量。

1.1.3 主要问题

流线型源于早期对生物形态的观察和模仿。至20世纪初期，工程设计领域的设计师们逐步开始按照空气动力学的科学原理，将流线型应用在空中飞翔的飞艇（飞机）、水中的潜艇（舰艇）、陆地上的火车和汽车设计中。他们采用这种平滑流畅的“泪滴”（Teardrop）形或纺锤形的流线型形式，目的是降低（来自空气或水的）阻力以实现提高运行的速度。简而言之，流线型设计本是用于在空中、水中和陆地上移动的机械设备（如机车）的一种外观形式，其所具有的优势是通过提高行驶或飞行速度得以体现（图1.2）。

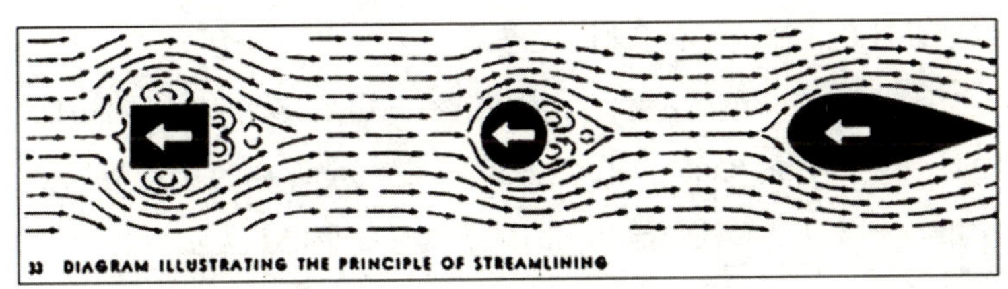

图1.2 贝尔·格迪斯 流线型形式的科学原理图示
图片来源：诺曼·贝格 格迪斯（Norman Bel Geddes），《视界》（*Horizons*），1932.

通过对现有研究资料的阅读和思考，一些关于20世纪30年代美国流线型设计（风格）的问题也逐一被提出：

1.如何客观地认识和评价20世纪30年代的流线型设计？因为30年代的美国设计主要可分为（室内）日常家用消费品（如电器），和飞机、火车和汽车等用于交通目的的机车。流线型对于这些不同类型产品的科学价值和作用也是不同的，需要予以区别分析和判断。因此，对流线型设计的研究尚需进一步分类研究，才能得出相对客观的结论。

2. 作为一种“借用”于空气动力学知识的消费风格，流线型（设计）风格对于美国30年代经济大萧条时期的作用和影响是显著的。如刺激了消费：一方面使日常生活用品的销售量保持上升趋势，另一方面这种“借用”来的科学形式在产品的设计和消费过程中，逐渐被接受并成为了科技进步的一种象征。因此，该如何看待这一时期的流线型设计风格，并从文化和设计伦理的角度予以深刻认识？

3. 作为经济大萧条时期的一种促进消费和提高竞争力的手段，制造商和设计师们对产品的设计方式和周期做了新的调整和规划，因此需要对这一时期同流线型设计风格密切相关的设计战略加以分析。如“年度款式改变”（annual model change）、“更新设计运动”（redesign movement）和“消费工程”（consumer engineering）。[1]

4. 流线型与欧洲几何形的设计风格之间的差异是怎样的？流线型设计是否盗用了包豪斯之名？

上述问题，虽然不能全面地触及20世纪30年代美国流线型设计（风格）的各个方面，但总体从流线型设计的功能与风格、作用与意义以及对社会与文化的影响等方面予以了关注。

从现有的资料来看，促进这种风格形成的原因，正是当时使美国经济处于低迷状态的经济危机：“在20世纪30年代中期，工业设计师和制造商们转而将流线型风格作为一种在低迷的市场中促进消费品的手段。‘流线型’迅速成为‘现代’和‘高效’的同义词。这种设计风格在20世纪30年代晚期被用于大量的消费产品，并且至50年代其影响仍持续存在。”[2] 所以，至30年代中期流线型设计就具有了两层含意：1. 是指一种运用于工程设计领域的技术形式。采用流线型形式的目的，是为了提高速度；2. 是指一种商业性的消费设计风格，旨在提升产品的销售量。这正是不同词典对于流线型（设计）的阐释，均具有上述两个方面含意的原因。

1 David Gartman, *A Social History of American Automobile Design*, London, Routledge, 1994. P: 101.

2 Charles K. Hyde. "'Streamlining America,' an Exhibit at the Henry Ford Museum, Dearborn, Michigan." *Technology and Culture*, Vol. 29, No. 1 (Jan., 1988), P: 125.

1.1.4 要规避的问题

1. 论文中对于工程设计领域对流线型形式的空气动力学和流体力学等相关学科的知识、详细的设计技术和实验（如风洞等）不予以研究，仅作为流线型设计历史发展的过程提及；

2. 由于流线型在建筑设计等领域的发展渊源、技术特点和呈现状态等，与工业设计存在一定区别，因此不作为主要论述的内容——仅在相关部分论及；

3. 文中所涉及的其他学科（如经济学和社会学）的观点和论据均引自已经标注的相关文献。因此，对所涉及学科的进一步分析不作为本文研究的内容。

1.2 研究现状

1.2.1 国内研究

国内对流线型设计的研究较为薄弱，主要是受地域、语言和资料的影响，制约了国内研究者对这一领域进行深入研究。这一状况导致了以下三个相关的研究现状：1. 缺少国外研究者们对流线型设计研究成果（著作和论文）的翻译和介绍；2. 国内至今对流线型设计的关注和介绍，主要以一些现代设计史著作中的相关章节为主，并没有专门性地对流线型设计的发展，和对美国 20 世纪 30 年代的影响进行深入系统地论述；3. 对于 20 世纪 30 年代，在美国从事流线型产品设计的设计师们的著作及其设计思想的认识不足。这三个方面因素，又进一步导致了对这时期美国流线型设计发展状况、作用及历史影响的正确评价。

在图书（著作、编著、译著和主编）方面，通过对中国国家图书馆、上海图书馆、北京大学图书馆和清华大学图书馆等国内较大的图书馆馆藏书目，以及主要的网上书店（如卓越亚马逊、当当和孔夫子旧书网等）进行检索，未检索到国内有研究流线型设计的图书出版。[1] 经过对现有的中文版设计史论类图书的查阅，以章节的形式对流线型设计或20世纪30年代美国流线型设计风格进行论述的史论类图书主要有（按出版时间顺序）：《世界工业设计史略》（王受之编著，上海人民美术出版社，1987年5月第1版）；《工业设计史》（何人可主编，北京理工大学出版社，2000年8月第2版）；《世界现代设计史》（王受之著，中国青年出版社，2002年9月第1版）；《现代设计史》（大卫·瑞兹曼著、王栩宁等译，中国人民大学出版社，2007年11月第1版）；《外国现代设计史》（张夫也编著，高等教育出版社，2009年3月第1版）；《工业设计史》（何人可主编、柳冠中主审，高等教育出版社，2010年7月第4版）等。

这些著作中，除译著之外，张夫也、王受之与何人可等教授出版的上述著作部分或全部参考了原（英）文文献，因此成为国内介绍20世纪美国流线型设计及其相关历史的主要著作。其他一些有关流线型设计的史论类图书，由于主要是以上述著作为参考文献撰写而成的，甚至在流线型设计的内容和论述的观点方面与参考的文献有重复现象，因此不逐一列出。[2]

研究论文方面，通过清华大学图书馆数据库对中国知网（CNKI）的中国学术期刊网络出版总库、中国博士学位论文全文数据库和中国优秀硕士学位论文全文数据库，分别以“美国流线型设计”、“流线型设计风格”、“流线型设计”和“流线型风格”为题名、主题和关键词，在社会科学和哲学与人文科学领域内进行检索，所查阅到的论文情况如下：1. 中国学术期刊网络出版总库显示全部检索记录为8条；2. 中国博士学位论文全文数据库显示全部检索记录为0条；3. 中国优秀硕士学位论文全文数据库显示全部记录为4条。

通过对中国学术期刊网络出版总库检索到的8篇文章，和中国优秀硕士学位论文全文数据库检索到的4篇硕士学位论文的题目、摘要或全文进行查阅，发现这些论文中有几篇只是在文

1 在对上述图书馆图书进行检索时，是以“美国流线型设计”、“流线型设计”和“流线型”为书的题名、主题和关键词，分别进行检索。

2 这里并非是要否定其他研究者的成果，而是在国内缺乏专门研究的现状下，对涉及本文研究内容的相关文献进行概述。因此，文中就不全面地逐一列举和评价。

中提及了“流线型设计”或“流线型风格”一词，并没有进行相关的论述。剩余几篇论文由于采用的基本上是中文参考文献，并且更重要的是缺乏论据支持文中的观点（有的观点甚至显示作者缺少必要的设计史相关文献），因此可以排除在本文的关注之外。

总体而言，国内学者并没有针对20世纪30年代的美国流线型设计进行专门研究，而是对这种风格的发展历史和产品设计介绍为主。他们对流线型设计及其风格的论述，更多地关注于产品样式及其促销的设计目的，而并没有关注到这种风格在经济“大萧条时期”所具有的特殊象征意义和对于消费者内心所产生的影响。由此可以看出，国内对于30年代美国流线型设计及其理论的研究处于一种较为宽泛的认识阶段。从基本的观点来看，国内学者以前对流线型风格的批评，已经逐渐转变为了一种相对客观和肯定的态度。[1]

1.2.2 国外研究

国外对流线型设计的研究与讨论的成果相对较多，这些成果主要为著作（有的是出版的博士论文）和论文等形式。研究者主要是以美国学者为主。

通过清华大学图书馆外文数据库中的Jstor、ProQuest学位论文全文库、Oxford Journals和Web of Knowledge平台等英文数据库，以“streamlined design 1930s”、“streamlined design”、“streamlining 1930s”和“streamlining ”等词语进行检索。共检索到的相关论文情况如下：“streamlined design 1930s” 为780篇、“streamlined design”为4994篇、“streamlining 1930s”为1312篇、“streamlining”为13942篇。经过学科筛选和对结果的二次检索（如加上设计师的名字和产品设计等词），最终通过对“streamlining industrial design US 1930s”的检索获取相关论文280篇——在此基础上，随着检索词的调整论文数量会得到增长，但所属学科和研究的内容已经与

1 这里所说的相对客观和肯定的态度，是指能够以美国20世纪30年代“经济大萧条”的特殊背景，来看待流线型设计在当时上产生的积极影响。具体可参见上文提及的几位学者的著作。

本文没有直接关联。[1]

检索到的这 280 篇文章，并不都是学术性论文，其中还包括了 20 世纪 30 年代的科技信息通讯和艺术机构的相关报道性文章。如美国的科普性杂志《科学的美国人》（*Scientific American*）1913 年 1 月刊、《科学通讯》（*The Science News-Letter*）1931 年 10 月第 20 期和 1938 年 4 月第 33 期、《飞机工程》（*The Aircraft Engineering*）1936 年 6 月版、《美国政治与社会科学学会年刊》（*Annals of the American Academy of Political and Social Science*）1936 年 9 月第 187 期，以及《现代艺术博物馆公报》（*The Bulletin of the Museum of Modern Art*）1938 年 10 月第 5 期等，均刊登了有关流线型设计的文章。虽然这些 20 世纪 30 年代的刊物，所刊登的文章简短，并且基本上都是对流线型（机车）设计的功能进行简要介绍或对相关（最新）技术信息的报道，但由于提供了这一时期流线型设计的发展状况的部分可用信息，因此具有一定的参考价值。

在上述检索到的文章中，从对流线型设计研究的视角和内容来看，有些研究者所关注的内容已经超出了设计（艺术）学的范畴，涉及了经济学、社会学、历史学和伦理学等相关学科的内容。并且对这种设计风格，进行跨学科研究的趋势也日趋明显。这说明国外研究，已经将流线型设计（风格）视为美国 30 年代出现的一种综合性的社会文化现象予以探讨，而不是仅仅将其视为工业制造领域内的一种设计风格。

值得关注的是，在对 20 世纪 30 年代美国流线型设计的历史作用、意义和影响进行评价中，国外研究者们的观点在不同时期也有观点上的分歧。这一方面是因为研究者们的学科背景不同，并且各自所关注的问题也不尽相同，因而最终导致了对于流线型设计的认识和评价也不同。另一方面是因为时代的差异。由于不同时代的研究者们所处在不同的背景下，既受到了当时条件及思想认识（如文献资料和意识形态等方面）的制约，又容易受到前期不同研究者的观点影响，从而形成不同的甚至是截然相反的观点或评价。

1 这些文章主要在数据库 Jstor 中检索到。由于不同学科在研究中对流线型设计有一定的涉及，所以相关的文章数量会随着检索词的调整而增多。

国外对20世纪美国流线型设计（风格）的研究专著，自20世纪70年代以来陆续出版了三部。同检索到的论文一样，国外对流线型设计研究所涉及的学科也比较广泛，如仿生学、工程学、经济学、历史学、营销学、社会学和伦理学等多门学科。流线型设计在美国经济“大萧条时期”，成为了具有特殊象征意义的一种产品造型形式和流行的风格，并且对当时的美国社会文化也产生了深刻的影响。

此外，由部分博物馆以美国30年代流线型风格为主题举办的设计（收藏）展览，也是研究这一时期流线型所要关注的内容之一。因为这些展览不仅体现了对这时期设计风格的回顾和总结，也体现了对流线型风格在特定历史时期所产生的积极意义的一种肯定。整体来看，国外研究者对20世纪30年代流线型设计的研究，不但有了一些前期的成果，而且已经涉及了多门学科领域。这些已有的成果，主要对以下四个方面内容进行了重点讨论：

1. 从艺术学的角度评价和认识流线型风格对于当时产品销售的促进作用和影响，并对这一现象进行分析；目的在于对这一产品设计的外观形式，在消费市场所产生的影响进行深入了解。

2. 从社会学研究的视角，考察流线型风格在20世纪30年代对于当时社会文化及历史所产生的影响；流线型风格不仅是美国30年代产品设计的一种流行风格，也是一种对美国社会产生了广泛影响的文化现象。因此，有学者尝试着从社会学的角度对流线型风格进行了探讨，以期对这一时期的社会现象予以解读。

3. 从伦理学的角度，透视流线型风格在制造商和设计师“人为”制造的“年度款式改变”消费战略中所产生的作用及影响，并对相关设计伦理问题重新进行反思。

4. 从商业（制造业）的发展角度，评价和总结在经济大萧条背景下，工业设计促进经济走向复苏的设计战略和模式，并对工业设计在制造业中的地位与作用进行分析。不过，国外研究也存在一个重要问题，就是在论述中并没有对两种不同（目的）的流线型设计加以明确区分，而是时常将两者处于混杂在一起表述的境地。这样所形成的直接影响，就是对流线型设计在不同领域应用的作用和影响不能进行客观评价。

1.2.3 国外主要研究评述

1.2.3.1 著作部分

经检索，国外目前针对20世纪30年代美国流线型设计进行专门研究的著作，主要有以下三本：1. 唐纳德 · J · 布什（Donald J. Bush）所著的《流线型十年》（*The Streamlined Decade*, 1975年版）；2. 杰弗里 · L · 米克尔（Jffrey L. Meikle）的《20世纪快车——美国工业设计，1925～1939年》（*Twentieth century limited——industrial design in America, 1925-1939*, 1979年版）；3. 大卫 · A · 汉克斯（David A. Hanks）和安妮 · 霍伊（Anne Hoy）合著的《美国流线型设计》（*American streamlined design*，2005年版）。

在这些著作中，前两本书主要对20世纪30年代美国流线型设计的发展状况及其成就进行了梳理——这与本文研究的内容和时间较为相近；后一本书则涵盖了20世纪美国流线型设计的主要发展过程，涉及的内容虽相对完整但主要以产品的图片介绍为主，文献研究深度明显不足。除了对工业（产品）设计中的流线型设计风格予以关注之外，这三本书均从不同程度，对建筑设计中的流线型设计也予以了关注。下面对这三本书作者的观点分别予以评述。

1.《流线型10年》

本书的作者唐纳德 · J · 布什博士，是美国亚利桑那州立大学的人文研究中心的教授。在1975出版之后，本书成为了20世纪70年代至今国际上研究“大萧条时期”美国流线型设计（风格）的主要著作之一。在书中，唐纳德 · J · 布什首先阐述了流线型作为一种科学形式的来源和20世纪以前人们在工程设计领域内的不懈探索。

此外，唐纳德 · J · 布什认为流线型设计能成为一种流行的风格，从一个侧面体现了“大萧条时期”美国及民众的消费观和心境，而并非完全来自制造商和设计师单方面的意愿。通读全书，可以清晰地认识到唐纳德·J·布什肯定了流线型设计，在20世纪30年代所起到的积极意义：既刺激了消费，也成为一种新的美学和时代进步的象征。正因如此，他认为：“流线型风格（streamlining）作为一个术语被传播，并超越其技术的含意成为了一种见解。生物学家在自然中求证流线型的形式，雕塑家则通过生物学家的研究表达生命活力（élan vital）的精神。工业设计师们则推动了流线型形式作为一个触及我们日常生活的符合。”[1]

但本书也存在两个方面的问题：1. 作者将主要视点集中在了大型的交通工具（如轮船、火车和汽车）的设计方面，更多地体现了流线型形式所具有的功能性，并没有详细地对作为一种流行风格的流线型进行深入分析。因此不能也不可能全面反映出流线型设计在20世纪30年代的作用和影响；2. 作者没有对这一时期的流线型设计风格同其他采用曲线形式的设计（或艺术品）相区别，使得人们对流线型深层概念和界定不够明确——容易使人产生只要是曲线就是流线型设计（风格）的错误认识；3. 作者并没有对流线型风格与这一时期的其他设计风格相比较，从而造成了对流线型设计在当时产品设计领域的外在影响和评价的缺失现象——这甚至直接地导致了对流线型设计的研究存在严重缺陷的后果。因此，这三点也是本研究工作所要汲取的教训和需要加强的地方。需要指出的是，唐纳德·J·布什在这本《流线型十年》的“理想形式”一章中，对流线型飞机设计的论述和部分数据，皆来源于对贝尔·格迪斯1932年所著的*Horizons*一书。这也显示了格迪斯在*Horizons*中表述的设计思想和对于流线型形式的设计实践，对唐纳德·J·布什在这本书中的观点产生了不可忽视的影响。

2.《20世纪快车——美国工业设计，1925～1939年》

这本书的作者为美国设计史学家杰弗里·L·米克尔，1979年被列入“美国文明”（American Civilization）系列。杰弗里·L·米克尔早期从事美国研究，他被认为：“可能是这一领域内第一个

1 Donald J. Bush, *The Streamlined Decade*, New York, George Braziller, 1975. P: 14.

以设计为论题写博士论文的人，《20 世纪快车——美国工业设计，1925～1939 年》的出版，成为了美国工业设计研究的典范之作。”[1] 在书中，作者首先阐述了流线型设计产生于美国消费社会的背景及其根源，并对此予以了深入分析。米克尔认为，对于经济大萧条而言，流线型风格的设计因被视为促使产品销售的活动而得到兴起。他引用说："工业设计师们总是把自己的职业（profession）视为‘大萧条时期的婴儿’。”[2] 而“更新设计运动”（redesign movement）正是解决这一时期美国经济问题的方式（或途径）之一。作者认为正是因为设计师的职业化，使其设计的多样产品形式吸引了大众的消费。他提出了这样的观点："对设计师进行定义，需要借助于大批量的生产。一个设计师的美学来自于对大众品位的严谨评价。”[3] 对此，米克尔以“完美的空气动力学形式”阐释了流线型设计的科学原理和优势，实则是正面地肯定了该设计风格的科学价值和功能意义。

3.《美国流线型设计》

本书出版于 2005 年。在这本书中，大卫 · A · 汉克斯和安妮 · 霍伊谈到了上面已经评述过的两本著作，称他们已为此项研究做出了先驱性的工作。作者明确指出，本书的目的就在于描述（Depicts）这一时期中产阶级工作和家庭的空间，以及流线型用品在这一空间中具有怎样的功能。所以，在本书中采用了超过 350 张的图片和插图结合文字对流线型设计进行介绍。

作者指出，流线型设计始于 20 世纪 20 年代末——这也正是美国物品（产品）的外观开始得到逐渐变化的时期。所以，这本书所述的内容也是从美国 20 世纪 20 年代末开始的。书中不仅对流线型设计进行讲述的起始年代、类型和视域更广——如对流线型的办公设施、日常用具设计和建筑等诸多设计领域均予以了全面论述，也对流线型设计的发展背景及其代表性作品逐一图示。

作者在书中肯定了流线型设计具有积极作用的同时，也谈及了对这种风格的某些排斥和否定的观点。该书作者认为，即使是

1 Victor Margolin. “A Decade of Design History in the United States 1977-87”. *Journal of Design History*, Vol. 1, No. 1 (1988), P: 60.

2 Jeffrey L. Meikle, *Twentieth century limited: industrial design America, 1925-1939*, Temple University Press, Philadelphia.1979, P: 68.

3 Jeffrey L. Meikle, *Twentieth century limited: industrial design America, 1925-1939*, Temple University Press, Philadelphia.1979, P: 134.

在流线型设计盛行的年代，对这种风格的敌意和批判也依然存在。[1]

1.2.3.2 相关著作

除了上述三本对于流线型设计研究的专著之外，一些设计师从自己的长期实践中总结出了相关的设计理论。如诺曼·贝尔·格迪斯在1932年出版了的《视界》(*Horizons*)一书，对流线型的科学形式在未来发展的作用给予了高度评价，并详细地论述了自己的一些流线型设计方案。此外，另有一些史论类著作（包括专门史）部分地涉及了美国20世纪30年代的流线型设计，并从社会历史或伦理学的角度进行了分析与批评（甚至有的作者还对这种设计风格所引发的系列社会变化，给予了必要的反思）。如戴维·加特曼（David Gartman）所著的*Auto Opium: A Social History of American Automobile Design*（《汽车鸦片：一部美国汽车设计的社会史》，1994年）等书，就对这一时期的流线型设计进行了批评。

1.《视界》

本书是20世纪30年代出版的第一本关于流线型设计的著作（初版于1932年），作者为美国建筑与工业设计师诺曼·贝尔·格迪斯。在这本书中，他以提高机车速度和产品设计质量为主要论点，对机车流线型设计以及新的设计领域（诸如产品设计等）进行了论述。由于本书中提及的流线型飞机、轮船和汽车等设计方案，均为作者结合自己的设计实践逐一阐述，所以既可以认为是其对设计项目的回顾或总结，也可从一个侧面了解到流线型设计在30年代初期的发展状况。作者在这本书中的一个核心观点，就是流线型设计将满足人们对于速度的不断需求，并体现了科学技术的进步。此外，作者单独将产品设计视为一个新兴的领域，认为好的产品设计可以促进销售、提高价值及其使用性能等。

2.《汽车鸦片：一部美国汽车设计的社会史》

本书于1994年在伦敦和纽约首次出版，作者是美国社会学

1 David hanks and Anne Hoy, *American streamlined design: the world tomorrow*, Flammarion. 2005. P: 10.

研究者戴维·加特曼。在书中，作者主要讨论了20世纪美国汽车设计的发展及其历史影响，其中在第五章专门评述了流线型汽车设计风格所引发的一系列冲突、竞争和市场的变化。作者在这一章节中，试图向读者说明在批量生产、大众消费（mass consumption）、社会冲突和市场残酷竞争的背景下，机动车设计的特定风格及其审美品位所产生的原因和影响。作者认为这种冲突在进入大众消费领域后，表现为对汽车造型的优美和风格化的追求，借以弥补其在批量化生产中的损失。该书的另一个特点在于，作者将美国社会的努力、设计师及其组织的奋斗以及企业在市场中的博弈联系起来，展示了一段独特且立体式的美国工业设计史。

1.2.3.3 研究论文

一些发表在国际知名学术期刊上的文章，也是本文研究流线型设计的重要参考文献。这些文章主要发表在国际重要的期刊上，如 *Design Issues*、*Leonardo*、*The Journal of Design History* 和 *Technology and Culture* 等国际专业设计或相关学术期刊；同时，这些文章大都是美国相关（设计）研究机构专家的学术成果，作者来自不同的学科领域，并从不同的视角分析了与本研究相关的问题，所以为本文研究提供了有价值的文字信息和数据。以下是对这些相关论文做出的评述。

1.*Streamlining and American Industrial Design*（《流线型风格和美国工业设计》）

这篇发表在 *Leonardo* 1974年第7期上的文章，作者是美国学者唐纳德·J·布什博士（也是《流线型10年》一书的作者）。由于这篇论文的发表时间要早于《流线型10年》一书的出版，不但对研究流线型设计具有一定的价值，同时也为研究唐纳德·J·布什的设计思想和理论提供了参考。

在这篇文章中，作者通过对20世纪初期的几件流线型形式雕塑的介绍，分析了流线型风格在现代艺术形式中的体现，阐述了这种风格在空气动力学方面的美学价值，并分别以：1. 机器美学；2. 美国工业设计师；3. 飞机的象征（metaphor）；4. 设计的新世界；5. 极少主义（Reductivism）和连贯性（continuity）等主题为标题，充分肯定了流线型设计风格具有功能和审美方面的价值。在文章的最后，作者认为："作为一个来自于工程科学的有效设计原理，当流线型设计在一些天才且有真知灼见的（Judiciously）设计师得到雇佣并设计出许多值得称赞（meritorious）的设计时，走在了30年代的前列。"[1] 正如作者所言："流线型风格已经成为了省时省力的代名词，并且流线型形式是速度与效率的象征。这种风格出现在20世纪30年代的工业设计中，并拓展了那时设计师们的形式语汇。"[2]

这篇文章的核心观点是：在20世纪30年代的美国工业设计领域，流线型风格已经成为了一种文化现象。虽然这种风格常常受到诋毁，但是却赋予了大萧条时期的美国人一种乐观进取的象征形式。作者从流线型设计的功能分析入手，以工业设计师、艺术家和工业管理模式探索者的实践为依据，观点明确且有说服力。但文章对流线型设计分析的体例略显混乱：1. 将功能性的流线型设计与非功能性的流线型设计相互交错分析，没有进一步甄别二者之间存在的异同关系；2. 段落分析的内容有的相互包含，部分观点和内容甚至重复；3. 最后也是最重要的一点，就是作者仅就流线型形式单独次进行分析，缺乏横向和纵向的联系和比较。

2.*Depression Auto Styling*（《"大萧条时期"的汽车风格》）

詹姆斯·纽科姆（James Newcomb）的 *Depression Auto Styling*（《"大萧条时期"的汽车风格》）一文，于2000年发表在 *Winterthur Portfolio*（秋季刊）上。作者将题目定在"大萧条时期"（1929～1934），但考察的范围实际涵盖了整个30年代美国的汽车设计风格。作者撰写这篇文章的主旨是明显的："本文研究了大萧条的10年里，与社会和政治运动相并行的汽车风格的演化，并作为材料文化的文本去阐释这些体现在风格上的变化，而不是对技

1 Donald J. Bush, "Streamlining and American Industrial Design", *Leonardo*, Vol. 7, No.4 (Autumn, 1974), P: 317.

2 Donald J. Bush, "Streamlining and American Industrial Design", *Leonardo*, Vol. 7, No.4 (Autumn, 1974), P: 309.

术进步的简单罗列。”[1] 在文中，两个特别的汽车模式被作者单独予以分析，一个是 1931 年由 Reo 汽车公司研发的“Reo Royale”，另一个则是 1934～1936 年由克莱斯勒品牌，以及在 1934～1935 年作为 De Sotos 品牌生产的“Air Flow”（气流）汽车。

这两种模式，均对这一时期的汽车风格产生了较大的影响。尽管本文的主题是研究汽车风格的设计，作者也认为：“在 20 世纪 30 年代，流线型风格的概念不仅在汽车行业，而且在从火车到烤箱和冰箱的每个领域，较多地被作为一种设计运动来讨论。”[2] 因此，在作者看来，流线型设计的风格不仅是对空气动力学在交通设计领域功能化追求的结果，更是美国经济大萧条时期消费设计的一种品位。

3.*Setting the World to Streamlines*（《设万物为流线型》）

本文于 1931 年发表在 *The Science News-Letter*（《科学新闻通讯》）上，作者为卡罗尔 · 纽曼 · JR（Carol Newman. JR）。文章是以新闻报道形式撰写的，列举了底特律汽车工程师 Walter T. FishLeigh 和美国标准局的空气动力学专家 H. L. Dryden 关于流线型的观点，实际是对这种设计风格提高机车运行速度的案例介绍。在文章的结论部分，作者展望了流线型在未来可能被广泛运用于工程领域的前景，但同时也提到一些汽车制造商担心这种设计风格不会被公众所接受，而持有相对谨慎的态度——这一疑虑，在其后（1934 年）克莱斯勒公司“气流”款上市后得到了验证。显然这篇科技报道性的文章在发表时，体现了流线型设计风格主要得到工程界推崇的状况。由于本文发表于 20 世纪 30 年代初期，并且其主要目的是介绍新兴的流线型机车的造型优势及科学性，能为本研究提供第一手的信息，所以具有可供研究参考的文献价值。

4.*"Raymond Loewy: Design for a Consumer Culture": At the Hagley Museum and Library*（《“雷蒙德 · 罗维：为消费者文化而设计”：在哈格利博物馆和图书馆》）

该文是为由哈格利博物馆和图书馆共同举办的罗维主题展而撰写的。发表在 2003 年 6 月出版的 *Technology and Culture* 上，作

1 James Newcomb, "Depression Auto Styling", *Winterthur Portfolio*, Vol. 35, No.1 (spring, 2000), P: 81.

2 James Newcomb, "Depression Auto Styling", *Winterthur Portfolio*, Vol. 35, No.1 (Spring, 2000), P: 83.

者为盖瑞·库利克（Gary Kulik）。文章按30～50年代的时间顺序，对罗维的设计历程、思想及成就予以了回顾，重点阐述了罗维在美国消费文化影响下的设计。罗维1934年设计的一款冷点冰箱，标志着其设计生涯开始走向一个新的时期——为消费者而设计的时期。由于本文是针对罗维个人职业设计的回顾，所以涉及了70年代其事业的挫折和努力（如在他的公司从苏联的撤出和1977年最终破产等）。[1] 这篇文章从一个展览的视角，对这位30年代流线型风格的设计师所取得的成就及其为消费者而设计的职业历程予以了全面总结。

5.*The Teardrop That Fell From the Sky: Paul Jaray and Automotive Aerodynamics*（《泪滴从空中落下：保罗·加雷与汽车空气动力学》）

本文在2008年发表于期刊 *ITEA Journal* 上，作者为 Guillaume de Syon。这篇文章对瑞士工程师保罗·加雷（Paul Jaray，20世纪20年代流线型设计师）的生平、职业生涯和设计成果等予以了介绍。作者以"泪滴从空中落下"为题，是想说明"泪滴"形的流线型汽车外观是由加雷从飞艇的外观设计转变而来的。加雷曾在德国齐柏林公司从事飞艇的设计工作，这为他后来设计流线型汽车积累了丰富的经验。作者认为加雷在1915年前后对飞艇进行了"泪滴"形的探索，并于1921年在德国获得了流线型汽车设计的专利——在美国获得专利的时间是1927年。因此，加雷也被认为是第一个获得流线型汽车设计的设计师。这篇文章最有价值之处，就在于它详述了流线型设计被飞艇设计师加雷应用到汽车设计的过程。

1.3 研究方法

1.3.1 文献考证

在本文研究的过程中，主要采用文献考证的方法：1. 先了解本研究领域最有代表性的文献并进行阅读；2. 根据这些文献所引

1 Gary Kulik, "'Raymond Loewy: Design for a Consumer Culture': At the Hagley Museum and Library", *Technology and Culture*, Vol. 44, No. 3 (Jul, 2003), P. 572.

用和参考的书日，再次进行二次收集（检索）文献，并对相关内容进行考证和论述——这样有利于理顺不同设计师的思想和理论来源等关系。

1.3.2 图像比较

由于本文的内容是20世纪30年代的美国流线型设计风格，地域和时间两个因素制约了对产品的实物进行实地考察。所以，除了在文献研究之外，需要采取设计作品图像分析和对比的方法辅助对文献的研究。在进行图像比较与分析的过程中，要对图像的来源、尺寸、作品设计者和年代等信息逐一标注。

1.3.3 图示分析

采用结构图分析的方法，是为了对研究内容的数据进行比较，以显示研究内容的发展趋势和变化特点等。与图像研究不同，图示是以具体数据（或步骤）为依据进行比较（或分析）。图示的数据要求翔实，并需要注明数据的来源。

1.3.4 综合分析

将文本和图像相结合达到互为引证的综合分析法，是分析产品的材质、形式、色彩和风格等不可忽视的研究方法之一。这种方法脱离了具体产品分析的文献推导，不仅没有具有充分的说服力和实证性，而且容易导致研究工作误入歧途——甚至可能成为一种文字游戏。

1.4 研究路线

本研究以美国 30 年代经济“大萧条”为历史背景，从功能探索和设计风格两条研究路线分别入手进行论述：机车设计领域对流线型形式的功能探索追求的是速度和风洞试验；产品设计领域的流线型风格目的是为了实现销售的增长。基本的研究方案和路线如下图所示（图 1. 3～1. 4）：

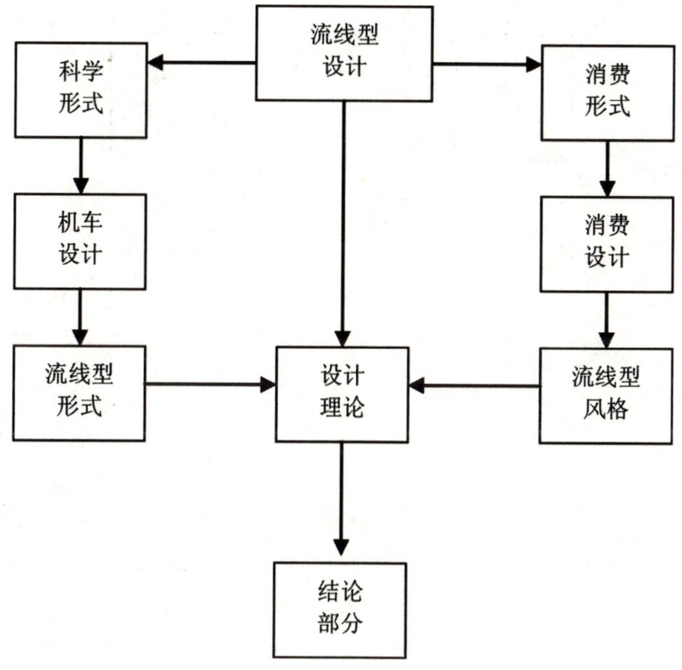

图 1. 3 研究路线

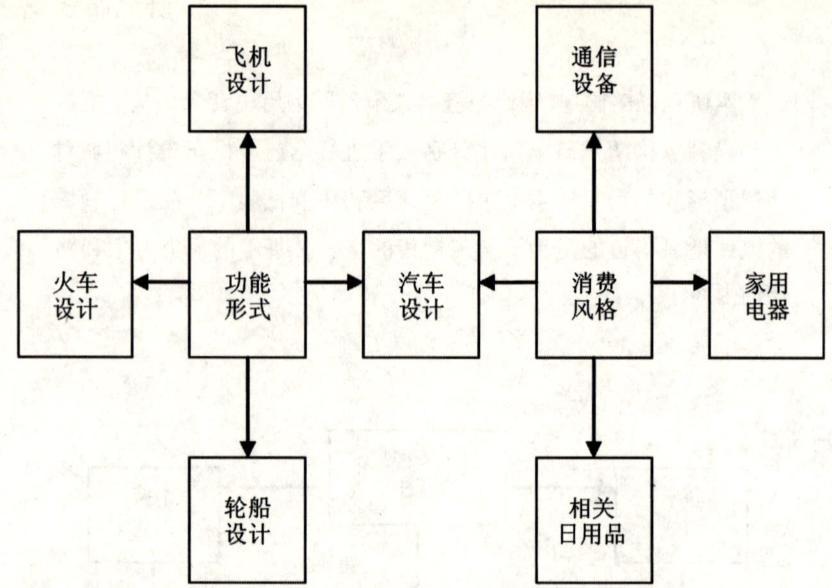

图 1.4 两条研究路线的主要内容

| 第二章 |

早期探索：20 世纪 30 年代前的流线型设计

2.1 概述

流线型设计的出现，最早源于人类渴望飞翔的梦想以及对相关生物形态的模仿与实践。[1] 而其后的研究者们在自然科学领域对空气动力学和流体力学的探索与发现，又进一步促进了人们对流线造型形式与速度功效关系科学原理的基本认识，为 20 世纪初工程设计领域有效地利用流线型形式追求机车的速度奠定了理论基础——20 世纪 30 年代消费品设计领域的流线型风格正是在这一背景下发展而来。

对于流线型生物形态的模仿及其功能的早期探索，体现了人类对自由飞行的渴望，希望了解其中的奥秘。这一点，可从意大利文艺复兴时期的艺术家莱昂纳多·达·芬奇（Leonardo da Vinci，1452～1519）对于鸟类飞行研究的手稿中予以了解。至 18 世纪，瑞士物理学家丹尼尔·伯努利（Daniel Bernoulli，1700～1782 年）所著的《流体力学》（1738 年出版）一书，被认为为流线型设计的发展提供了最早的科学理论。[2] 在这本书中，伯努利将静水利学（hydrostatics）和水力学（hydraulics）的科学原理，纳入到了他首次提出的流体力学（hydrodynamics）理论之中，并分析了物体在流动时的流速和压强之间的关系。总体而言，在 20 世纪 30 年代以前，人类对于流线型形式开展的一系列探索，追求的是其形式所具有的实用功能而非外在的一种风格——即通过最佳形式降

1 虽然 bionics（仿生学）迟至 1960 年才由美国人 J·E·斯蒂尔（J.E. Steele）提出，但人类对动植物造型形态的模仿和功能探索已有较长的历史。因此，本文中提及的“仿生”或“仿生形态”等词，指早期对于动植物形态（或形式）的模仿和借鉴。

2 Donald J. Bush, *The Streamlined Decade*, New York, George Braziller, 1975. P: 4.

低来自（空气或水的）阻力，以获得最佳的（在空中飞行、水中航行和陆地行驶）速度。因此，在20世纪30年代以前的流线型设计仅指（利用空气动力学或流体力学原理）利用这种形式的功能——即降低阻力，而并未被视为一种产品的风格。[1]

根据流线型（设计）在20世纪30年代以前的发展历史、探索方式以及实践的特点，可将其分为三个主要的阶段：1.早期仿生阶段——早期受生物体的流线型形态启发而进行的模仿阶段；2.科学探索阶段——以科学实验并提出相关学说为主的阶段；3.应用阶段——对流线型的研究与新技术在交通工具中应用的阶段。当然，这三个阶段并非要划分截然不同的三个时期，而是以某一阶段的特征为主相互渗透的过程。需要指出的是，上述三个阶段中对流线型科学形式的探索，均为了一个明确的目标——就是降低来自空气或水的阻力，提高行驶速度。

2.2 20世纪前的科学探索

人类对生物形态（或形式）的模仿以求达到飞翔的目的，在丹尼尔·伯努利的著作《流体力学》1938年出版之前就已经开始

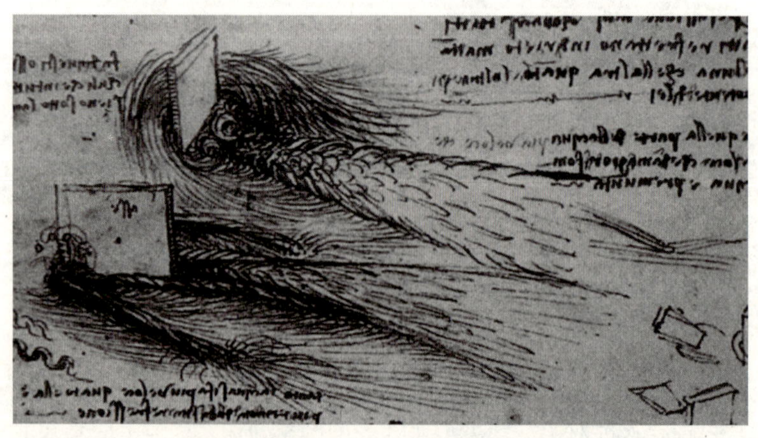

图2.1 达·芬奇 水流阻力研究 1508~1510年

图片来源：Carlo Pedretti. *Da Vinci*. TAJ Books. 2004, P:182.

1 本段中的部分论述，采用了本人曾发表过的论文内容。参见：流线型汽车设计风格起源与形成考略.装饰，2011,(8): 112-113.

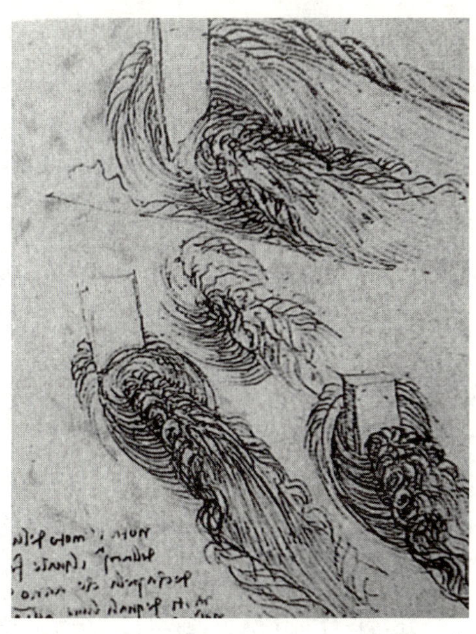

图 2. 2 达 · 芬奇　涡流形成的阻力研究　约 1508～1510 年
图片来源：Carlo Pedretti. *Da Vinci*. TAJ Books. 2004, P:82.

图 2.3 达 · 芬奇　扑翼式飞机　约 1490 年
图片来源：Abraham T. Rademacher. *Very Large Luxury Airship* (VLLA) American Institute of Aeronautics and Astronautics. [2010]

了。尽管早期许多对流线型形式的初步探索，并未付诸实践——如对动物或植物形态的模仿，有的仅停留在初步的研究阶段（如手稿等），尚未经过实践验证（图 2. 1～2. 4）。

据资料显示，莱昂纳多·达·芬奇早期对鸟的飞翔与形态予以了深入观察，并参照鸟的外形绘制了飞行器的图样。在有的学者看来，达·芬奇甚至："可能是第一位仿生学研究者，他的许多设计均以对自然的观察为基础。例如，'扑翼式飞机'（ornithopter）就是在仔细地研究了鸟的解剖之后效仿的。"[1] 达·芬奇约在 1505 年撰写了一份名为《鸟类飞翔手记》（*codex on the flight of birds*）的手稿，里面记录了他对鸟类飞翔的研究。达·芬奇正是凭借他在手稿中对于鸟类飞翔的观察记录和深入分析，被后人视为"显然是第一个了解鸟类飞翔技巧的人"。[2]

达·芬奇对于流线型设计发展的主要贡献在于："通过对于飞行器相关的空气动力学的思考，对基本的流体动力学知识予以了补充。他的很多关于空气动力学的思想，来自他本人对鸟类飞翔的研究。"[3] 如果说达·芬奇对鸟类飞翔的观察以及对飞行器的设计研究，基本上停留在图文并茂的手稿分析阶段，并没有留下已经在实践中得到检验的信息。那么在三个世纪后英国人乔治·凯莱（George Cayley, 1773～1857）对飞行器的研究与实践则迈出了关键性的一步。事实上，在乔治·凯莱之前，"流线型设计的初步试验已于 1765 年在英格兰得到了开展，并已有相关的数据报告"。[4] 他是在前人研究成果的基础上，于 1810 年左右开始对海豚和鸟鹬（woodcock）的身体外形进行研究。乔治·凯莱发现纺锤形（Spindle）在水或空气中具有降低空气阻力的功能，并将这一发现记录了下来："通过实验发现，采用纺锤状的尾部造型和前端一样重要，均能够降低阻力。这种阻力是由行驶物背部的局部空间所引起。如果没有固体填充这个空间，就会产生流体静水压力的不足（使阻力增大），所以要调整为纺锤形。"[5] 随后，凯莱本人很快将这一原理应用于滑翔机的设计和实践，这也是将仿生知识应用于飞行器外观设计并反复进行实验的较早记载。[6]

---

1 Franco Lodato. "The Nature of Design. Design Management" Review Winter 2005. P: 57.

2 ohn D. Anderson, JR. *A History of Aerodynamics*. Cambridge University Press. 2001. P: 22.

3 John D. Anderson, JR. *A History of Aerodynamics*. Cambridge University Press. 2001. P: 22.

4 Donald J. Bush, *The Streamlined Decade*, New York, George Braziller, 1975. P: 4.

5 Notes Rec. R. Soc. Lond. 2002, P.337.

6 本段中的部分论述，采用了本人曾发表过的论文内容。参见：流线型汽车设计风格起源与形成考略 . 装饰，2011,(8): 112-113.

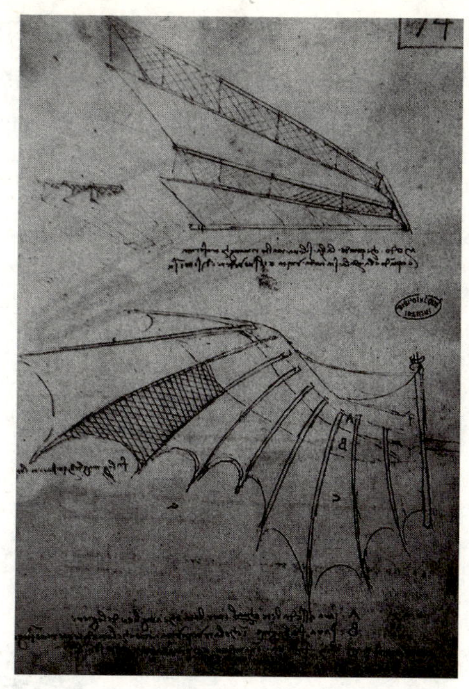

图 2.4 达 · 芬奇 人造翼形手绘稿 约 1487～1490 年
图片来源：Carlo Pedretti. *Da Vinci.* TAJ Books. 2004, P:130.

从现有文献分析发现，在乔治 · 凯莱之前确有其他的研究者们已经对空气的阻力进行了研究。这一点，也可以从乔治 · 凯莱本人于 1809 年 11 月发表在《自然哲学杂志》（*Journal of Natural Philosophy*）上的一篇名为《在空中航行》（*On Aerial Navigation*）的论文中就可以了解到。

因为在该文中，乔治 · 凯莱谈到了其他研究者们已经开展了前期的相关实验。他这样提到："将鸟（类）在空中飞行的基本原理运用于（人类的）空中航行是可行的，（解决这个问题）之前将受到一些（可）实际观测到的阻碍。整个问题被锁定在这个局限之中，即空气阻力作用于物体表面的重量。就物体的表面而言（受力面的）大小是首要的问题。在此之前，罗宾斯先生（Mr. Robins）、罗斯先生（Mr. Rouse）、埃奇沃斯先生（Mr. Edgeworth）

和斯密顿先生（Mr. Smeaton）及其他人，针对空气的阻力已经做了许多实验。斯密顿先生的实验和观测结果是，当一平方尺的物体表面纵向快速地以每秒 21 英尺的速度在空气中运行时，遇到的阻力是一磅。我尝试了许多次大型的实验，以确定这一点。罗宾斯先生采用了相似的手段，只是表面更大。”[1] 这段记录，显然证明了当时乔治·凯莱已经对这几位研究者的发现有所了解，并为他后来的研究提供了参考。为了说明他对鸟类飞翔问题所进行的研究，乔治·凯莱还在这篇文章中通过对鸟类外形的图示分析，进一步地揭示其飞翔的科学原理（图 2.5～2.6）。

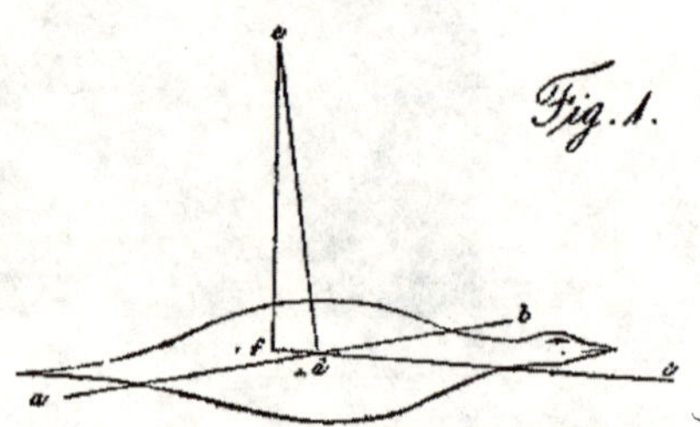

图 2. 5　乔治·凯莱　鸟形分析图　1809 年
图片来源：On Aerial Navigation.

《自然哲学杂志》随后于 1810 年 2 月和 1810 年 3 月，分两次刊载了乔治·凯莱的另外两篇相同题目的文章。这三篇文章共同组成了其著名的《在空中航行》“论文三部曲”（triple paper），成为“航空史上第一个也是最伟大的经典之作”，并推动了空气动力学的出现。[2] 乔治·凯莱也因为在这一领域的先驱性探索，而被誉为“航空之父”（Father of Aerial Navigation）（图 2.7）。

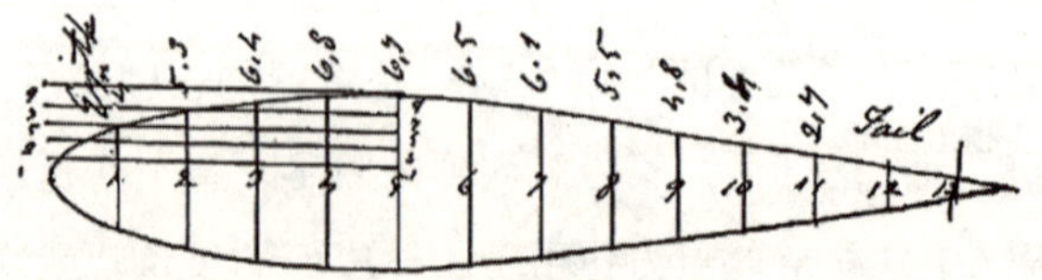

图 2. 6　乔治·凯莱　低阻力的形式　1809 年
图片来源：J. A. D. Ackroyd.“Sir George Cayley: The Invention of the Aeroplane near Scarborough at the Time of Trafalgar.” *Journal of Aeronautical History* Paper No. 2011/6.

1 George Cayley. “On Aerial Navigation.” *Journal of Natural Philosophy*. November, 1809. P: 4.

2 Charles H. Gibbs-Smith. “Sir George Cayley: Father of Aerial Navigation.” *The Royal Society*. London. 1962. 17. P: 42.

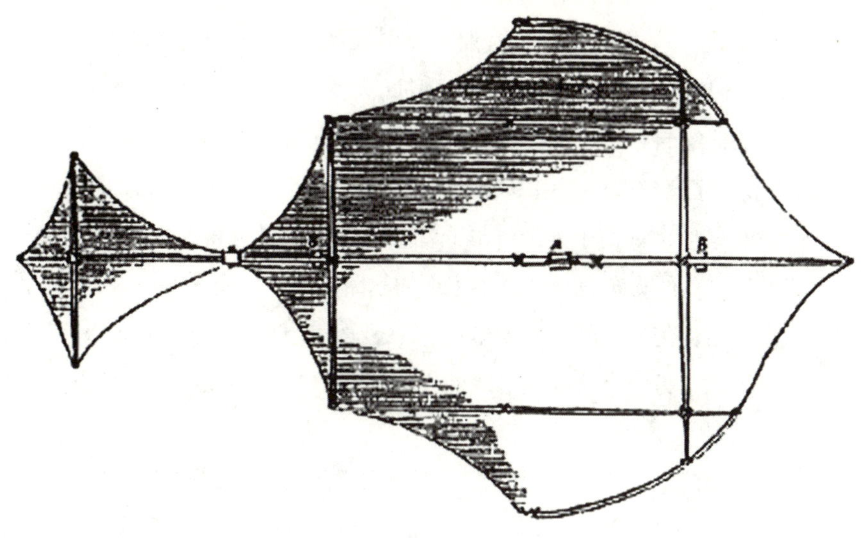

Fig.1

Fig.2

图 2.7 乔治·凯莱 滑翔伞（The Governable Parachute） 1852 年
图片来源：J. A. D. Ackroyd."Sir George Cayley: The Invention of the Aeroplane near Scarborough at the Time of Trafalgar." *Journal of Aeronautical History* Paper No. 2011.

至 19 世纪中后期，流线型设计在火车和飞机的设计等领域得到了进一步的研究。这时期，美国牧师塞缪尔 · R · 考尔索普（Samuel R. Calthrop）最早将流线型形式应用于火车外观的设计。他详细地绘制出了形态类似纺锤形的火车外观，并因此在 1865 年 8 月获得了蒸汽式火车引擎与车体设计的（发明）专利。虽然考尔索普的这项设计由于外形（形式）过于超前而没有得到应用，但却为其之后的火车设计者提供了新的思路。（附录 A.1～A.2）在近三十年后，芝加哥的弗雷得里克 · U · 亚当斯（Frederick U. Adams）才设计出了另一款流线型形式的火车，并于 1893 年获得了该项设计的专利。

这一时期，流线型设计在欧洲也取得了突破性的成就。如德国人奥托 · 李林塔尔（Otto Lilienthal，1848～1896）又在乔治 · 凯莱对飞行器研究的基础上，继续将鸟类的飞翔研究（成果）应用于飞行器的设计，并在 1895 年 8 月获得了美国专利局授予的“飞行器”（Flying-Machine）发明（设计）专利（图 2.8）。该飞行器的双翼就借鉴了鸟类翅膀的流线型形式。对此，他这样写道：“自然的风及其对飞行体的影响，同样也被认真地加以研究。从而使我们能够理解迄今无法解释的若干个鸟类飞行的特殊之处。这样可将所获得的结论应用于人类的飞行，并使之趋于完善。”[1]

在 19 世纪 70 年代，已经开始了对风中行驶阻力的测试工作（即较早的风洞实验）。有研究者认为，这时期英格兰的弗朗

UNITED STATES PATENT OFFICE.

OTTO LILIENTHAL, OF BERLIN, GERMANY.

FLYING-MACHINE.

SPECIFICATION forming part of Letters Patent No. 544,816, dated August 20, 1895.

Application filed February 28, 1894. Serial No. 501,880. (No model.)

图 2. 8 奥托 · 李林塔尔　1895 年获专利证书的首页部分　1895 年
图片来源：United States Patent Office
专利号：544,816

1 本文出现在 James Means 1896 年所编的《航空年鉴》(*The Aeronautical Annual*) 中，参见：Otto Lilienthal. “Practical Experiments for the Development of Human Flight.” *The Aeronautical Annual*. 1896. P. 7-20.

西斯·温汉姆（Francis Wenham）首次进行了初步的风洞（wind tunnel）试验，从而能够更为有效地采集流线型（形式）降低风阻的科学数据。[1] 在经历了一个多世纪对纺锤形、翼形甚至包括参照鸟类标本（Stuffed bird）的反复实践之后，有关流体型运动科学原理的数据被进一步地采集。至19世纪末，飞艇技术得到了发展且采用了流线型的外观。如德国这时已开始制造硬框架（rigid-frame）的飞艇（Airship）并进行了系列飞行试验。[2] 在第一次世界大战期间，采用纺锤形的潜艇开始出现，标志着流线型的科学形式在军事工业中得到运用。这一时期，流线型外观的设计，主要用于在气流中爬升的飞艇和在海洋中潜行的潜艇等大型（行驶的）设备。相同的是，这两种运载工具的流线型外观设计，主要是考虑采用科学的形式最大限度地降低风或水的阻力，以最大效果地实现功能的需求，而不是出于商业性的设计目的。同期，爱尔兰裔美国工程师约翰·P·霍兰（John P. Holland）设计了一艘采用汽油发动机的流线型潜艇——Holland VI。这艘潜艇于1900年被美国海军购买，并被命名为USS Holland。这艘单层外壳（single-hull）的潜艇在外形上遵循了流线型的科学原理，采用纺锤形的外观。该潜艇也是“所有美国和英国潜艇直接的原型”。[3]

流线型除了在空中和水中的应用，这时期的赛车也率先采用了流线型的外观。如一位名叫卡米勒·杰纳茨（Camille Jenatzy）的车手在1899年设计了一辆外观近似纺锤形的电动赛车（图2.9）。据资料显示，该车的行驶速度可达每秒30米，并创造了时速超过100公里的竞赛记录。[4] 卡米勒·杰纳茨设计的这款运用空气动力学原理的赛车，可能是现有文献所记载的第一辆被投入使用的流线型“汽车”。尽管这款车的设计将驾驶者暴露在了流线型的车体之外，甚至缺乏必要的安全保护措施，并且四个车轮也没有纳入整体的流线型外观设计中，但体现了空气动力学原理在车身设计中的早期实践。[5]

1 Donald J. Bush. *The Streamlined Decade*, George Braziller. New York, 1985, P. 6.

2 Donald J. Bush. *The Streamlined Decade*, George Braziller. New York, 1985, P. 7.

3 Norman Friedman. *Submarine Design and Development*. Naval Institute Press. 1984. P:10.

4 M.Armand and J.M. Tarascon, “Building better batteries”, *Nature*, Vol 451/7 Februry 2008, P: 652.

5 本段和上一段中的部分论述，采用了本人曾发表过的论文内容。参见：流线型汽车设计风格起源与形成考略.装饰，2011,(8): 112-113.

图 2. 9 卡米勒 · 杰纳茨 流线型电动赛车 1899 年
图片来源：Elena Zarkh, Jasmin Merzel, Jonathan Ottnad. Electric Cars. 2011.

2.3 1900～1919 年的探索与实践

至 20 世纪 10 年代，一些飞行（或航行）设备的研究者对仿生形态（或形式）投入了必要的关注，并逐步地在实践中加以运用。如伊格纳乔（Ignazio）和伊格 · 埃特里希（Igo Etrich，1879～1967）两人对植物的传播予以了关注："他们建造了第一架无尾的滑翔机。他们的设计遵循了风媒传粉（anemophilous）植物的传播原理，那些植物的种子随风而行，能够传至相当远的距离。"[1] 有资料指出："流线型并不是一种新的（设计）理念，早在 1900 年巴尔的摩和俄亥俄的铁路列车就已经采用了可提升速度的流线型。这个六节车厢的火车两侧采用平滑的隔板和流线型的尾部。运营在巴尔的摩到华盛顿之间。时速达每小时 82 英里。"[2] 1903 年 10 月奥威尔 · 莱特（Orville Wright）和威尔伯 · 莱特（Wilbur Wright）兄弟二人进行的飞行实验获得成功，使飞行器设计进入到了一个新的历史阶段。

这一时期，部分相关的研究成果（如著作、论文和研究报告等）被陆续地公布：如在 1904 年德国海德堡召开的第三届国际数

1 Franco Lodato. "The Nature of Design. Design Management" *Review Winter*. 2005. P: 58.

2 "Weight, Speed, and Streamlining of Railroad Equipment. Lewis K. Sillcox." *Annals of the American Academy of Political and Social Science*, Vol. 187, Railroadsand Government (Sep., 1936), P: 19.

学大会上，物理学家路德维希·普朗特（Ludwig Prandtl）在其参会的论文《关于很小摩擦的物体流动》（*Uber Flussigkeitsbewegung bei sehr kleiner Reibung*）中，提出了关于流体运动的边界层（Boundary Layer）理论，从而进一步揭示了物体流动特点与摩擦阻力的关系；1907 年英国工程师弗瑞得里克·威廉·兰彻斯特（Frederick William Lanchester）出版了具有里程碑意义的著作《空气动力学》（*Aerodynamics*）。在该书中，他论述了流线型形式对于降低阻力的作用和意义。1907 至 1908 年，兰彻斯特又出版了两卷的著作《空中飞行》（*Aerial Flight*）。虽然从影响来看，普朗特和兰彻斯特的上述研究发现，均没有立刻在飞机的设计中得到应用，但科学地证明了流线型所具有的应用价值："不仅强调了阻力的问题，并且凸显了流线型在实践中所具有的优势。"[1] 此外，乔治·哈特利·布赖恩（George Hartley Bryan）在 1911 年出版了《飞行中的稳定性》（*Stability in Aviation*）一书。[2]

第一次世界大战爆发后，战争的需要推动了（军用）飞机的设计与制造，飞行速度和安全性能成为了两个重要的因素。但需要说明的是，普朗特和兰彻斯特等人对于流体阻力的研究成果以及流线型形式所具有的优势，并没有在大多数的飞机设计上得到体现。[3] 这也从一个侧面反映了流线型设计在当时仍处于研究阶段，并没有在实践中得到应用。

这期间，曾在美国陆军航空部队服役的亚历山大·克莱明（Alexander Klemin）也对流线型的科学形式进行了研究。他曾于 1918 年在一本名为《航空工程与飞机设计》（*Aeronautical Engineering and Airplane Design*）的教材中分析了流线型形式的功用，并指出流线型形式是飞机机身的理想形式。但由于当时传统的飞机制造技术、材料和对流线型科学形式的认识所限，克莱明的研究并没有引起足够的重视。[4] 从现有文献来看，20 世纪 20 年代之前对于流线型仿生形态的模仿、科学原理的研究和相关的飞行实践，均为 20 世纪 20 年代后的流线型飞机、轮船和汽车等交通工具的设计积累了丰富的技术与经验。

1 James R. Hansen. "The Wind and Beyond: A Documentary" *Journey into the History of Aerodynamics in America*. Volume II: Reinventing the Airplane. Chapter 3. National Aeronautics and Space Administration. 2007. P: 5.

2 T. J. M. Boyd. "One Hundred Years of G. H. Bryan's Stability in Aviation." *Journal of Aeronautical History*. No. 2011/4. P: 97.

3 James R. Hansen. "The Wind and Beyond: A Documentary" *Journey into the History of Aerodynamics in America*. Volume II: Reinventing the Airplane. Chapter 3. National Aeronautics and Space Administration.2007. P: 5.

4 James R. Hansen. "The Wind and Beyond: A Documentary" *Journey into the History of Aerodynamics in America*. Volume II: Reinventing the Airplane. Chapter 3. National Aeronautics and Space Administration. 2007. P: 6.

图 2.10 Earl Ricotti 阿尔法 · 罗米欧 40/60 HP 1914 年
图片来源：L. Morello.The Automotive Body, Vol. 1: Components Design, MES, pp. 22.

在 1913 年出版的一份美国科普性杂志《科学的美国人》（*scientific American*）上，刊载了一张三轮的流线型机车手绘图——题为“未来的汽车”。[1] 在这张汽车手绘稿中，汽车的流线型车身被描绘得近似“泪滴”形，明确地表达了作者试图通过这种科学的形式提高行驶速度的意图。虽然这张手绘稿并没有提供更多的文字信息，但从该车绘制的外观看来，作者已经将驾驶者和车轮等以前被忽视的部分均统一为了一个有机的整体。

此外，意大利一家车身制造商 Castagna 在 1914 年推出了一款同样近似“泪滴”形的汽车——Alfa Romeo 40/60 HP（图 2.10）。相比之下，该车虽然并没有将车轮纳入流线型的外观中，但也可以被认为是 20 世纪 20 年代以前流线型机车设计的代表作之一。[2] 需要指出的是，也有文献标注这款车是在 1913 年制造并使用的。[3] 这至少说明在 1913～1914 年期间，流线型的汽车设计已经得到了初步尝试。随着第一次世界大战的爆发，流线型开始被引入军用的飞艇或潜艇等外观设计中，并且“这两类在一种（指空气或水）流体中运行的军用装备，都带有能够降低（来自风和水）阻力的尖形尾部”。[4]

1 Jeffrey L.Meikle, *Twentieth century limited: industrial design America, 1925-1939*, Temple University Press, Philadelphia.1979. P: 140.

2 Donald J. Bush. *The Streamlined Decade*, George Braziller. New York, 1985, P: 99.

3 Guido Buresti. “The Influence of Aerodynamics on the Design of High-Performance Road” *Vehicles. KTH Stockholm*, 2004. P: 23.

4 Donald J. Bush, “Streamlining and American Industrial Design,” *Leonard*, Vol. 7, No. 4 (Autume, 1974), P: 310.

这一时期，德国的飞艇制造商齐柏林公司（Zeppelin）凭借其技术优势设计制造了流线型的军用飞艇，成为当时较为知名的飞艇制造企业。这些流线型军事装备的设计与制造，为战后（汽车）制造业的兴起奠定了技术基础，一些从事飞机设计的工程师也成为了最早的流线型汽车的设计者——如保罗·加雷、埃德蒙德·郎普勒和约翰·K·诺思罗普等人。[1] 流线型逐步在飞行器设计中得到应用的同时，战争的需求也促使这种科学的设计形式被用于潜艇外观的设计。如 1918 年设计建造的美国海军 O-1 型潜艇，就是当时一艘典型的单层外壳（single-hull）流线型潜艇。[2]

2.4 20 世纪 20 年代的探索与实践

20 世纪 20 年代的流线型设计，仍体现在工程设计领域对这种科学形式的研究与实践。这时期流线型形式在飞机（飞艇）、轮船（舰艇）和汽车等交通工具设计中的应用价值，仍然没有得到制造商们的普遍认可。至 20 年代后期，美国汽车制造商率先开始计划对汽车进行“年度款式的改变”，以应对日益加剧的市场竞争。这种变化反映了这时期的美国汽车制造商们开始认识到工业产品的外观和风格的重要性，并逐渐设立了企业的设计部门。汽车“年度款式的改变”概念的提出和汽车制造企业设计部门的成立，不但促进了专职的工业设计师在美国出现，也为 30 年代流线型进入消费品设计领域和流线型风格的流行奠定了基础。

20 世纪 20 年代末期，在飞机、飞艇、轮船和火车的设计继续探索流线型形式之外，流线型汽车设计开始在美国得到了发展。这主要是由三个方面因素促成：1. 新的可塑性强的金属材料得到应用；2. 第一次世界大战结束后，许多先前参与军用机车设计的制造商及其（从事飞机设计的）工程师开始转向民用生产领域，而其积累的技术设计经验则为汽车设计提供了帮助；[3] 3. 美国汽车制造商开始认识到外形设计（汽车风格）对于汽车销售的重要性，

1 本段和上一段中的部分论述，采用了本人曾发表过的论文内容。参见：流线型汽车设计风格起源与形成考略 . 装饰 , 2011,(8): 112-113.

2 Norman Friedman. *Submarine Design and Development.* Naval Institute Press. 1984. P:19.

3 如德国的齐柏林公司，就是在第一次世界大战期间以生产飞艇而闻名。第一次世界大战结束后，由于生产订单的减少开 始逐步转向汽车与其他民用产品的设计与制造。参见：Guilaume de Syon, “The Teardrop That Fell From the Sky: Paul Jaray and Automotive Aerodynamics”, *ITEA Journal* 2008; 29, P: 14.

并先后设立了专门负责汽车设计的部门。

2.4.1 为功能而探索：速度的渴求

20世纪20年代，对流线型形式的功能探索与实践，仍主要体现在飞机、轮船、汽车和火车等旨在追求速度的大型机车设计领域。流线型在这些领域的应用和形式的调整，与科学研究和新技术的应用密切相关——也就是以科技进步作为流线型形式走向设计实践的基础。其显著特点是飞机机身、船体和车身的重量得到减轻，阻力（系数）降低，并且飞行或行驶速度进一步提升。

2.4.1.1 飞艇与飞机设计

在20世纪20年代，由第一次世界大战所引发的军用飞机设计竞争（实际上是军备的竞赛），在战后转为展现先进技术与制造实力的飞行竞赛活动，从而使得对流线型科学形式的探索得到进一步发展。因此，从这一时期开展的不同层次的飞行竞赛中，就能够了解到流线型在飞机设计中的应用、效果及影响。曾经在一战中采用的雪茄形（cigar-shaped）硬框架（rigid-frame）飞艇外观（设计），在这时期得到了普及。如1926年设计建造的美国海军的"洛杉矶ZR-3"（Los Angeles ZR-3）型飞艇，就是这一时期流线型飞艇设计的典型代表。这说明流线型飞艇的外观设计在当时已经得到了一致认可。

在这阶段，新材料在飞机机身的应用与设计也发生了重要变化，已经开始逐步地"摆脱了熟悉的织物覆盖箱型梁（box-girder）的方法，机身采用薄的木质外壳，内部为舱壁和纵向的梁（longitudinal stringers），获得了预先没有料的坚实、流线型的和（呈）管状的结构。"[1] 此次在使用材料方面的改变，意味着制造表面坚固的流线型机身成为可能。

至20年代末，飞机的机身材料再次开始从木质材料转向可塑

1 Peter L. Jakab. "Wood to Metal: The Structural Origins of the Modern Airplane." *Journal of Aircraft* Vol. 36, No. 6, November–December. 1999 P: 915-916.

性更强和更坚固的金属材料——在这一过程中，经历了木与金属结合使用的混合式结构，直到 30 年代中期才逐渐转变为全金属的结构（如铝制的结构和机身）。而在 20 年代至 30 年代，在飞机设计领域要解决的核心问题之一，便是降低空气的阻力。对此，约翰 · D · 安德森（John D. Anderson）曾经断言："在先进的螺旋桨驱动的飞机时代，主要的推动力可以归结为一个词——流线型化（streamlining）"。用安德森的话来说，两次世界大战期间的飞机设计师将流线型作为："'一种平滑的在（飞机）表面不会产生涡流的形式'来理解。从本质上讲，流线型意味着（空气）阻力的降低，而阻力降低则使得飞机飞得更远且装载量更多。阻力的降低也使得飞机在不增加能源和燃料的情况下飞得更快，这意味着相同大小的飞机在更少能源消耗的情况下，可以履行相同的工作。"[1] 所以，流线型的科学形式逐渐得到认识，可塑性更强的新材料（如铝和钢等金属材料）被应用，均为早期的流线型机车设计奠定了技术与物质基础。

从 20 世纪 20 至 30 年代流线型设计的应用来看，这种科学

图 2.11 第一代木质飞机所采用的标准机翼结构 1914 年
图片来源：Peter L. Jakab. Wood to Metal: The Structural Origins of the Modern Airplane. JOURNAL OF AIRCRAFT Vol. 36, No. 6, 1999.

1 James R. Hansen. "The Wind and Beyond: A Documentary" *Journey into the History of Aerodynamics in America.* Volume II: Reinventing the Airplane. Chapter 3. National Aeronautics and Space Administration. 2007. P: 3.

图 2.12 一战时期的标准木结构双翼飞机 20 世纪 20 年代
图片来源：Peter L. Jakab. "Wood to Metal: The Structural Origins of the Modern Airplane." *JOURNAL OF AIRCRAFT* Vol. 36, No. 6, 1999.

的设计形式在飞机设计中越来越得到重视的原因之一，便是这时期开展的一系列飞行竞赛所引发的对飞机速度和性能的不断追求。如在 1923 年，美国海军的一架 Curtiss CR3s 型飞机参加了在英格兰的考斯（Cowes）举办的"施耐德杯国际水上飞机竞赛"（Schneider Cup international seaplane race）中，并以时速 177.35 英里的成绩荣获第一名。虽然这架飞机采用铝合金螺旋桨等新材料和其他相关技术提高了性能，但是这款飞机真正引人注目的，还是其圆滑、流线型的机身。正如当代的观察家们所表示的那样——关于飞机的一切均意味着"速度"。[1] 在 1926 年由工程师约翰·K·诺思洛普（John K. Nnorthrop）为洛克希德（Lockheed）飞机制造公司设计的能乘坐约六名乘客的单翼式飞机——洛克希德–维加（Lockheed Vega）。这是一架流线型的非军用和竞赛设计用途的飞机。在这一基础上，诺思洛普在 1928 年又设计了另一架名为诺思洛普–阿尔法（Northrop Alpha）的流线型飞机。上述两

1 James R. Hansen. "The Wind and Beyond: A Documentary" *Journey into the History of Aerodynamics in America.* Volume II: Reinventing the Airplane. Chapter 3. National Aeronautics and Space Administration. 2007. P: 6.

架飞机均以创新的机身结构以及高性能、重量轻和流线型的外观引领了新一代飞机设计的发展趋势。

但是，也要看到诺思罗普等人对于流线型飞机的设计仍然处于探索阶段，并不意味着这时期的流线型形式在飞机设计中立刻得到了全面地应用。尤其是在缺乏有影响力的人对流线型优势的认同背景下，一些飞机制造商及（工程）设计师们对这种形式具有的功能并未形成统一的共识。[1] 对此，有观点甚至认为，20 年代的飞机设计，缺乏对于科学知识的运用："20 世纪 20 年代的飞机设计大多数是凭直觉。在早期凭直觉的设计经常出现很严重的错误情况下，科学的知识在 20 世纪 30 年代被应用于飞机设计中。例如，飞行员常常抱怨早期的（指 20 年代）飞机有稳定性和操控的问题。"[2] 这至少也反映了作为一种科学形式的流线型，在 20 年代虽然已经进行了一些成功的设计尝试，但尚未得到广泛认同和应用。

1929 年德国工程师克劳德 · 道尼尔（Claude Dornier）设计出了当时世界最大的一架客机（Air liner）——DO-X 型客机。该机的宽度是 157 英尺、长度为 137 英尺、高度达 33 英尺，通常情况下重量达 48 吨，单次可乘坐 150 名旅客。[3] 为了设计出比 DO-X 型客机性能更好并且更大的客机，同年美国设计师诺曼 · 贝尔 · 格迪斯与德裔航空工程师奥托 · 库勒（Otto Koller）进行合作，开始设计比 DO-X 型客机更大的（超级）流线型客机——NO.4 型客机。他们设计出的 NO.4 型客机是一架巨型的单翼式飞机：宽度为 528 英尺、长 235 英尺、高度为 60 英尺，总承载人数达 606 人（451 名乘客和 155 名机组人员）。[4] 该机没有尾翼部分，整个机身结构呈"V"字形。通过流线型形式的机身和双翼，使该机能够在低阻力的条件下平稳飞行。诺曼 · 贝尔 · 格迪斯和奥托 · 库勒设计的这架客机在性能上也超过了德国的 DO-X 型客机："动力达到 38,000 马力——相当于 20 辆 1,900 马力的汽车；最高时速为 150 英里；巡航时速为 100 英里；地面时速为 72 英里；正常飞行高度为 5,000 英尺。"[5] NO.4 型客机的优越性能和对流线型科学原理的

1 James R. Hansen. "The Wind and Beyond: A Documentary" *Journey into the History of Aerodynamics in America.* Volume II: Reinventing the Airplane. Chapter 3. National Aeronautics and Space Administration. 2007. P: 10.

2 Francis H. Clauser.The Boat That Almost Was. Engineering& *Science*. November. 1986. P: 2-3.

3 Norman Bel Geddes, *Horizons*, Boston. Little, Brown, And Company, 1932, P. 42.

4 Norman Bel Geddes, *Horizons*, Boston. Little, Brown, And Company, 1932, P. 111.

5 Norman Bel Geddes, *Horizons*, Boston. Little, Brown, And Company, 1932, P. 112.

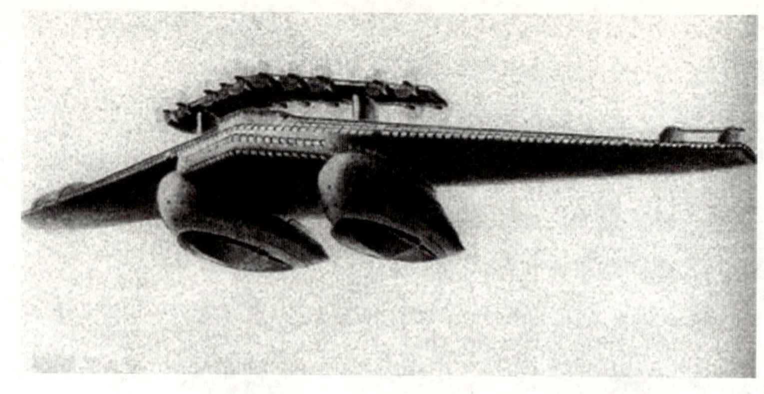

图 2.13　贝尔·格迪斯　NO.4 型超级客机　1929 年
图片来源：Adnan Morshed. "The Aesthetics of Ascension in Norman Bel Geddes's Futurama." *Journal of the Society of Architectural Historians*, Vol. 63, No. 1 (Mar., 2004), pp.74-99.

应用，不仅创造了飞机设计史上一个新的里程碑，也为流线型设计在 20 世纪 30 年代飞机设计中的进一步应用提供了参考（图 2.13）。

2.4.1.2 船体设计

20 世纪 20 年代中期，流线型的科学形式在船体设计中也得到了应用。当时英国的造船商 Thorneycroft 公司就采用流线型形式，建造了一艘快速的鱼雷艇（torpedo boat）。这艘鱼雷艇的前端为椭圆形的造型，体现了设计师为提高速度而对外观进行了科学的设计。至 20 年代末，两艘在德国建造的姊妹客轮 SS Bremen 和 SS Europa，是当时技术较为先进的蒸汽式轮船。[1] 这两艘客轮的船体部分是以纺锤形的形式设计的，前端较窄。SS Bremen 曾经："以微弱的优势打破了由 Mauretania 保持了约 15 年之久的最快行驶记录。"[2] 但是，这时期船体设计仍仅停留在对水中部分的流线型设计，并没有对船体的水上部分（指裸露在空中的船体部分）因行驶而产生的空气阻力给予考虑。所以，可以认为这时期的船体仅为半个"泪滴"形——即水中部分为流线型，水上部分为非流线型。[3] 对此，诺曼·贝尔·格迪斯也曾指出了 20 年代船体设计中存在的上述问

1 这两艘德国客轮建造的时间约在 1928 至 1929 年间。在贝尔·格迪斯的 *Horizons* 中显示为 1928 年建造。参见：Norman Bel Geddes, Horizons, Boston. Little, Brown, And Company, 1932, P. 33; 而在唐纳德·J·布什的著作 *The Streamlined Decade* 中则为 1929 年建造。参见：Donald J. Bush, *The Streamlined Decade*, New York, George Braziller, 1975. P: 48.

2 Mauretania 是一艘 1906 年在英格兰建造的客轮，也是当时行驶速度最快的船。参见：Norman Bel Geddes, *Horizons*, Boston. Little, Brown, And Company, 1932, P. 37.

3 这里所谓的半"泪滴形"，是指上述船体的水中部分为"泪滴形"，而水上裸露的部分为非流线型外观。因此出现了整体外观在形式并非为一个完整的流线型形式。

题，他在1932年设计远洋轮船（Ocean Liner）时就一再强调："船体及其在水上的部分均为流线型……船体的水上部分也全部设计为流线型。"[1] 可见，在当时格迪斯已经认识到了以前流线型（机车或船体）设计中存在的这种缺陷，并在自己的设计中加以完善。

在20世纪20年代，全铝合金（Aluminum alloys）制成的流线型的船体已经开始建造。实际上："早在19世纪末期就已经采用铝制成的高速行驶的船……（铝）除了可以设计为更加提高速度的流线型单体船（mono-hull）之外，还促进了单体船的许多项技术进步。"[2] 同时，这也意味着使用铝材制成的船体重量，能够在船体结构和可塑性进一步加强的前提下得到减轻，进而最终实现提高行驶速度的制造目的。因此，采用金属结构减轻重量，并结合流线型形式提高速度，成为了船体设计的一个新趋势。

2.4.1.3 汽车设计

20世纪20年代初期，从事飞艇设计的工程师率先将流线型用于（民用的）汽车外观（设计）（图2.14～2.15）。如曾在德国从事飞艇设计的工程师保罗·加雷（Paul Jaray）通过对流线型车体的设计，先后在德国（1921年）和美国（1927年）获得了车体设计的（发明）专利——从资料来看，他可能是工业设计史上第一位获得流线型（汽车）设计专利的工程师。[3]

其后，保罗·加雷在没有得到齐柏林公司的支持下，自己开始专门致力于流线型汽车（车身）的设计工作。他"于1923年在苏黎世建立自己的流线型设计公司推介自己的专利。在1927年，加雷在美国的流线型设计公司有十余项设计（方案），获得美国专利局授予的专利。泪滴（teardrop）形的外观被调整以适应倾斜的挡风玻璃。在20世纪30年代期间，加雷为迪希（Dixi）、莱伊（Ley）、欧宝（Opel）、奔驰（Mercedes-Benz）和迈巴赫（Maybach）汽车公司提供（流线型的）车体设计服务。由他设计并投入生产的车型阻力参数低至0.30，示范车型的阻力参数则可以达到0.23"。[4] 因此，通过保罗·加雷对流线型汽车设计的实践可知，用于交通工具的

1 Norman Bel Geddes, *Horizons*, Boston. Little, Brown, And Company, 1932, P. 38.

2 Michael Skillingberg. "ALUMINUM AT SEA: Speed, endurance and affordability." *ALUMINUM*. MAY 2007.P: 27.

3 加雷的流线型设计获得德国专利的时间是1921年。参见：Donald J. "Bush, Streamlining and American Industrial Design", *Leonard*, Vol. 7, No. 4 (Autume, 1974), P. 310；他的此类设计在美国得专利的时间则是1927年。参见：Guilaume de Syon, "The Teardrop That Fell From the Sky: Paul Jaray and Automotive Aerodynamics", *ITEA Journal* 2008; 29, P: 16.

4 Donald J. Bush, "Streamlining and American Industrial Design", *Leonard*, Vol. 7, No. 4 (Autumn, 1974), P. 310.

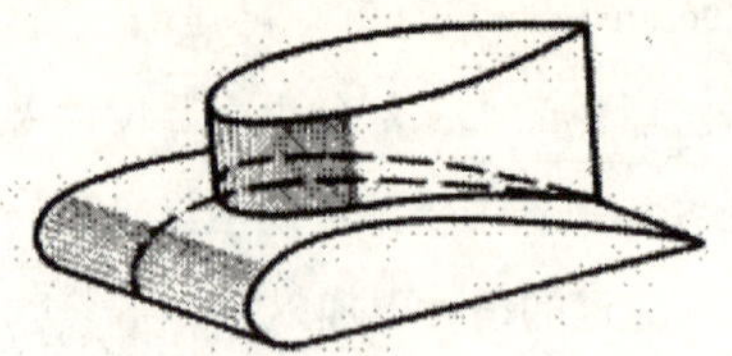
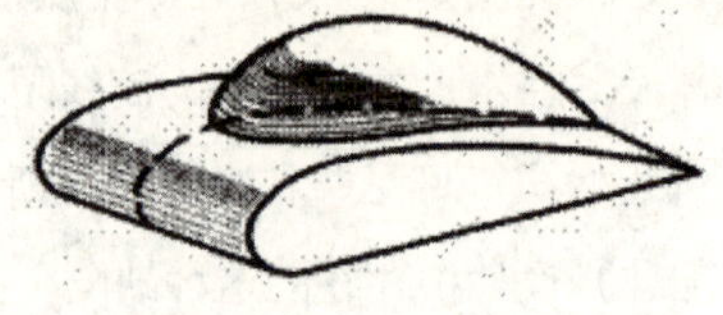

图 2.14 保罗 · 加雷　关于空气动力学形式的研究　1921 年
图片来源：Guido Buresti. *The Influence of Aerodynamics on the Design of High-Performance Road Vehicles*.KTH Stockholm, 2004. P:24.

图 2. 15 保罗 · 加雷　流线型汽车　1928 年
图片来源：Decade Stanislaus von Moos and Alice Kennington. "Hans Erni and the Streamline." *The Journal of Decorative and Propaganda Arts*, Vol. 19, Swiss Theme Issue (1993).

流线型汽车设计始于从事飞艇设计的工程师而不是工业设计师。

当然也必须看到，这时期由工程师设计的流线型汽车，只是运用了科学的流线型原理进行功能性的设计（目的是为了追求速度）。对于流线型汽车的形式美感和风格概念并没有被认识到，也没有被强调。

1921年德国飞机设计师埃德蒙德·郎普勒（Edmund Rumpler）设计的一款泪滴形汽车——TropfenwageOA104，参加了当年在柏林举办的车展，并引起了轰动。埃德蒙德·郎普勒和保罗·加雷一样，都是工程师，并且“均有着飞机设计的经验，并独自通过风洞（实验）研发了汽车的流线型车体”。[1] 从实际的性能来看，埃德蒙德·郎普勒设计的这款TropfenwageOA104型汽车：“阻力参数（CD）仅有0.28，要低于绝大多数现今批量生产的汽车。”[2] 1929年，德国齐柏林公司设计制造了一辆由飞机工程师弗朗茨·克鲁肯巴赫（Franz Kruckenberg）和柯特·斯坦菲尔德（Curt Stedefeld）合作设计的一辆实验性的螺旋桨驱动式轨道车（Rail car）时速可达113英里。[3] 齐柏林公司设计制造的这辆轨道车采用了符合空气动力学原理的流线型形式，后置的飞机发动机和螺旋桨，使之在外形上酷似该公司于第一次世界大战期间设计的飞艇。此外，该车的车身使用了钢和铝板等新材料，是当时一种将飞机、火车和汽车的设计因素结合在一起的新式交通工具。

通过齐柏林公司设计的这款轨道车，再次证明了在第一次世界大战后，据有流线型飞机或飞艇设计优势的制造企业，开始将流线型设计的科学原理用于非军事用途的民用交通设计领域。所以从20世纪20年代，一些据有丰富飞机设计经验的工程师开始将流线型设计运用于汽车等交通工具的设计中，并为30年代流线型风格的兴起提供了科学的形式。

2.4.2 为样式而奋斗：风格的先声

20世纪20年代初期的美国，虽然在汽车制造等领域处于领先地位，但在日常生活用品的设计和制造方面均落后于当时的欧洲工业国家。实际上美国当时的日常用品生产，仍停留在手工艺和小批量机械加工的落后状态：一方面并没有真正实现机械化的大批量生产；另一方面缺乏优秀的工业产品设计。如成立于20世纪20年代初期的家具生产商赫尔曼·米勒家具公司（Herman

1 Barrie Down. *Art Deco and British Car Design: The Airline Cars of the 1930s*. Veloce Publishing Ltd. 2010. P:15.

2 Barrie Down. *Art Deco and British Car Design: The Airline Cars of the 1930s*. Veloce Publishing Ltd. 2010. P:15.

3 Norman Bel Geddes, *Horizons*, Boston. Little, Brown, And Company, 1932, P. 33.

Miller Furniture Co.）发展至30年代初，仍与大多数的美国家具制造商一样，在生产着与当时社会需求并不相适应的“仿古式家具”（Period Furniture）。直到1932年设计师吉尔伯特·罗德（Gilbert Rohde）加盟该公司，才使该公司走向现代家具设计之路。[1]

这一点，可从1925年由于美国缺乏参加在巴黎举办的“装饰艺术与工业博览会”（EXPOSITION DES ARTS DECORATIFS ET INDUSTRIELS）原创性产品，而缺席此次博览会一事就可以看出。在当时任美国商务部长的赫伯特·胡佛（Herbert Hoover，1874～1964）被邀请代表美国参加这次博览会时，他甚至遗憾地写道：“（美国）没有原创的产品参展。”[2]因此，这足以反映20年代初期美国工业设计仍没有起步的事实。

从发展的背景来看，20世纪20年代的美国工业处于一个较为宽松的政策环境之下。这是因为当时正值美国共和党执政期间，在自由放任主义（Libertarianism，法语为：Laissez-Faire）的政策下，政府相关部门“对公司和工业基本上采取不干涉的态度”，这一时期许多耐用消费品得以设计和批量生产。这些商品，对消费者来说以前闻所未闻，这是由于分销产业的进步而实现的。产品的范围从水果罐头到汽车被加以包装并前所未有地在全国范围内促销。随着生产的能力超越了需求，大工业生产的蓬勃发展刺激了对于“消费工程”的必要认识。[3]也正是在这种自由放任主义的政策下，美国工业设计在20年代中期以后开始注重产品的设计，并认识到风格（Style）对于产品销售的促进作用。

正是在这种竞争的背景下，通用汽车公司在1927年率先成立了美国工业设计史上第一个所属于制造企业的专业设计机构——艺术与色彩部（Art and Colour Section）。[4]这不仅标志着美国制造企业开始认识到风格（或样式）在产品销售中的重要性，而且预示着（产品）设计开始在美国向着职业化道路发展。在通用汽车公司成立了自己的设计部门之后，其他汽车制造商（如克莱斯勒公司和福特汽车公司）也随之成立了自己的设计部门。这些由制造企业成立的设计部门，和部分设计师自己创办的设计事务所，

1 Phyllis Ross. “Merchandising the Modern: Gilbert Rohde at Herman Miller.” *Journal of Design History*.Vol.17.No.4. 2004. P:362-363.

2 Russell Flinchum. American Design. MOMA. 2008. P: 18.

3 Susie McKellar. “Consumer Representation in 1930s' America.” *Journal of Design History* Vol. 15 No.1. 2002. P: 2.

4 从现有的文献来看，通用汽车公司在1927年成立的这个“艺术与色彩部”，很可能也是工业设计史上第一个由制造企业成立的设计部门。限于本文研究范围，所以在这里表述为美国工业设计上成立的第一个企业设立的设计部门。

成为了美国20年代末产品设计的主要力量。

2.4.2.1 走向风格：汽车设计

1923年，新上任的通用汽车公司（General Motors）总裁艾尔弗雷德·P·斯朗（Alfred P. Sloan）为了挑战福特汽车当时占领的美国汽车市场约一半以上份额的强势地位，他在1927年雇佣了设计师哈利·厄尔负责通用汽车新款型的设计，为该公司汽车款型的多样化和创新而进行战略性调整——斯朗主义正是建立在这一基础之上。到1929年，通用汽车公司的黑色汽车仅占了其总量的24%，打破了福特汽车1927年以前单一的黑色外观和以低价占据市场的局面。克莱斯勒公司随后也在1928年7月设立了自己的风格部（Styling section）。事实上，这不仅反映了20年代中期美国汽车市场竞争的日益加剧，也体现了汽车制造商开始意识到设计风格对于其产品销售的重要性。

从现有资料来看，美国汽车款型设计是有计划且自上而下的（由制造商主导，设计师具体实施）。如在1926年7月8号的一份备忘录中，斯朗向通用公司经理哈里·巴塞特（Harry Bassett）提及了"年度款式改变"（annual model change）战略，以达到促进通用公司的汽车销售目的——该计划后来被谢尔顿（Sheldon）和阿伦斯（Arens）在1932年美国经济危机时期进一步地延伸为一个明确的消费战略模式——"有计划地废止"（planned obsolescence）。[1] 这说明，斯朗本人在当时已经认识到了良好的设计表达——汽车外观的比例、彩色和形式等（物理属性）因素对于产品的市场销售有明显影响。应当讲，正是斯朗认识到福特T型车的不足及对美国汽车市场需求的分析，使得通用汽车公司的艺术与色彩部（Art and Color section）应运而生，并对通用公司的全部汽车外观进行新的设计[2]（图2.16）。

与"年度款式改变"推行同时，一种新的市场竞争观念——斯朗主义开始出现，并使得福特主义（或福特制）大生产不再主导着美国制造业。这标志着美国汽车制造商们的生产与销售模式

1 Michael Lamm. "The Beginning of Modern Auto Design." *The Journal of Decorative and Propaganda Arts*,Vol.15, Transportation Theme Issue (Winter-Spring, 1990), P: 61.

2 该部门在1937年改名为风格部（Styling Section），进一步明确了其作为专业的汽车风格设计机构的职责。

图 2.16 通用汽车公司艺术与色彩部的设计师们在工作（20 世纪 20 年代末）
图片来源：Sally Clarke. "Managing Design: The Art and Colour Section at General Motors, 1927-1941." *Journal of Design History*, Vol. 12, No. 1, Design, Commercial Expansion and BusinessHistory (1999).

发生了历史性转变："汽车的市场营销不再只是为了说服人们买辆车，或者买辆比别人更好的车，而是日益明显地说服人们更换原有的车，即使该车仍然能够继续使用。"[1] 汽车制造商们说服消费者购买并不迫切需要的新款汽车，所采取的方式就是进行年度（定期不断地）更新汽车款式。

资料显示，当时的汽车外观设计已开始讲求方法。这一点，可以通过通用公司的艺术与色彩部所采用的设计方法窥见一斑："他们开始先绘制草图，最后再以黏土塑出原车大小（full-size）的每个新车的模型。"[2]

"年度款式改变"对于汽车生产与销售的影响是巨大的，改变了原有汽车市场的格局和对于"技术先进"（指新款）的新车需求量。对此，有研究者认为："1926 年艾尔弗雷德 · 斯朗将风格（这一概念）引入了通用汽车公司。在大萧条前汽车工业的发展中，年度款式改变概念的引入，由此将汽车由单纯的实用品转变为新颖（时尚）和（显示）身份之物。这成为了 20 世纪 30 年代耐用

1 Pamela Walker Laird. "'The Car without a Single Weakness': Early Automobile Advertising." *Technology and Culture*, Vol. 37, No. 4 (Oct., 1996), P: 807.

2 Sally Clarke, "Managing Design: the Art and Colour Section at General Motors, 1927-1941." *Journal of Design History* Vol. 12 No. 1, 1999, P: 72.

消费品（consumer durables）的主要特点。随着‘艺术’应用到了现今的功能主义产品之中，这些物品从标准化的实用领域进入到了营销领域。它们不再单纯地只是有用的消费品，而是消费创造力以及如时尚、炫耀财富和变换的流行风尚。这样的物品兼及生产的男性属性（内在的，机械的功能），以及消费的女性属性（外在的，显现脂粉气）两个方面。对于这一时代许多在工业中涉及的产品来说，这种根据性别的美学考虑对其是一种嘲讽。”[1] 无疑，汽车从普通消费品转变为制造商着意打造的时尚物品，与产品技术的先进与否并没有直接的关系，而是追求外在的流行款式。

无独有偶，对丁汽车内在的功能和外在的形式上的不同差异，美国社会学研究者戴维·加特曼（David Gartman）在其所著的 *Auto Opium: A Social History of American Automobile Design*（《汽车鸦片：一部美国汽车设计的社会史》，1994 年）一书中，提及了当时汽车工程师们的一种观点：“通用汽车公司的工程师将哈利·厄尔的‘艺术与彩色部’戏称为‘美容店’（beauty parlour）和‘妖精与脂粉气的‘男人’。在他们看来，‘美容是美容店的事，而不应用于汽车。’”[2] 可见当时通用汽车公司对于汽车风格的设计，并没有得到工程师们的认可。工程师也没有和设计师一起合作进行汽车款型（或称样式）的设计——而是在哈利·厄尔的领导下，汽车车身设计开始摆脱技术性（或功能性）的束缚，向着外在的风格发展。

汽车设计开始注重风格这一转变，对美国 20 年代的消费市场影响巨大。据文献记载，福特汽车（当时生产的主打款型正是 T 型车）的市场占有率从 1923 年的 50% 下滑到了 1927 年 15%。其中一个主要的原因就是美国消费者开始对于汽车舒适、便捷和风格有了更高的要求。[3]

从 20 世纪 20 年代后期开始，美国汽车制造的材料也发生了某些显著的变化：1. 汽车车体开始从木质结构转为木质和金属相结合的“混合结构”（composite bodies）；2. 材料的改变导致了汽车设计（风格）与制造所投入的成本增加。这一时期，汽车的车体是以木

1 Susie McKellar. “Consumer Representation in 1930s' America.” *Journal of Design History* Vol. 15. No. 1.2002 .P: 2.

2 Susie McKellar. “Consumer Representation in 1930s' America.” *Journal of Design History* Vol. 15 No. 1.2002 .P: 2.

3 Dennis P. Doordan. *Design History An Anthology*. The MITPress. 1995. P: 124-125.

图 2.17 La Salle 敞篷跑车　通用汽车公司首款强调风格的汽车　1927 年
图片来源：David Gartman. "Harley Earl and the Art and Color Section: The Birth of Styling at General Motors." *Design Issues*, Vol. 10, No. 2 (Summer, 1994).

质结构与金属板相结合的"混合体"为主，直至 1937 年才转变为"全钢结构"(all-steel)。实际上，为了追求汽车的风格，制造商在设计与生产的材料与设备方面投入了前所未有过的成本。据 20 年代至 30 年代的一位工业设计师戈登·比林格（Gordon Buehrig）回忆："汽车木结构的工具成本为 30,000 美金至 50,000 美金，而'全钢结构'的成本则激增到了 10,000,000 美金至 20,000,000 美金。"[1] 对此，比林格明确指出制造商们对成本的巨额投入，其中一个原因就是为了生产时尚的新款汽车。他认为："这是（一种）巨大的冒险，企业们想要一个时尚的'制造原型'(prototype body)，因为这个原型对于他们成功地把自己的车推入市场是重要的。"[2]

通用汽车公司生产的第一辆有着风格概念的汽车，是 1927 年投入批量生产的 La Salle 敞篷跑车（图 2. 17)。该车的发布意味着美国汽车市场正式开启了以风格为市场竞争手段的时代，开始影响并转变之前以大批量生产和低价销售为标志的福特主义的经营

1 Sally Clarke, "Managing Design: the Art and Colour Section at General Motors, 1927-1941." *Journal of Design History* Vol. 12 No. 1, 1999, P: 71.

2 Sally Clarke, "Managing Design: the Art and Colour Section at General Motors, 1927-1941." *Journal of Design History* Vol. 12 No. 1, 1999, P: 71.

理念。实际上，福特汽车公司对于通用汽车的新措施也采取了相应的对策，如在同年推出了A型车试图挽回其被动的销售局面，但最终因为对风格的忽视而失去了以前拥有的市场份额。从这一点也可以看出，汽车的设计风格给当时的汽车市场竞争所带来的显著变化。

美国汽车制造业在20年代末期出现的这种以产品风格（或时尚的样式）来促进销售的理念和“年度款式改变”的营销战略，至少体现了以下三个特点：

1. 技术不再主导市场：改变了以往凭借产品的技术性能作为主导的生产与营销模式，开始注重产品的用户需求和风格（或样式）——这意味着工业产品设计的作用和价值开始得到重视，并为30年代中期流线型风格的流行培育了市场；

2. 市场战略得到应用：尽管这时期对于风格（或样式）的追求，仍然是一种先投入设计和生产，然后再进行营销的传统模式。但是20年代末汽车制造业出现的“年度款式改变”战略，并非是基于产品品质的要求，而是制造商和设计师所实施的以盈利为目标的市场销售战略；

3. 设计价值开始凸显：通用汽车公司凭借“年度款式改变”战略的实施，对美国汽车市场以福特汽车公司占据主要份额的不利局面进行了新的调整。体现了斯朗主义所倡导的市场战略，对当时以低成本、低价格和大批量生产为特征的福特主义生产方式的转变。这种转变使美国（汽车）制造业开始在注重技术与材料的基础上，增加了对产品风格进行设计的环节。

2.4.2.2 冰箱设计

20世纪20年代美国的冰箱设计与生产，主要表现为通过大批量生产和技术优势，使得这种产品从富裕阶层专属的一款家用奢侈品，变为了普通家庭能够消费得起的日用电器产品。而冰箱在20年代美国消费市场上的普及和款型竞争，又推动了30年代家用消费品流线型风格的出现，并成为款型更新最快的产品之一。[1]

1 1935年推出的“冷点”冰箱外观设计率先采用了流线型风格，这与冰箱在消费市场的普及和大众需求有密切的关系。

从历史来看，美国冰箱的设计与生产，在第一次世界大战以前发展较为缓慢，并且价格昂贵。尽管在那时已经："有一些将机械（式）冰箱用于家用的尝试。也似乎有许多好的想法和一些突破，但这些努力均处于相互脱节和投资不足境地。（因此）大批量生产的价格低廉且'易于操作的'（idiot-proof）电冰箱成为了人们的需求。"[1] 然而真正推动冰箱走向大批量生产且使之成为日常家用电器产品的，却是由于美国汽车业的兴起与发展——促进了流线型设计开始从汽车设计逐渐走向大众日常消费品设计领域。换句话说，流线型设计是经过汽车设计师引入到交通工具以外的其他消费品设计领域中，并且首先在冰箱的外观设计中得到体现。

据文献显示，在1915年期间："只有一个行业有必要的资金、技术水平和大批量生产的专门知识。汽车（这时）已经从一个名贵品发展为一个许多人能买得起的必需品。在这个过程中，汽车制造商们已经积累了财富，以及工程（设计）和制造的人才。因此，这并不奇怪是汽车制造业的实力，推动了家用机械（式）冰箱的进一步发展。"[2] 正是在这种背景下，通用汽车公司成为了将美国冰箱制造推向大众消费的主要推手之一。该公司总裁威廉·C·杜兰特（William C. Durant，也被称为"Bill" Durant，1861～1947）"购买了印第安纳州一家倒闭的电冰箱制造公司，并在1918年将其更名为弗瑞吉戴尔公司（Frigidaire）……并将资金和人才投入该公司"，并且通用汽车公司是有的研究与工程部门均奉命协助解决该公司（在冰箱生产方面的）技术问题。在投入了数百万美元之后，弗瑞吉戴尔公司将1920年时的冰箱价格从1000美元，在1925年消减到了一半。1926年弗瑞吉戴尔公司因其技术优势一跃成为最畅销的家用冰箱。在1928年，弗瑞吉戴尔公司已经销出了10,000台冰箱。[3] 弗瑞吉戴尔公司凭借汽车业资金与技术的支持，成为美国20年代冰箱设计与生产走向成功的案例之一。

事实上，美国企业生产的冰箱在20年代末已经在其国内大部分的家庭得到普及，并成为当时主要的家用电器之一。有文献显

1 Bernard Nagengast. "Refrigeration and air conditioning in the 20th century." *Mechanical Engineering*. 2000. P: 2.

2 Bernard Nagengast. "Refrigeration and air conditioning in the 20th century." *Mechanical Engineering*. 2000. P:2.

3 Bernard Nagengast. "Refrigeration and air conditioning in the 20th century." *Mechanical Engineering*. 2000. P:2.

示："在 1923 年整个美国只有 20,000 户家庭拥有机械（式）冰箱。至 1927 年，已经有 60%的美国家庭拥有了各种形式的冰箱。"[1] 在这一发展过程中，美国冰箱制造商们的贡献不可忽视，因为"工业设计是制造商努力面向一个广阔的'无仆人的家庭主妇'的市场，使冰箱从少数富人的昂贵奢侈品到经济实惠且省力的食品保存设备的优化核心。在第一次世界大战结束后，（使用）电和燃气的冰箱开始供国内使用。这些冰箱的设计与市场营销极大地反映了其被作为高档品供给精英家庭的地位。在 20 世纪 20 年代末期和 30 年代早期，（随着）燃气和电冰箱技术的进步，通过标准化、大批量生产以及竞争的加剧导致（冰箱的）价格快速下滑"。[2]

从上述资料信息中，不难理解美国的冰箱设计和生产正是在汽车业蓬勃发展的背景下，获得了资金和技术的支持而兴起的。除去资金的因素，工程技术方面的支持不但使冰箱在技术性能上得到大幅提高，还实现了前所未有的销售量。从工业设计的角度来看，冰箱的普及也使得在 30 年代借鉴汽车设计领域的流线型形式成为可能。

2.5 小结

从上述分析中，可以对 20 世纪 30 年代以前的流线型设计有一个相对完整的认识。这主要体现在以下四个方面：

1. 从早期仿生形态的模仿到空气动力学原理的运用可以看出，流线型形式的设计始终离不开对在空中飞翔、水中航行和陆地上行驶以提高速度为目标的功能性追求，并且主要是以工程领域的研究和探索为主。

2. 随着一战的结束，由于曾为军队提供军用设备设计服务的工程师和制造商们的订单减少，他们纷纷转向了民用交通工具的设计领域。这一方面为机车设计提供了丰富经验和新技术；另一方面将流线型的科学形式引入到了机车的外观设计中。因为在这

1 Shelley Nickles."Preserving Women: Refrigerator Design as Social Process in the 1930s." *Technology and Culture*, Vol. 43, No. 4, Kitchen Technologies (Oct., 2002), P: 696.

2 Shelley Nickles."Preserving Women: Refrigerator Design as Social Process in the 1930s." *Technology and Culture*, Vol. 43, No. 4, Kitchen Technologies (Oct., 2002), P: 696.

一时期，由工程师所设计的流线型汽车获得了设计专利，并为美国 30 年代流线型设计风格的形成奠定了基础。

3. 在 20 世纪 20 年代，汽车制造商们已率先认识到设计样式（或风格）对于产品销售的重要性，并开始设立了自己企业所属的设计部门。这也是 30 年代流线型从汽车设计领域走向普通消费品设计的一个首要环节，因为汽车设计样式的出现也被引入到了冰箱和吸尘器等产品的（外观）设计中。

4. 至 20 世纪 20 年代末，随着制造技术的进步，使得产品的外观应用了可塑性强的金属材料，这为 30 年代生产表面光滑的流线型风格的消费品提供了新材料。可见，新材料与技术工艺的出现，也是流线型产品设计风格形成的必要条件。

| 第三章 |

速度美学：20 世纪 30 年代的流线型探索

3.1 概述

至 20 世纪 30 年代，对流线型科学形式的探索开始应用于作为交通工具的飞机、轮船和汽车的外观中，并成为美国当时一种较为普及的机车设计形式。这一时期，在新的材料和技术的支持下，一些具有里程碑意义的流线型交通工具被设计出来并走向了市场。如克莱斯勒公司 1934 年推出的“气流”（Air Flow）汽车和道格拉斯公司 1935 年投入使用的道格拉斯 DC-3 型客机等。这不仅显示了流线型设计从 30 年代前飞机、潜艇（轮船）和汽车等领域的个别实践，发展到批量生产的一个新阶段，而且被广泛地用于民用交通工具的设计领域（如火车和汽车的车身设计）。

在此期间，一种新的追求速度的机器美学在美国的一些（大型）交通工具设计领域出现。与欧洲现代设计（尤其是建筑设计）所追求机器美学不同的是，这种新的机器美学以提高速度为主要的审美追求，因此体现了一种以速度为美的功能主义——本文将其称为“动态的速度美学”（图 3. 1）。这种机器美学出现的显著标志，就是美国建筑与工业设计师理查德 · 巴克明斯特 · 富勒(Richard Buckminster Fuller 1895～1983）在 1932～1933 年期间设计的“戴玛克森”（Dymaxion）概念车、克莱斯勒公司在 1934 年推出的流线型汽车——“气流”，以及 1938 年亨利 · 德雷夫斯与雷蒙德 · 罗维等人设计的火车引擎等大型机车的投入使用。

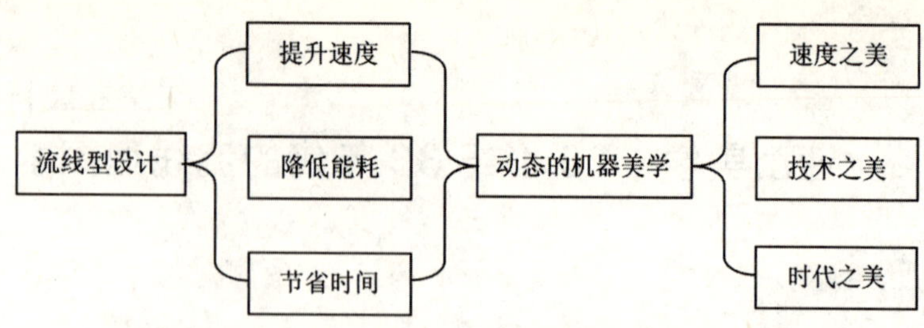

图 3.1“动态的速度美学”及其审美特点

这种追求速度的新机器美学，率先在汽车和火车引擎的外观设计上得到体现——是由于这些机车的外观均采用了（近似）“泪滴”形的平滑流畅的曲面，以求降低风阻并有效地提高行驶时的速度。从上图中可以看出，这种动态的机器美学除了追求机车的行驶速度之外，还注重降低能耗和节省时间。如理查德·巴克明斯特·富勒设计的“戴玛克森”概念系列建筑与汽车，就是以降低能耗和提高使用效率为目的。他的设计也因此在 30 年代初期成为采用流线型科学形式追求高效与低耗的典范。

从构成关系来看，“戴玛克森”是一个合成词，可以理解为“动力最大化”之意——是指“动力 + 最大值”(Dynamic+Maximum)。[1] 这一设计理念，始于理查德·巴克明斯特·富勒从 1917～1919 年在美国海军服役期间就已开始的一个节能创新实验项目。从军队离开后，富勒开始将这一设计理念应用到汽车和建筑设计之中——可以看出，节能是富勒在设计中的主要追求。在 1927 年，富勒已经开始设计“戴玛克森”概念的建筑，这体现了他对工厂预制部件的可拆卸和便于运输等因素的考虑。所以，从富勒对系列“戴玛克森”概念的机车和建筑设计来看，他是在利用流线型的科学形式探索实现功能最大化的有效途径，而不是出于商业化的考虑。

此外，另一位美国建筑及工业设计师诺曼·贝尔·格迪斯(Norman Bel Geddes) 也因对流线型设计的倡导与实践，使其成为了这种新的机器美学的主要倡导者和设计师之一。 在 1932 年出

1 此处对“戴玛克森”一词的解释，采用了本人已发表论文中的相关论述。参见：流线型汽车设计风格起源与形成考略．装饰 ,2011,(8): 113.

版的著作《视界》一书中，他首先预见到了未来工业化的发展趋势，将会是对于速度的不懈追求与探索。他在该书中这样写道："在今天，速度是我们这个时代的呐喊，并且更快的速度是未来的目标之一。"[1] 尽管诺曼·贝尔·格迪斯在其著作中对速度的赞誉和对未来技术的发展充满了信心，体现了其鲜明的未来主义的设计思想和热情，并常被认为是一个"不切实际的有远见之人"(Impractical Visionary)。[2] 但他对美国工业设计的贡献却不容忽视：一方面他积极地倡导将流线型（设计）形式运用于工业设计领域；另一方面他也勤于实践，并成为当时美国流线型设计最有影响力的实践者之一。

诺曼·贝尔·格迪斯的功能主义思想，体现在他试图通过流线型的科学形式追求机车的速度和效率。正是这种对于机车速度的狂热追求，使他设计出了一些在当时较为前卫的流线型交通工具。如在 1931 年设计的 NO.8 型汽车（Motor Car Number 8）和 1932 年设计的"远洋海轮"（Ocean Liner）等，均体现了他力求通过流线型外观提升机车性能的意图。NO.8 型汽车设计显示了他已经"选择将泪滴形作为由空气动力学（原理）所决定的'明确的理想标准'，并且款式不再进行年度风格的改变"。[3] 而他在远洋海轮的设计中"采用了一种适应于各种天气的由钢和玻璃（组成）的纯粹为泪滴形式的外观。仅仅被圆形的烟囱和（舰船的）悬起的桥楼所阻断，后者类似一个翼形。"[4]

诺曼·贝尔·格迪斯对流线型形式的科学探索，建立在他所推崇的创新型设计的基础之上。因而开拓新的面向未来的设计领域，成为了他在《视界》一书中专门论述的内容——该书名为"《视界》"其实就表达了他的这种意思。对此，他认为："消费大众有想象力与崇敬（之心）。他们喜欢推陈出新观念，并且他们崇拜开辟新观念的人。"[5] 事实上，格迪斯本人就是一个对新技术和发明有浓厚兴趣的设计师。他在交通工具的设计中，通过流线型的科学形式表达了对未来社会的乐观主义思想。就这一点而言，他称得上是一位狂热的未来主义工业设计师。

1 Norman Bel Geddes, *Horizons*, Boston. Little, Brown, And Company, 1932, P. 24.

2 Roland Marchand. "The Designers Go to the Fair II: Norman Bel Geddes, The General Motors "Futurama", and the Visit to the Factory Transformed." *Design Issues*, Vol. 8, No. 2 (Spring, 1992), P: 23.

3 Donald J. Bush. "Streamlining and American Industrial Design." *Leonardo*, Vol. 7, No. 4 (Autumn, 1974), P: 312.

4 Donald J. Bush. "Streamlining and American Industrial Design." *Leonardo*, Vol. 7, No. 4 (Autumn, 1974), P: 312.

5 Donald J. Bush. "Streamlining and American Industrial Design." *Leonardo*, Vol. 7, No. 4 (Autumn, 1974), P: 312.

据资料显示，在富勒设计“戴玛克森”三轮概念车的同一年，美国标准局的R·H·希尔德（R.H.Heald）就采用风洞测试的方式，对20年代末和30年代初的汽车外观及其性能进行了对比。他得出这样一个结论：“同1928年相比，1933年约有30%的汽车由于风阻降低而节约了能耗。这是由于趋向于流线型的现代形式使其性能得以提高。然而，测试显示，在相同的正面区域，1933年生产的汽车风阻仍然是纯粹的流线型汽车的两倍。”[1]通过希尔德的研究表明，流线型在当时正成为一种汽车车身设计的趋势。[2]

但需要指出的是，承认流线型形式作为运动体外观具有一定技术优势，并不意味着认可完美或理想化的“泪滴”形就一定是最佳的（外观）设计表达。如美国标准局的空气动力学专家H·L·德莱登（H. L. Dryden）就不赞成泪滴形是最佳的流线型设计，他认为：“实际上，只要不是陡然弯曲形成风涡（wind eddies）的任何外观均是真正的流线型。从流线型的视角来看，泪滴形式并不是最好的（流线型）形式。”[3]对此，H·L·德莱登曾提出告诫：“一种流于表面的流线型样式，例如光滑的方形边缘，不会产生任何效果……汽车必须通过精确的测试，且依据明确制定的原则重新加以改造。”[4]可见，即使采用了流线型形式的车身，也需要进行科学严谨的风洞测试才能准确地得出科学结论。因此，这种新的机器美学在开始阶段是对性能（速度）的追求，而非出于对外观的美化或促进销售。

事实上，“泪滴”形汽车的车身设计在刚推出的时候，不仅在美国境内得不到汽车制造商们或市场的认可，甚至在欧洲其他国家也同样遭到了冷遇。如保罗·加雷的流线型汽车设计虽然最早获得了专利，却得不到一些国家的制造商们的投资生产。所以他“尽管已经获得了较高的知名度，仅有一家生产商——捷克斯洛伐克共和国的塔特拉（Tatra）公司愿意将加雷的设计付诸汽车生产（其他的生产商则生产了测试用车，但从未推入市场）。1934年，塔特拉公司推出了一款V8型汽车……该车的风阻系数是0.36，成

1 Streamlining “Saves Power Of 1933 Automobiles”, *Science New Letter*, November 11, 1933, P. 308.

2 此段中的部分论述，采用了作者曾发表过的论文内容。参见：流线型汽车设计风格起源与形成考略. 装饰, 2011,(8): 112-113.

3 Carol Newman, Jr. “Setting the World to Streamlines.” *The Science News-Letter*, Vol. 20, No. 549 (Oct. 17, 1931), P: 246.

4 Carol Newman, Jr. “Setting the World to Streamlines.” *The Science News-Letter*, Vol. 20, No. 549 (Oct. 17, 1931), P: 246.

为最佳的符合空气动力学（原理）的汽车之一，且曾设想能得到批量生产。然而，20 世纪 30 年代政治与经济的动荡交织在一起，加之塔特拉公司（需要）的成本，使这一想法在短暂的实验阶段便终止了。尽管如此，这款车仍然启发了其他人予以效仿。”[1]

据资料显示，在 1933 年，流线型已经出现在了民用航空飞机的外观设计中。如："波音 247 型（Boeing 247）和道格拉斯 DC-1 型（Douglas DC-1）客机已经开始了其首次飞行；二者均有着圆润的机头和有机的曲线。”[2] 至 30 年代末，有着流线型机身的大型客运飞机在美国已逐渐走向普及。可见，在追求速度与效率的流线型速度美学影响下，流线型科学形式正日益主导着美国的机车外观设计。

最后指出一点，流线型设计风格在美国的发展并非一帆风顺。作为一种流行的消费风格，流线型设计广泛应用于静态的家用消费品外观设计中，曾一度遭到当时美国的学术研究机构排斥和批评。如在 1934 年春季纽约艺术博物馆举办的名为“机器艺术”（Machine Art）的大展（也是该馆举办的第一次工业设计展）中，流线型设计风格被视为流于表面的一种造型形式，而遭到了此次展览的排斥：这种排斥不仅来自于注重产品审美品质的欧洲国家，也同样来自于美国国内学术界。此次展览也是对美国工业产品的一次检阅："约有 97%的物品来自美国，并历时 4 年在 19 个城市展出。”[3]

3.2 可期的乌托邦：设万物为流线型

这一时期，仿生手段仍然被利用于流线型形式的探索中，如德国研究者麦克斯 · O · 克莱默（Max O. Kramer）："设计的用于潜艇设备的抗紊流内衬，就模仿了海豚的皮肤结构。”[4] 此外，道格拉斯 DC-3 型客机的机身设计也模仿了生物体的外形，显示了流线型设计对自然（生物或植物）形态模仿的一面。通过 30 年代以前对

1 Guilaume de Syon, “The Teardrop That Fell From the Sky：Paul Jaray and Automotive Aerodynamics”, *ITEA Journal* 2008; 29, P: 15-16.

2 Donald J. Bush. “Streamlining and American Industrial Design.” *Leonardo*, Vol. 7, No. 4 (Autumn, 1974), P: 313.

3 René D’Harnoncourt. “The Museum 1929-1954.” *The Bulletin of the Museum of Modern Art*, Vol. 22, No. 1/2, Twenty-FifthAnniversary (Autumn - Winter, 1954), P: 15.

4 Franco Lodato. “The Nature of Design.” *Design Management Review Winter.* 2005. P: 58.

流线型科学形式长期的理论探索与实践，已经为这种形式在30年代各种追求速度的交通工具中的应用积累了丰富的技术经验。以下就分类对流线型在主要的交通工具外观设计中的应用予以论述，以期加深人们对这种以速度为美的动态机器美学的认识。

3.2.1 飞艇与飞机设计

流线型在交通工具中的应用，开始于飞机外观的设计。前文已述，在流线型的飞机被设计制造以前，纺锤形的飞艇已经问世并在第一次世界大战期间得到了发展。流线型的飞机与飞艇设计这时期也被应用于商业目的，并在当时成为一种最为便捷和时尚的象征（图3.2）。

需要说明的是，对流线型的科学研究仍影响了这时期的飞艇和飞机设计。如德国物理学家路德维希·普朗特（Ludwig Prandtl）自1904年提出边界层理论后，对流线型与阻力的关系开展了相关实验。他“20世纪20～30年代对阻力和流线型形式应用的开创性研究，使空气动力学的作用得到了全面的提升”。[1]

图3.2 1933～1934年芝加哥世界博览会期间一艘飞艇从上空飞过
图片来源：Academics.triton.edu/faculty/fheitzman/INT211 12A Art Deco.pdf.

1 James R. Hansen. "The Wind and Beyond: A Documentary" *Journey into the History of Aerodynamics in America.* Volume II: Reinventing the Airplane. Chapter 3. National Aeronautics and Space Administration. 2007. P: 4.

图 3.3 波音 247D 1933 年
图片来源：Peter L. Jakab. "Wood to Metal: The Structural Origins of the Modern Airplane." *Journal of Aircraft* Vol. 36, No. 6, November–December. 1999.

飞机设计史上革命性的进步之一，就是飞机的机身从木质结构转变为了金属的结构。由于金属材料的使用，使得"'木与织物（结构）'（Wood-and-Fabric）的飞机在 1935 年以后不再占据主导地位"。流线型金属（结构的）飞机在 30 年代中期出现……成为了飞机设计的分水岭。[1] 从时间来看，这种里程碑式的变革在 1933 年由波音 247D 型（Boeing 247D）率先实现（图 3.3）。两年之后（即 1935 年），道格拉斯公司推出的 DC-3 型（Douglas DC-3）客机同样也采用了更为坚实和耐用的全金属结构——其机身结构和外观用铝制造而成。该机实现了从木结构或木材与金属材料相结合的混合结构向金属结构的彻底改变。

道格拉斯 DC-3 的流线型机身酷似鲨鱼或海豚的外形，其机翼设计为简洁的悬臂式单翼（Cantilever Monoplane Wings）（图 3.4～3.5）。这款飞机因为在材料和流线型机身等方面的全新设计，"不仅成为航空史上无可争议的经典设计之一，并且达到了创新制造方法的顶峰，意味着对飞机（以前的机身）几乎彻底地进行

1 Peter L. Jakab. "Wood to Metal: The Structural Origins of the Modern Airplane." *Journal of Aircraft* Vol. 36, No. 6, November-December. 1999. P: 914.

图 3. 4 道格拉斯 DC-3　1935 年

图片来源：Peter L. Jakab. "Wood to Metal: The Structural Origins of the Modern Airplane." *Journal of Aircraft* Vol. 36, No. 6, November–December. 1999.

图 3. 5 自然中的鲨鱼形态

图片来源：Franco Lodato. "The Nature of Design." *Design Management Review Winter*. 2005.

了‘重新塑造’”。[1] 正是因为这款飞机所具有里程碑式的意义，使得其研制者在1935年获得国家航空协会（the National Aeronautics Association，简称NAA）颁发的科利尔奖（Colliertrophy）。

从30年代几款飞机的机身设计，及其创造的较低“零升阻力系数”（zero-lift drag coefficient），就可认识到这时期对于流线型的空气动力学原理的应用，已经取得了较好的效果。这几款飞机分别为：洛克希德·维加（Lockheed Vega），阻力系数为0.0278；洛克希德·奥立安（Lockheed Orion），阻力系数为0.0210；波音247D（Boeing 247D），阻力系数为0.0212；道格拉斯DC-3（Douglas DC-3），阻力系数为0.0249。“几乎很少有飞机的零升阻力系数达到更低的程度。值得相提并论的只有1939年的比奇D175型（Beechcraft D175）四位单翼机，其零升阻力系数为0.0182，1944年的北美P-51D型（North American P-51D）战斗机1944，其零升阻力系数为0.0163，以及1970年的比奇富豪V-35型（Beech Bonanza V-35）通用航空飞机，其零升阻力系数为0.0192。”[2] 通过对上述不同时期飞机性能的比较，从一个侧面反映了流线型在这一时期的飞机设计中，已经得到了越来越广泛的应用。

30年代后期，随着经济形势的逐渐好转，美国迎来了其飞机制造业的一次大发展，并且专业技术人员的数量也得到了大幅增加。从1935～1940年，美国的飞机制造和出口量均保持了稳步上升的态势。对此，有文献指出：“同以前相比，飞机出口量增长超过了1000%，空气动力学专家（的数量）超过了21倍。”[3] 此外，美国用于民用的客运飞机也得到了快速发展。这一时期：“（民用）飞机的生产增长了将近四倍——共达6785架。面向国内市场的民用飞机产量，从1935年的918架（上升）到了1940年的3263架。”[4] 上述增长的变化，使得美国飞机的设计与制造得到了空前的发展，也为流线型形式在飞机设计中的应用提供了较好的拓展空间。值得注意的一点是，用于商业营运的流线型飞机数量虽然在1935～1938年期间有所回落，但在1938年后又逐步得到了新的恢复。

1 James R. Hansen. “The Wind and Beyond: A Documentary” *Journey into the History of Aerodynamics in America.* Volume II: Reinventing the Airplane. Chapter 3. National Aeronautics and Space Administration. 2007. P: 2.

2 James R. Hansen. “The Wind and Beyond: A Documentary” *Journey into the History of Aerodynamics in America.* Volume II: Reinventing the Airplane. Chapter 3. National Aeronautics and Space Administration. 2007. P: 8.

3 G. R. Simonson. “The Demand for Aircraft and the Aircraft Industry, 1907-1958.” *The Journal of Economic History,* Vol. 20, No. 3 (Sep., 1960), P: 370-371.

4 G. R. Simonson. “The Demand for Aircraft and the Aircraft Industry, 1907-1958.” *The Journal of Economic History*, Vol. 20, No. 3 (Sep., 1960), P: 371.

3.2.2 船体设计

前文中论及的德国物理学家路德维希·普朗特（Ludwig Prandtl）除了提出边界层理论之外，在20世纪30年代还开展了水洞试验（Water Tunnels）。该研究为流线型在船舶设计中的应用提供了科学的理论依据（图3.6）。

需要指出的是，这时期的船体设计改变了以前仅将水中部分设计为流线型的状况。这是因为船体设计与飞机机身的设计不同，其在水中和水上部分均要考虑行驶时来自水和空气两种不同的阻力，这一点在30年代以前的船体设计中体现的并不明显。至1930年左右，设计师们才认识到，只有将水上裸露在空气中的部分也同样设计为流线型，才能真正体现出这种科学形式所具有的优势。这种新的认识，在1932年诺曼·贝尔·格迪斯设计的一艘纺锤形超级远洋海轮（Ocean Liner）外观上得到了充分体现。这艘蒸汽式巨轮的整体长度约为1808英尺、宽度为110英尺、深度为120

图 3.6 普朗特的水洞试验

图片来源：E G TULAPURKARA. Hundred years of the boundary layer Some aspects. Sadhana Vol. 30, Part 4, August 2005, pp.499–512.

英尺，排水量约达 70,000 吨。[1]

此外，诺曼·贝尔·格迪斯也对船体设计相关的问题进行了分析。如他在《视界》中不但分析了船体设计需要考虑裸露在空气中的部分（如船楼和甲板等）所形成的阻力，而且还综合考虑了船体制造所用的材料、可能的重量和速度等因素。对此，格迪斯曾明确表示其目的就是要“设计一个在水中产生最低阻力的船体，及一个在空气中产生最低阻力的船楼（Superstructure）”。[2] 正是出于这种目的，格迪斯设计的这艘流线型远洋轮船的外观去除了表面凸出的某些部件，使得整个船体形同一艘潜艇或飞机的机身，尽可能地将该船在行驶时遇到的（来自水和空气的）阻力降至最低。据格迪斯的实验分析：“流线型船楼的实验成效是微乎其微的，其他在空气中移动的物体数据则显示，其优势在于降低了大约 80%的空气阻力。”[3] 这艘流线型的远洋海轮形成了一个封闭式的外观，与呈纺锤形的海豚外观较为相似（图 3.7、图 3.8）。这说明在 20 世纪 30 年代的交通工具设计中，自然中的生物形态（无论是空中的鸟类还是水中的海豚等外形）仍对设计师们产生一定的启发和借鉴。同时也意味着这时期对流线型科学形式的理论研究，与对仿生形态的借鉴是密切联系在一起的。所以，从功能的角度来看，这时仍然体现了对生物体的流线型有机形式不断的认

图 3. 7 自然中的海豚形态
图片来源：Guido Buresti.The Influence of Aerodynamics on the Design of High-Performance Road Vehicles.KTH Stockholm, 19/3/2004.

1 数据参见：Norman Bel Geddes, *Horizons*, Boston. Little, Brown, And Company, 1932, P. 38.

2 Norman Bel Geddes, *Horizons*, Boston. Little, Brown, And Company, 1932, P. 42.

3 Norman Bel Geddes, *Horizons*, Boston. Little, Brown, And Company, 1932, P. 42.

图 3.8 贝尔 · 格迪斯 远洋海轮 1932 年
图片来源：David A.Hanks and Anne Hoy. *American streamlined design*.Flammarion. 2005.

图 3.9 卡拉卡拉渡轮 1935 年
图片来源：United States Department of the Interior National Park Service.1990.

识与应用。

1935 年 7 月建造完成的卡拉卡拉（Kalakala）是一艘体量巨大的流线型渡轮。其显著特点就是，设计师将船体的水上部分也设计为了光滑圆润的流线型形式并饰以银色，因此该船当时也被称为“银弹头”（the Silver Slug）（图 3.9）。卡拉卡拉“长 276 英尺、

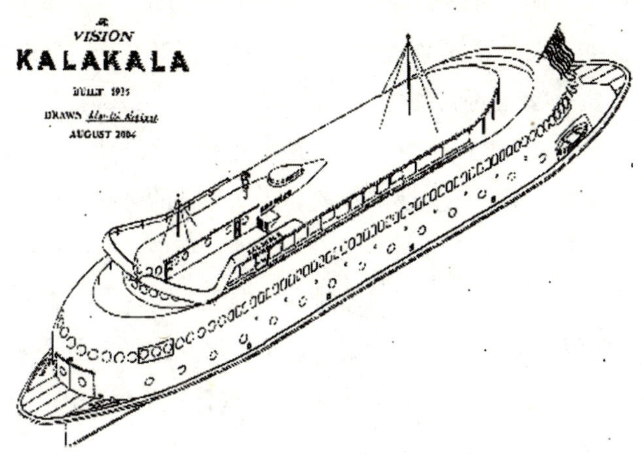

图 3. 10 艾伦 · W · 尼尔森 建造于 1935 年的卡拉卡拉渡轮 2004 年重绘
图片来源：Alan W. Nielsen. United States Department of the Interior National Park Service.National Register of Historic Places Continuation Sheet - MV KALAKALA. Section9.2005.

宽 55.8 英尺、高（深）度为 21.6 英尺，其排水量可达 1475 吨”。这艘渡轮的出现代表了工程、技术和文化领域的未来发展。该船也是 20 世纪建筑与工程的奇迹和文化的传奇，甚至在当时被称为“世界第一艘流线型的渡轮”[1]（图 3. 10）。

卡拉卡拉投入使用后，很快就被国内外的新闻媒体竞相报道，并且“作为美国经济大萧条时期新的未来希望的象征，其形象被登在各种明信片上，甚至在 1941 年辛辛那提市百年纪念时被附加在俄亥俄河的图片上。”[2] 在性能上，这艘渡轮的使用的是动力可达 3000 马力的柴油发动机，最高行驶速度超过了每小时 17 海里。除此之外，其内部配套设施和设计在当时也较为先进，并可提供 700 人的座位。有资料显示：“建造这艘卡拉卡拉渡轮共花费了 600,000 美金。在完成这艘新船的 19 个月中，共有 300 名员工在最后 4 个月夜以继日地工作。”[3]

1936 年，雷蒙德 · 罗维开始为弗吉尼亚渡轮有限公司（Virginia Ferry Co）设计“安妮公主”（Princess Anne）号渡轮，并

1 United States Department of the Interior National Park Service. National Register of Historic PlacesContinuation Sheet - MV KALAKALA.Section7. (Oct, 1990). P:2.

2 United States Department of the Interior National Park Service. National Register of Historic PlacesContinuation Sheet - MV KALAKALA.Section8. (Oct, 1990). P:4.

3 United States Department of the Interior National Park Service. National Register of Historic PlacesContinuation Sheet - MV KALAKALA.Section8. (Oct, 1990). P:2-3.

将该船体（包括船楼）的外观均设计为光滑流畅的流线型形式。罗维本人对这艘渡轮的设计非常满意，并认为“从那时起，安妮公主号渡轮的流线型处理手法就影响了远洋海轮（的设计）”。[1] 1938年雷蒙德·罗维又在“安妮公主”的设计基础上，运用相同的方法绘制了另一艘大型渡轮。从设计的时间分析，无论是卡拉卡拉还是安妮公主号渡轮，均要晚于诺曼·贝尔·格迪斯1932年设计的远洋海轮，所以不排除他的创新设计思想影响到了卡拉卡拉和安妮公主号渡轮的设计。从上述几艘流线型船体设计的论述可知，流线型的科学形式在30年代已经应用于民用渡轮的外观，并成为了技术进步的标志之一。

3.2.3 汽车设计

前文已述，在20年代流线型形式已经被从事飞机或飞艇设计的工程师们引入到汽车设计中，使这种科学的设计形式在30年代被广泛地用于汽车的外观。30年代，流线型汽车设计在技术上的追求目标并没有改变，仍是以提高速度为主旨——这无疑同30年代以前对于流线型形式的研究和运用相一致。但必须看到的是，在对汽车行驶速度进行科学探索的同时，迎合市场和对销售量的追求也影响了30年代汽车设计与制造的发展趋势（这一转变将在第4章的流线型汽车风格一节中专门论述，本章仅对科学的流线型汽车进行讨论）。

保罗·加雷于1927年在美国获得汽车设计专利后，美国设计师就已经受到影响并开始了设计尝试。如贝尔·格迪斯在1928年就开始设计了编号为NO.1型的流线型汽车。这款车所具有的优良性能，在当时已经得到了专业的汽车工程师们的认可。那些汽车工程师们估计，“有着流线型外观的NO.1型汽车速度将达到每小时58英里，而相同马力的有直角的汽车时速可达到45英里”。[2]

贝尔·格迪斯在1931年设计的NO.8型汽车，是对1929年设计的NO.1型汽车不断改进后的方案（图3.11）。虽然经过从NO.1

---

1 Raymond Loewy, *Industrial Design*, Overlook Ducworth, 2007, P: 108.

2 Norman Bel Geddes, *Horizons*, Boston. Little, Brown, And Company, 1932, P. 54.

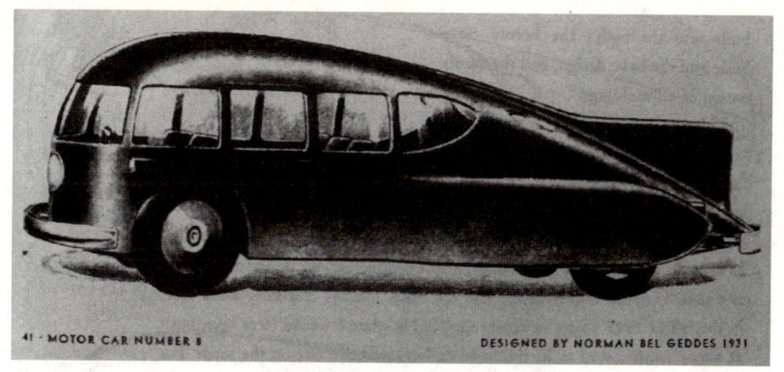

图 3. 11 贝尔 · 格迪斯　NO.8 型汽车　1931 年
图片来源：Norman BelGeddes. *Horizons*.1932.

型到 NO.8 型汽车的设计，他对车身的外观、性能和舒适性等方面进行了新的改进，但仍一直坚持用“泪滴”形作为汽车设计的基本形式。汽车的舒适度和便捷性，也是他在从事流线型汽车设计中考虑的问题。在 1932 年出版的 *Horizons* 一书中，贝尔 · 格迪斯指出：“就现在的汽车来说，主要的问题之一是阻力的降低。因此，要采取不同的设计。我的设计试图去除所有产生风阻的凸出部分，使之表面平滑。此外，还提高便利性和乘坐量。不过这款车采用了纯粹的流线型（形式），要比现在的非赛车更为先进，是根据滴形理论（Drop-form Theory）而做出的某些修改。总之，这款车是以往实验的最简洁的表现，并且更接近于完美的流线型形式，虽然在这方面最终的效果是不可能实现的。车体的尾部逐渐缩小，使空气滑过的干扰降至最低。”[1]

在从事系列小汽车设计的同时，贝尔 · 格迪斯也将流线型的科学形式运用到了大型客车的外观设计之中。在 1932 年设计的 NO.2 型长途公共汽车（Motor Coach Number 2）外观，实际上就是 NO.8 型汽车的扩大版。在性能上，NO.2 型长途公共汽车速度要比其他长途汽车速度快而且舒适平稳。该车“汽油容量足够从纽约开到底特律（以每加仑汽油跑 4 英里的速度）且（期间）无需加油”[2]（图 3.12）。

1 Norman Bel Geddes, *Horizons*, Boston. Little, Brown, And Company, 1932, P. 56-57. ompany, 1932, P. 54.

2 Norman Bel Geddes, *Horizons*, Boston. Little, Brown, And Company, 1932, P. 59.

图 3. 12 贝尔 · 格迪斯 NO.2 长途公共汽车 1932 年
图片来源：Norman BelGeddes. *Horizons*.1932.

1930 年，英国的 A · E · 帕尔默（A.E.Palmer）为空气动力学工程师 Sir Dennistoun Burney 设计了一辆将引擎后置的泪滴形汽车，对美国底特律从事汽车设计的工程师们提供了参照。[1] 说明这时的美国流线型汽车设计并没有走在国际前列。

最早投入批量生产的流线型风格的汽车是 1931 年由车身设计师阿莫斯 · 诺斯鲁普（Amos Northrup）设计的 Rreo Royale 8 型汽车。这款流线型风格的汽车，已经开始注重在经济危机状况下将实用性和经济美观相统一。

在 1933 年，巴克明斯特 · 富勒设计的“戴玛克森”概念车是一款追求动力最大化的流线型汽车（图 3.13）。该车实际上是一辆能够乘坐 10 人并以前轮驱动的三轮（公共）汽车，有着“泪滴形”（Teardrop）的外观，行驶时速可达 120 英里。[2] 在 1934 年，经过反复的风洞测试后，克莱斯勒公司推出了具有“泪滴”形特点的“气流”（Air Flow）汽车。这款车虽然不是第一辆获得批量生产并被投入市场的流线型汽车，但却因激进的流线型形式成为汽车设计史上的一款经典车型。

“气流”汽车的流线型车身是由克莱斯勒公司的设计师、工程师卡尔 · 布瑞尔（Carl Breer）、弗雷德 · 泽德尔（Fred Zeder）和欧文 · 斯凯尔顿（Owen Skelton）等人合作设计的，他们在设计过程

1 Jeffrey L.Meikle, *Twentieth century limited: industrial design America, 1925-1939*, Temple University Press, Philadelphia.1979. P: 143.

2 Jonathan M. Woodham. *A Dictionary of Modern Design*. Oxford University Press. 2004. P:158.

图 3.13 富勒“戴玛克森”概念车 1933 年
图片来源：Buckminster Fuller.Dymaxion Car.Ivorypress Art+Books. 2010.

中曾求教于奥维利·莱特（Orville Wright）。在莱特的帮助下，“布瑞尔建了一个小的风洞用来对缩小的木制汽车模型进行测试，经历实验后这款独特的车更加出色地体现了在空气动力学方面的优势”。[1] 确切地说，“气流”（Air Flow）汽车在后轮和尾部完全采用了飞机和潜艇尾翼的楔形特征。沃尔特·P·克莱斯勒（Walter P. Chrysler）本人对这款激进车型的内部宽阔空间和平稳舒适性较为满意，他评价该车：“是自打汽车发明以来的第一款轿车。”[2] 但是需要指出的是，这种体现在汽车设计中的新机器美学在开始阶段遇到了挫折：由于样式太过于强调流线型的功能而没有得到消费者的青睐。因此，“气流”汽车是一个技术和性能优越，但市场认可度相对较低的失败设计案例（图 3.14～图 3.16）。

当然，这也只是反映了科学的流线型形式走向消费市场过程中的一个阶段，并不能因此而否认流线型汽车的发展前景。这一点，从福特汽车公司其后发布的流线型汽车获得成功的案例中可以看出。该公司在第二代领导人埃兹尔·福特（Edsel Ford）的支持下，在 1935 年成立了，致力于福特汽车风格设计的下属设计部，并于当年 11 月推出了一款与克莱斯勒公司的“气流”汽车一样有着流线型外观的汽车——1936 年款“林肯和风”（Lincoln Zephyr）汽车。

福特汽车公司推出的这款“林肯和风”汽车，是由其设计部

1 Larry Edsall, *Legendary Cars*, White Star Publishers, 2002, P. 51. 此处引用了本人曾发表过的论文内容。参见：流线型汽车设计风格起源与形成考略 . 装饰 ,2011,(8): 112-113.

2 Larry Edsall, *Legendary Cars*, White Star Publishers, 2002, P. 52. 此处引用了本人曾发表过的论文内容。参见：流线型汽车设计风格起源与形成考略 . 装饰 ,2011,(8): 112-113.

图 3. 14 克莱斯勒公司的“气流”汽车在风洞试验中 1933 年
图片来源：Jeffrey L.Meikle. *Twentieth century limited: industrial design America, 1925-1939*. Temple University Press, Philadelphia. 1979.

图 3.15 卡尔·布瑞尔等 克莱斯勒公司的“气流”汽车广告 1934 年
图片来源：David A.Hanks, Anne Hoy. *American streamlined design*. Flammarion. 2005.

图 3.16 克莱斯勒公司的“气流”与流线型火车 1934 年
图片来源：Michael Schwartz. Markets, Networks, and the Rise of Chrysler in Old Detroit, 1920-1940, 2000. P:93.

图 3.17 福特“林肯和风”和道格拉斯 DC-3 型飞机 1936 年
图片来源：David Gartman. *Auto Opium: A Social History of American Automobile Design*.Routledge, 1994.P:128.

图 3.18 福特“林肯和风” 1936 年
图片来源：Andrew Thomas. Lincoln Zephyr. 2005.

负责人尤金·T·格雷戈里（Eugene T. Gregorie）与布瑞格斯（车身）制造公司（Briggs Manufacturing Company）的荷兰裔美国设计师约翰·恰尔达（John Tjaarda）等人合作设计的（图 3.17、图 3.18）。与“气流”汽车的在市场的冷遇不同，“林肯和风”汽车成为了一款市场反应较好的流线型汽车：在第一年就销售了 15,000 辆（约占林肯汽车总销售量的 80%）。[1] 此外，从“林肯和风”汽车发布的时间来看，当时实施“年度款式改变”战略已采取了在前一年年底发布下一年新款汽车的营销方式。

雷蒙德·罗维在 30 年代也参与了流线型汽车的设计，如 1934 年为 Hupp Motor Co 设计了一款流线型的汽车——Hupmobile，以及在 1935 年设计了一款形似火车的高速通勤车（High-speed Commuting Car）。他在 Hupmobile 这款车的设计中，将车轮、车灯

1 Ndrew Thomas. Lincoln Zephyr A Collection of Small Scale Model Cars. 2005. P: 3.

以及前后保险杠均纳入到车身的整体形式之中，并将该车圆弧形的后窗设计得较大，目的是使驾驶者的视野更为宽阔。此外，他还设计了一款名为“未来的计程车”（1938 年设计）的概念车，并在 1939～1940 年纽约博览会期间展出。在罗维看来：“未来的计程车将会是三轮式的机车——那样更为灵活。该车专为短程运载而设计，轻巧并且在拥堵的区域便于操作。在这款车的设计中，我采用了曲面的（挡风）玻璃以获得更宽阔的视域。”[1]

尽管现在的计程车样式，并非罗维当初所设计的那种便捷式三轮车。但不能否认的是，在现今交通拥堵状况下的城市计程车确实需要具有轻巧、便捷和易于操控等特点。因此，从“未来的计程车”的外形设计中，可以发现罗维对未来机车采用流线型形式，实际上也体现了他相信这种科学的形式在未来会有良好的发展前景。除此之外，设计师布鲁克斯·史蒂文斯（Brooks Stevens）在 1936 年设计的 Zephyr Land Yacht 外观也运用了流线型形式，这款由两个部分组成的汽车成为 30 年代流线型机车设计的代表之一。

3.2.4 火车（引擎）设计

在 1931 年，德裔工程师奥托·库勒（Otto Kuhler）就曾提出给火车的蒸汽式引擎增加一个流线型的外层面，其目的是降低火车在行驶时遇到的空气阻力。他在 1933 年设计的流线型的蒸汽式火车引擎方案中，显示了对于不同（流线型）形式的关注和比较。[2] 在 1934～1939 年，库勒又设计了一系列流线型的旅客列车——如 GMN 铁路公司的 Rebel、密尔沃基铁路（Milwaukee Road）的 Hiawatha 和 NO.100 型引擎等。

在流线型飞机设计方面已经积累了经验的贝尔·格迪斯，于 1931 年设计了一辆完整的流线型火车，并获得设计专利。这辆火车的外形与塞缪尔·R·考尔索普（Samuel R. Calthrop）在 1865 年设计的流线型火车较为相似。[3] 贝尔·格迪斯设计的这辆流线型火

1 Raymond Loewy, *Industrial Design*, Overlook Ducworth, 2007, P: 108.

2 Donald J. Bush, *The Streamlined Decade*, George Braziller. New York, 1985, P. 60.

3 Arthur J. Pulos, *American Design Ethic*. The MIT Press. 1983. P: 377.

车也被称为NO.1型，采用平滑的钢（板）和玻璃组成其流线型的外壳。格迪斯为了消除这辆火车在行驶时尾部流过的空气产生涡流现象，将车尾形状设计为逐渐缩小的曲线形，从而达到了降低风阻的目的。[1] 对于格迪斯而言，在当时美国经济大萧条的背景下发展经济实惠、高速并且舒适的交通工具，就需要重视火车所具有的竞争优势。这是因为火车所提供的运输服务——如舒适空间和长距离的快速行驶，是长途汽车所不能企及的优势之处。正因如此，格迪斯对流线型外观的火车引擎进行了专门研究，并完成了一系列设计方案。

贝尔·格迪斯认识到，为了达到提高火车速度的目的，就需要先解决两个方面的问题：1. 减轻火车车体的整体重量；2. 降低来自空气的阻力。正是出于这种考虑，格迪斯选择了已经开始用于汽车车身结构的铝材，作为未来火车的车身制造材料。他在著作中提及："在火车的设计中，我采用了用于汽车车身的铝，其使得汽车的重量降低……将流线型应用于整个火车，消除空气的阻力和吸力（suction）。"[2] 从格迪斯的记述中可以知道，一方面他试图通过轻的金属材料降低火车的整体重量；另一方面又利用了流线型的科学原理，以减少火车运行时所产生的空气阻力。所以，格迪斯的流线型机车设计同时注重了以上两个方面的问题。

1933年时，美国铁路协会（American Railway Association）对流线型形式的火车和汽车的实用性进行了测试，确定了在最高时速时，（其）尾部为阻力的主要来源。[3] 该机构所得出的这一结论，与1810年乔治·凯莱的研究发现以及1865年塞缪尔·R·考尔索普的流线型火车外观设计基本吻合——实际上美国铁路协会的此次测试，成为了对流线型形式的前期研究和实践的一次肯定，也表明了美国铁路运输部门对提高机车性能的重视。

1934年，联合太平洋铁路公司（The Union Pacific Railroad）关于M.10,000型火车的设计，已经开始采用外观光滑的流线型形式。另一辆同年生产的流线型火车，是由巴德公司（Budd Company）制造的伯林顿"和风"（Burlington Zephyr）。这辆以柴油为动力的

---

1 Norman Bel Geddes, *Horizons*, Boston. Little, Brown, And Company, 1932, P. 69.

2 Norman Bel Geddes, *Horizons*, Boston. Little, Brown, And Company, 1932, P. 69-70.

3 Donald J. Bush. "Streamlining and American Industrial Design." *Leonardo*, Vol. 7, No. 4 (Autumn, 1974), P: 313.

旅客列车和 M.10,000 型列车均是美国最早的以不锈钢为外观材料建造流线型火车，体现了轻捷快速的特点。[1] 正是因为利用了流线型的科学形式及新材料的优势，这两辆美国最早的流线型火车很快影响到了同时期火车的外观设计。有资料表明，至 1935 年底，美国的每条铁路上都已经行驶着流线型的旅客列车，并且当时两家最主要的铁路公司——宾夕法尼亚铁路公司和纽约中央铁路公司，成为了流线型火车设计的主要推动者。[2] 这时期的流线型火车除了上述两辆之外，主要还有“飞扬（Flying Yankee）、反叛者（Rebel）、彗星（Comet）和皇家蓝（Royal Blue）”。[3]

雷蒙德 · 罗维从 1932 年起就与宾夕法尼亚铁路公司合作设计火车引擎，他也是 30 年代流线型的火车设计的主要推动者之一。罗维在 1934 年为宾夕法尼亚铁路公司设计了流线型的 GG-1 型电动火车引擎，使火车除了具有更为简洁光滑的外观之外，在行驶速度方面也得到了改观。此后，他通过风洞试验对火车引擎的外观设计进行了不断改进，并成为了同时期火车引擎设计的一个典范。

图 3. 19 雷蒙德 · 罗维　宾夕法尼亚铁路 S-1 型火车引擎　1937 年
图片来源：Raymond Loewy, *Industrial Design*, Overlook Ducworth, 2007.

1 柏林顿“和风”（Burlington Zephyr）后改名为“先驱者和风”（Pioneer Zephyr）。

2 Arthur J. Pulos, *American Design Ethic*. The MIT Press. 1983. P: 377.

3 Arthur J. Pulos, *American Design Ethic*. The MIT Press. 1983. P: 377.

在1936年3月出版的《科学通讯》中，一篇以《采用飞机原理的流线型蒸汽火车》为题的文章，详述了罗维为该公司设计的火车采用了飞机的空气动力学原理，以黏土为材料替代了以前的木材制作了七英尺的火车模型进行风洞实验的过程。这辆3768型火车在最大行驶速度时，可减少约三分之一的风阻（相当于节省300匹马力的动力），被称为最现代的流线型火车。[1] 罗维在1936年设计了K4S型蒸汽火车，并在此基础上于1937年设计了性能更好的S-1型火车引擎。在这两项火车的外观设计中，均体现了罗维对于机车行驶速度与外观形式之间关系的研究[2]（图3. 19）。

在罗维看来，正是由于K4S型火车引擎的成功设计，才进一步地带动了其后的S-1型（引擎）的设计，那是一种对于先进的流线型火车引擎的表现。[3] 在S-1型火车的设计过程中，罗维严格地遵循着机车设计的基本程序："当泥灰的缩尺模型完成后，我在纽约大学古根海姆空气动力学实验室的风洞中测试这款（S-1型火车）引擎。我们仔细观察气流并在适当的时间停止了这项测试、迅速地采用可塑性强的泥灰调整折烟器（Smoke Deflector）的外形，并且再次开始风洞气流的测试，直到我们获得满意为止。"[4] 正是通过上述科学的测试，S-1型火车的设计获得了成功。资料显示，这款有着流线型外观的S-1型火车，要比K4S型在性能上更好，其动力可达6,000马力。S-1型火车由于其经典的设计和性能，

图3.20 罗维的Broadway快车（左）与德雷夫斯的"20世纪快车"（右）1938年
图片来源：David A.Hanks and Anne Hoy. *American streamlined design*.Flammarion. 2005.

1 通过对两篇文章显示的数据分析，这辆流线型的火车应该是指3768型。参见："Streamlined Steam Locomotive Uses Airplane Principles Reviewed." *The Science News-Letter*, Vol. 29, No. 781 (Mar. 28, 1936), P: 205 和 Arthur J. Pulos, *American Design Ethic*. The MIT Press. 1983. P: 381.

2 雷蒙德·罗维在自己的著作《工业设计》(*Industrial Design*，1988年初版）中，提到S-1型火车引擎的设计是在1937年。罗维在这项设计的图稿中所签写的日期也是1937年。参见：Raymond Loewy, Industrial Design, Overlook Ducworth, 2007, P: 92；K4S型火车引擎的设计时间，则是在1936年。参见：Jeffrey L.Meikle, *Twentieth century limited: industrial design America, 1925-1939*, Temple University Press, Philadelphia.1979. P: 184.

3 Raymond Loewy, *Industrial Design*, Overlook Ducworth, 2007, P: 92.

4 Raymond Loewy, *Industrial Design*, Overlook Ducworth, 2007, P: 90.

甚至被写入美国和其他国家的铁路工程教材中。[1] 罗维在后来出版的《工业设计》(*Industrial Design*)一书中这样提及了 S-1 型火车:"我等候这款 S-1 型火车全速通过。我站在站台上看见它以每小时 120 英里的速度从远处驶来。"[2] 在 1937 年前后,也是雷蒙德·罗维从事机车设计最主要的阶段。

1937 年罗维写了《新视觉:火车引擎》(*The New Vision: Locomotive*)一书,对"国际火车引擎的(设计)美学"予以了分析。[3] 在 1937 年为宾夕法尼亚铁路公司设计的 S-1 型火车引擎的同一年,他还为该公司绘制了 T-1 型流线型火车引擎的设计稿。[4]

在 1938 年,亨利·德雷大斯为纽约中央铁路公司(New York Central Railroad)设计了流线型火车引擎——"20 世纪快车"(20th Century Limited Locomotive)。[5] 德雷夫斯设计的这辆火车引擎,与罗维为宾夕法尼亚铁路公司设计的另一辆流线型火车引擎——Broadway Limited,在纽约和芝加哥两地同一天发布,共同成为 20

图 3. 21 亨利·德雷夫斯 纽约中央铁路"20 世纪快车"1938 年
图片来源:Jeffrey L.Meikle. *Twentieth century limited: industrial design America, 1925-1939*. Temple University Press, Philadelphia.1979.

1 Raymond Loewy, *Industrial Design*, Overlook Ducworth, 2007, P: 90.

2 Raymond Loewy, *Industrial Design*, Overlook Ducworth, 2007, P: 90.

3 Raymond Loewy, *Industrial Design*, Overlook Ducworth, 2007, P: 82.

4 Raymond Loewy, *Industrial Design*, Overlook Ducworth, 2007, P: 96.

5 纽约中央铁路公司一般称为"New York Central Railroad",文献中有时简称为 New York Central 或 NYC.

世纪30年代美国流线型机车设计的经典作品。在“20世纪快车”的设计过程中，德雷夫斯及其设计团队对这款火车引擎外观的每一处细节都仔细地予以推敲，使得其达到了简洁统一的效果。这款火车引擎不仅是30年代美国流线型机车设计的代表，也成为美国经济开始走向复苏的一个标志（图3.20～图3.21）。

3.2.5 流线型的世博会：技术进步与展示

20世纪30年代的美国流线型设计师们，不仅在日常生活用品的设计方面卓有成就，而且也在博览会上展现了美国对于技术进步与发展的自信心。据统计，在20世纪30年代的10年间，美国共举办了6次世界博览会。这6次世界博览会分别是芝加哥（Chicago）1933～1934年举办的题为“一个世纪的进步”（A Century of Progress）的世界博览会、圣迭戈（San Diego，也译：圣地亚哥）1935～1936年举办的“太平洋国际博览会”（Pacific International Exposition）、达拉斯（Dallas）1936年举办的“百年纪念”（Centennial）博览会、克利夫兰（Cleveland）1936～1937年举办的“北美五大湖博览会”（Great Lakes Exposition）、旧金山（San Francisco）1939～1940年举办的“金门国际博览会”（Golden Gate International Exposition）和纽约（New York）1939～1940年举办“纽约世界博览会”（New York World’s Fair），到访的民众一共将近上亿人次[1]（图3.22）。

这些博览会一方面成为新技术应用于产品的展示平台，另一方面也成为表达进步与乐观主义精神的一种方式。而流线型风格的产品，除了以市场销售的渠道之外，还通过世博会（尤其是在30年代后期的世博会）传播美国大众消费文化，并逐步确立了自己在这一文化中的作用和地位。所以，流线型设计及其风格在美国30年代博览会中所起到的积极作用，主要体现在它代表了一种先进的技术形式和积极进取的精神。这种精神正是30年代美国走出经济危机影响所需要并通过博览会着重强调的内容，同时也是

1 *Designing Tomorrow*. National Buliding Museum. 2011.P:1.

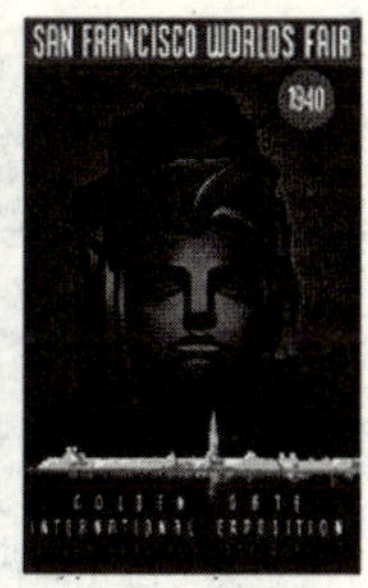

图 3. 22 1933～1934 年芝加哥世博会海报（左）
1935 年圣迭戈博览会海报（中左）
1936～1937 年克利夫兰博览会海报（中右）
1939～1940 年旧金山博览会海报（右）
图片来源：The National Building Museum. *Designing Tomorrow: America's World's Fairs of the 1930s*. 2011.

普通民众所需要的一种精神力量。

对此，美国历史学家罗伯特·里德尔（Robert Rydel）曾高度评价 20 世纪 30 年代美国举办的这 6 次世界博览会，对于这一时期（美国经济）所产生的积极作用和影响。他认为：“20 世纪 30 年代的美国世界博览会无疑在经济大萧条时期照亮了美国民众们的心灵……并将希望和乐观主义注入一个遭受经济崩溃的国家。历史学家常常会问为什么美国会走出经济危机并避免了政治革命。或许这个时代的世界博览会是答案之一。”[1] 美国 30 年代举办的系列世博会，是从 1933～1934 年芝加哥市（世博会）开始的，并且也是该市举办的第二次世界性博览会。

当时芝加哥市之所以举办这个主题为“一个世纪的进步”的世界博览会，有其明确的纪念意义。因为当时芝加哥市所在的位置，在 100 年以前（即 1833 年时）仍是一个位于（中）西部欠发达的贫瘠之地。经过一个世纪以来的不懈努力，芝加哥市一跃成为了当时世界的第四大城市，所以举办此次世博会有其特殊含义。[2] 此外，芝加哥市举办世博会的另一个目的，就是试图消除经济危机所带来的一些不利影响，并推动几近停滞的消费市场。

1 Mary Ann Borden. *Selling New York State to the Nation—The 1939/40 New York World"s Fair A Dissertation Submitted to the University at Albany*, State University of New York. 2011. P: 7.

2 Cheryl R. Ganz. *Fan Dancing and Fan Belts: Selling Optimism at the 1933 Chicago World's Fair.* RBM: A Journal of Rare Books, Manuscripts, and Cultural Heritage. 2008. P: 79.

图 3. 23“一个世纪的进步”：1933～1934 年芝加哥世界博览会全景图
图片来源：Academics.triton.edu/faculty/fheitzman/INT211 12A Art Deco. pdf.

应当看到，1933 年正值美国失业率最高的年份，严重的经济危机使得不少民众对国家经济的前景感到忧虑。芝加哥市举办的此次世博会正是在这样的背景下，突出了发展与进步的主题。这次博览会的成功举办，对到访的游客起到了积极影响，这是因为在经济大萧条的时期科技的进步，被视为一种能够促进经济走向繁荣的重要因素（图 3.23）。

从这次博览会举办者的态度中，可以认识到流线型设计风格在当时的发展状况和影响。在展览内容的选择方面："本次博览会的委员会拒绝了以前博览会中流行的新古典主义设计，而热衷于 20 世纪 20 年代末 30 年代初期欧洲博览会上出现的包豪斯风格。这种简洁和功能性的建筑，在建筑的转型过程中造价相当低廉，流线型的工业设计作为一种重要的经济模式，指向了这种现代主义的时代。"[1] 此外，由于经济危机的爆发，使得举办方已开始面向实用的设计风格和低成本制造的产品，而流线型设计恰好适应了当时对于产品简洁、清洁和具有现代感的消费需求。这一点，也再次显示了流线型产品设计风格是要面向所有的消费大众，而不是社会中某一阶层的需求。不过也必须承认，在芝加哥世博会期间采用流线型设计的产品并没有占据主导地位，甚至流线型仍被视为一种技术的形式，而不是产品设计的风格。与流线型科

1 Mary Ann Borden. *Selling New York State to the Nation-The 1939/40 New York World' s Fair*. A Dissertation Submitted to the University at Albany, State University of New York.2011. P: 39-40.

学形式的探索相一致的是，强调技术进步、应用与发展，是整个30年代期间美国城市举办世博会的主旨。随着经济形势趋于好转，世博会的举办目的和意义也随之发生了变化。到1939年纽约举办世博会时，其主题已经开始面向未来的发展。

1939年春季开幕的纽约世界博览会以“构筑未来的世界”为题，向参观者展现了美国先进的技术在未来发展中所扮演的角色和影响力。这不仅标志着美国制造业在经历了十年的努力之后关注的不是现在而是未来，而且也体现出其经济蒸蒸日上的发展趋势（图3.24）。

此次博览会期间，由建筑师阿尔伯特·卡恩（Albert Kahn）和贝尔·格迪斯合作设计的流线型的通用汽车公司展馆，成为人们到访最多的地点之一（图3.25）。其中一个原因，是贝尔·格

图3.24“构筑未来的世界”：1939～1940年纽约世界博览会全景图
图片来源：Academics.triton.edu/faculty/fheitzman/INT211 12A Art Deco.pdf.

图 3. 25 通用汽车公司在 1933～1934 年芝加哥世博会期间展示其生产线（左）
通用汽车公司 1939～1940 年纽约世博会建筑主入口（右）
图片来源：The National Building Museum. *Designing Tomorrow: America's World's Fairs of the 1930s*. 2011.

迪斯负责设计的未来城市与交通发展的模型——“富图拉玛”（Futurama）受到了人们的特别关注。

在 1939 年纽约世博会举办前，罗维不失时机地说服了克莱斯勒汽车公司通过此次良机，把握宣传其在汽车制造业领先者的位置。他建议克莱斯勒汽车公司要拿出高质量的参展方案，使参观者们能够体验到该公司所具有的先进技术与经济实力。正是在这一主旨的驱动下，此次博览会上展出了雷蒙德·罗维为克莱斯勒汽车公司设计的作为未来交通工具的流线型计程车和火箭（图 3. 26、图 3. 27）。

如前文所述，“未来的计程车”作为三轮式的概念机车，显得更为灵活。罗维认为，这样的车是专门为短程运载设计的，非常轻巧，便于在城市的拥堵区域驾驶操作。他运用了曲面的挡风玻璃，这样可以获得更好的、更广阔的视野。[1] 今天我们在城市中看到的计程车虽然并不是罗维所设想的三轮机车的样子，但城市拥堵的现状让我们看到，1938 年罗维设计的这个“未来计程车”显然已经预见了未来城市交通中，城市出租车所需要的这种灵活、便捷、易于操作的设计诉求。

为了更好地展示“未来的火箭站”设计效果，罗维专门在展馆内安装了一个火箭发射的仿真模型和火箭站，使参观者能够近

1 Raymond Loewy, *Industrial Design*, Overlook Ducworth, 2007, P: 108.

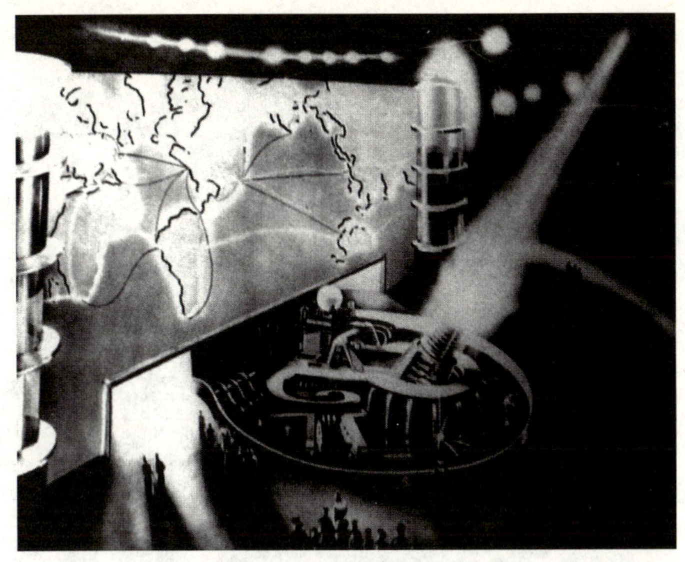

图 3. 26 雷蒙德 · 罗维　未来的火箭站　1938 年
图片来源：Raymond Loewy, *Industrial Design*, Faber and Faber, 1979.

图 3. 27 雷蒙德 · 罗维　未来的计程车　1938 年
图片来源：Raymond Loewy, *Industrial Design*, Faber and Faber, 1979.

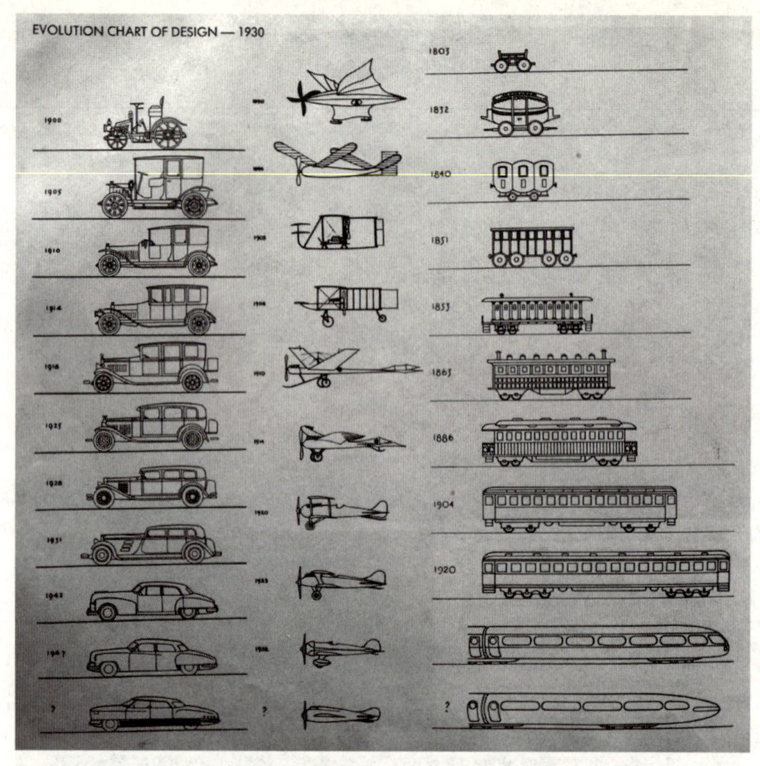

图 3. 28 雷蒙德·罗维 机车设计演变图 1930 年
图片来源：Raymond Loewy, *Industrial Design*, Faber and Faber, 1979.P:74.

距离体会其创意。这项设计成为此次展览最引人关注的展品之一。设计师将火箭作为未来的交通工具，从而激发了参观者们的好奇心及对未来生活的无限向往。按照罗维的构想，乘客将来坐火箭从纽约到伦敦只需不超过一个小时的旅程。[1]

从展览的评价和取得的影响来看，这两件参展作品不仅向人们展现了莱斯勒公司在汽车设计和技术领域的领先优势，更体现了设计师本人对于经济危机末期美国的科技实力的信心及展望。此外，这两项设计也反映了罗维在 30 年代所进行的一些流线型风格的探索，使他不仅在工业设计领域赢得了美国社会的尊重和认可，而且还通过上述面向未来的设计项目体现了其非商业化设计

1 Jeffrey L.Meikle, *Twentieth century limited: industrial design America, 1925-1939*, Temple University Press, Philadelphia. 1979. P: 197.

的一面（其实在 60 年代末他还参与了 NASA 太空实验室的设计工作）。这些面向未来的设计项目，既表达了罗维对于美国工业发展前景的展望和对新技术的信心，也流露出他本人对未来生活有着乌托邦式的憧憬。

在 30 年代初期，罗维就已对汽车和轮船等交通工具的外形演变趋势进行了图式化的分析和比较。从他绘制的图表中，可以清晰地发现，汽车外观从 1900 年以后的 30 年里，日趋演变为流线型风格的过程（图 3.28）。因此，罗维参加此次世博会的未来计程车设计方案，显然受到了流线型化发展趋势的影响，并且在该车的设计中采用了这种科学的设计形式。可见这款车的流线型外观设计并非出于迎合当时消费市场的需求，而是根据实用和便捷的功能要求和未来城市拥堵的交通条件而设计的。需要指出一点，就是通过上述两个设计方案可以认识到雷蒙德 · 罗维的设计并非只局限于对当时投入运营的机车设计，而是把流线型的科学形式作为一种对未来生活将产生重要影响的设计表达方式。

3.3 小结

在 20 世纪 30 年代，流线型已经在飞机和轮船等大型机车的设计中扮演着越来越重要的角色。在这些领域中，降低阻力始终成为流线型设计与探索的核心目标。因此，这些动态的大型机车的设计虽然是由部分产品设计师参与或负责设计，但并没有因为 30 年代商业化流线型风格的兴起而放弃严谨的科学测试，相反却继续拓展到了更为宽阔的设计领域（如火车引擎和自行车等领域）。

值得一提的是，科学的流线型形式在 30 年代中期以后得到快速的发展，离不开这一时期美国人休闲习惯与出行方式对于机车设计与制造的需求。[1] 通过本章的论述，对 20 世纪 30 年代流线型作为一种科学形式的发展总结如下：

1 William H. Yong with Nancy KYong. *The1930S*. Greenwood Press. 2002. P: 235.

1. 在 30 年代，出现了一种新的利用流线型科学形式，提高行驶或飞机速度的机器美学——“动态功能主义”。流线型在 30 年代大型机车（交通工具）设计中被广泛应用，使得一种旨在追求速度的新的机器美学开始出现。流线型在 20 世纪 30 年代的飞机、轮船和火车等大型机车设计中，被视为一种有效降低阻力的科学形式，且得到了工程师和设计师们的普遍认可。

2. 大型机车的设计者已经不再只是工程师，开始有部分工业设计师参与从事流线型科学形式的设计活动，并发挥了不可忽视的作用和影响。

3. 流线型的科学形式在这十年中得到了快速发展，离不开可塑性强的新材料的运用与普及。正是由于铝（合金）等新材料的应用与普及，使得轻便和光滑的流线型外观设计成为可能，并进一步促进了流线型科学形式的发展。

| 第四章 |

“形式追随市场”：20 世纪 30 年代的流线型风格

4.1 概述

本章主要对 20 世纪 30 年代美国（工业或产品）设计师对流线型风格的运用和消费探索进行论述。注重的是在美国“经济大萧条”背景下，这种流行的商业设计风格所具有的特点与思想内涵、设计师的相关设计理论和思想、对于产品销售的影响及其所引发的效应等方面的内容。

1929 年 10 月，影响了全球的美国经济危机开始爆发，使美国进入到了为期十年的“大萧条时期”。这期间，被称为“大萧条之子”（the Child of the Depression）的“消费运动”（Consumer Movement）开始出现，另一个与之相伴的则是：“被称为‘大萧条的婴儿’的工业设计职业”。[1]

在 20 世纪 30 年代，流线型（设计）已经发展到了一个新的历史时期：流线型作为一种设计的风格而不是追求速度的科学形式，开始在静态的日常生活用品的设计领域内广泛出现，从而形成了两种不同的流线型设计取向。概括地说，这种风格的出现是“形式追随市场”的结果。[2] 因为，专门为制造商提供服务的（工业）设计师在这一时期开始出现，并且这些设计师的职责与产品的市场销售密切地联系在了一起。对此，贝尔 · 格迪斯认为工业设计师的工作包含以下四个方面的内容：“1. 决定确切的设计目标（任务）：考虑一件产品的功能、制作方法、销售和服务；2. 访问

1 Susie McKellar. “Consumer Representation in 1930s' America.” *Journal of Design History* Vol. 15 No. 1. 2002. P: 1.

2 对“形式追随市场”在下章的“速度美学：形式与功能论”一节中予以分析，此处仅先作为概述的内容提及这一观点。

客户（即设计委托方）的工厂，并对其设备和工人的能力和局限予以判断，对（产品的）制造、配送和促销成本进行分析；3.对市场的竞争进行研究，并调查消费者的态度，（通过市场）对有竞争力的产品进行检测；4.认真考虑销售商、工程师、广告商和其他专家们的观点。”[1]从格迪斯对工业设计师的工作描述中，可以发现当时已经有了对消费者进行走访调查的要求。

需要说明的是，这种风格的出现并不意味着流线型在工程设计领域的科学发展受到了影响，而是在此基础上拓展到了一个新的（产品）设计领域。从作用和意义来看，30年代的工业设计师所扮演的角色是产品风格的赋予者——因此他们也不可避免地被视为风格主义者或样式主义者（Stylists）。[2]

因此，本章将要论述的内容为研究工作的核心部分——美国在20世纪30年代的流线型设计风格。[3]前面第2章和第3章的内容，均是为本章的重点论述而做的必要铺垫。在本章中，将对工业（产品）设计领域的流线型风格形成的背景（政治、经济和社会）、涉及的范围和表现形式等方面予以论述，并就一种新的流线型产品（美学）观，提出了“视觉可用性”概念。

4.2 形成背景

4.2.1 早期的工业设计背景

在20世纪20年代前，美国的制造业的设计水平相对落后于欧洲主要工业国家。这一状况，反映在1900年的一篇讨论美国产品设计的文章中：“现代美国大多数的工业中优良设计的匮乏（Dearth）之原因，我认为设计师、制造商和公众均有（不可推卸的）责任。假如贸易联盟将这些因素考虑其中，几乎涉及了整个社会。在明确设计师（职责）的同时，我质疑整个艺术的行业。如若我们的设计是贫瘠的，这主要是由于设计者（师）的过错；

1 DonaldJ. Bush. *The Streamlined Decade*. George Braziller. New York. 1985. P: 24-25.

2 John Hendry. *The Industrial Designer*. 1988. P: 4.

3 在部分英文文献中，将这种流线型风格（即运用于静态物品的设计风格）称为streamline moderne或streamline moderne style。Moderne在法语中有“现代的”、“时髦的”和“新式的东西”等意。对streamline moderne的表述，可参见：William H. Young, Nancy K. Young. Greenwood Press (October 2002). P: 58.

但是设计者（师）的不称职，很大程度上要归因于他学习这门技能的设施简陋且对其重要性的认识不足。整个艺术行业对此是负有责任的。”[1] 这无疑体现了在 20 世纪初期对美国工业设计落后于欧洲的一种忧虑。

到了 1914 年，对于欧美家具设计的比较与国际市场的讨论，仍体现了美国工业设计与欧洲部分国家存在着差距。有文章就曾指出，美国的艺术学校和欧洲相比，在 20 世纪 10 年代就已经后来居上，但是在工业艺术（Industrial Art）——应用艺术方面却相对滞后。因此，对于工业艺术（设计）从业者们的培养成为了一项令人关注的问题，并有人提出了发展美国工业艺术的建议：“正如威廉·劳雷尔·哈瑞斯（William Laurel Harris）在一篇名为《优良家具》的文章中指出的那样，德国通过工业艺术的手段占据了世界市场，法国在某些领域长期保持着无可匹敌的霸主地位。在德国，工业艺术是一项训练的内容，而在法国则是一项传统。现在如果我们有此意向，可以提高并开展这项传统。”[2] 从上述的讨论中不难发现，对于美国工业设计者（师）的培养和提高美国工业产品国际竞争力的讨论，早在 10 年代就已经开始了。

此外，一些重要的展览，为美国现代主义艺术与设计的发展起到了显著的促进作用。如对美国工业设计产生直接影响的展览，是 1912～1913 年在纽约举办的“德国实用艺术”（German Applied Arts）展。该展览向美国观众展示了来自德国制造联盟的设计师们的作品，同时也体现了德国工业制造商与设计师们为提升产品的品质而开展的合作关系。美国制造业对于泰勒科学管理方法及流水线生产方式的运用，加上 20 年代自由放任主义的工业政策和福特主义以大批量生产占领市场的模式，使其很快成为了以产品的市场竞争为特点的工业化国家。

但是美国的产品设计在 20 年代中期，仍远落后于欧洲主要工业化国家。甚至由于美国的工业产品远落后于欧洲，以至于美国被拒绝参加 1925 年在法国巴黎举办的“装饰艺术与工业博览会”（Eeposition des Arts Decoratifs et Industriels）。通过此次展览，也深

1 Charles H. Caffin. “Industrial Arts: I.The Designer.” *The Collector and Art Critic*, Vol. 2, No. 6 (Jan. 13, 1900), P:106.

2 “Industrial Art in America.” *Art and Progress*, Vol. 6, No. 2 (Dec., 1914), P: 66.

刻地显示了欧美国家当时在工业设计领域存在的差距。

至 20 年代中后期，汽车市场激烈的竞争使得制造商开始考虑通过设计师创立其产品的风格和年度改变的款式，达到对市场份额重新进行调整的目的，从而催生了企业所属的专业设计部门和设计师（当时称风格或样式设计师）。在 20 年代末期，一些主要的设计师们纷纷建立自己的设计工作室（或事务所）：如后来被称为“四巨头”的达尔文 · 提格（1926 年）、贝尔 · 格迪斯（1927 年）、雷蒙德 · 罗维（1929 年）、亨利 · 德雷夫斯（1929 年）均成立了自己的设计工作室。实际上，这也表明了美国的制造企业已经开始寻求职业的设计师为其产品提供设计服务。

4.2.2 经济危机与萧条的市场

1929 年 10 月在美国爆发的经济危机，是 20 世纪影响范围最广、持续时间长且最为严重的一次世界性经济大萧条。一般认为，此次经济危机是从 1929 年一直持续到 1939 年才结束，因此这十年也被称为“大萧条时期”（Great Depression 或 The Depression ）。此次经济危机不但催生了职业的（产品）设计师的出现，而且还促进了一种流行的产品设计风格——流线型风格的形成。此次经济危机对美国经济的打击和影响是巨大的：据统计，1929 ~ 1933 年期间近 10,000 家银行被迫关闭（仅 1933 年就有近 4000 家银行关闭），失业率上升至 25%（平均每 4 个劳动者中就有 1 个人失业）。[1] 而在经济危机开始的阶段，物价指数也发生了变化：“如果将 1929 年的物价指数视为 100 的话，1932 年则为 80.8。”[2]

据文献记载，在 1933 年，由于危机引起的银行恐慌现象不断加剧，使得当时的美国总统富兰克林 · 罗斯福（Franklin Roosevelt）不得不于同年 3 月 6 日宣布国家的“银行休假日”（Bank Holiday），关闭了所有的银行。至 1933 年，仅有约五分之一的银行得以幸存。[3] 下表显示了 1929 ~ 1933 年的五年间，美国被迫

1 Gary M. Anderson, Willian F. Shughart II, Robert D. Tollison. “A public choice theory of the great contraction.” *Public Choice* 59:3-23 (1988). P:6.

2 1930s William H. Yong with Nancy KYong. *The1930S*. P:11.

3 Christina D. Romer. *Great Depression*. Encyclopædia Britannica. December 20, 2003. P: 3.

关闭的银行与全部的银行平均存款量的对比（表 4. 1）：

1929～1933 年美国银行平均存款量比较[1]

表 4.1

年度	每家银行的存款（000’s）	
	关闭的银行	所有银行
1929 年	$349.99	$1,977.77
1930 年	620.07	2,165.08
1931 年	737.13	2,183.29
1932 年	486.60	1,903.38
1933 年	899.18	2,257.90

数据来源：Friedman and Schwartz (1963: 438),
and U.S. Department of Commerce (1975: 1021-1022).

此次经济危机爆发之初，对于美国制造业的打击就已经显得较为严重，并引发了一系列的后继反应：民众消费能力急剧下降、产品销售趋于停滞、生产量大幅下降继而导致了工人大量失业等后果。据统计，工人失业率自从 1930～1933 年间一直呈上升趋势，到 1934 年才开始逐渐回落。在美国经济危机开始的第一年："工业生产同比下降了 21%。因此，此次经济危机对美国的影响要早于其他国家。美国在 1930 年的一个特点是工业生产开始衰落，和其他国家相比，则更多地投向消费品的生产，而不是投资性物品。"[2]

正是在这种状况下，美国国内失业率的攀升和消费市场萎缩，又直接影响了消费品市场更为激烈的生存竞争。因而，注重生活用品（即消费品）的设计和市场认可度，成为这一时期制造商们普遍关心的一个主要问题——这也正是 30 年代消费品设计在美国制造业得到快速发展的一个经济因素。有资料表明，在欧美主要工业国家中，美国不仅是最早受到此次经济危机打击的国家，而且也是最后一个走出危机阴影的国家，可见其经济恢复的速度缓

1 本表转引自：Gary M. Anderson, Willian F. Shughart II, Robert D. Tollison. "A public choice theory of the great contraction." *Public Choice* 59:3-23 (1988). P:8.

2 Christina D.Romer. "The Nation in Depression." *The Journal of Economic Perstectives*. Vol.7, No.2 (Spring, 1993), P:22-23..

慢。[1] 下表显示了 1930～1939 年期间，美国每年的失业率及其比较（表 4. 2）：

1930～1939 年美国失业率及人数统计 [2]

表 4.2

年度	失业率	人数
1930 年	9%	4,500,000
1931 年	16%	8,000,000
1932 年	24%	14,000,000
1933 年	25%	15,000,000
1934 年	22%	11,000,000
1935 年	21%	10,000,000
1936 年	17%	8,000,000
1937 年	14%	7,000,000
1938 年	19%	9,000,000
1939 年	17%	8,000,000

数据来源：William H. Yong with Nancy KYong. *The 1930S*. Greenwood Press. 2002.

从上表中可以看出，从 1931～1939 年美国每年的失业率均保持在 15%以上，尤其是在 1933 年前后达到了这 10 年中失业率的最高值。在此期间，美国妇女也以前所未有的人数外出寻求工作机会。在当时约有 75%的妇女认为如果丈夫有一份职业，妻子则不会外出打工挣钱。[3] 这足以说明，30 年代的这场经济危机给美国经济和普通家庭带来的打击和深刻影响。

除了银行业危机和高就业率外，此次经济危机对其美国工业生产（尤其是汽车工业）的打击也是较为明显的。据相关文献显示："1929 年汽车和卡车的生产量从 5,600,000 辆，降低到了 1932 年的 1,400,000 辆……豪华汽车的销售量从 1929 年的 150,000 辆下降到了 1937 年的 10,000 辆。" [4] 这一趋势，导致了制造商们转向低

1 Christina D.Romer. The Nation in Depression. The Journal of Economic Perstectives. Vol.7, No.2 (Spring,1993), P:24.

2 同文献对这一时期美国失业率的统计数据并不完全一致。这里的数据参见：William H. Yong with Nancy KYong. The1930S. Greenwood Press. 2002. 但另据其他文献显示，美国 1929 年的失业率为 3.2 %、1930 年为 8.7 %、1931 年为 15.9 %、1932 年为 23.6%、1933 年的失业率为 24.9%、1934 年为 21.7 %、1935 年为 20.1 %、1936 年为 16.9 %、1937 年为 14.3 %、1939 年为 19 %、1939 年为 17.2 %。参见：Robert A. Margo. "Employment and Unemployment in the 1930s." *Journal of Economic Perspectives*.Volume 7, Number 2.Spring 1993. P:43.

3 William H. Yong with Nancy KYong. *The1930S*. Greenwood Press. 2002. P: 11.

4 William H. Yong with Nancy KYong. *The1930S*. Greenwood Press. 2002. P: 105.

端汽车生产与销售的竞争。

但是，此次经济危机也促使了一种新的职业出现——工业设计。[1] 美国的产品制造商们为了克服危机而雇佣设计者为其设计产品，是为了产品好销售，而不是出于提升产品品质的目的。这一点，与同时期欧洲设计师与制造商合作的基础存在根本的差异。此外，产品的竞争也促进了广告业的发展，而不同媒体广告的发展同时也进一步为新产品的宣传提供了更多的宣传渠道。如这时期既有收音机广告，也有报纸和杂志等印刷广告。在此次经济危机中，流线型被作为一种促进产品销售的“科技”因素，借用于机车外观设计的科学形式。

4.2.3 科学技术与公众认识

20 世纪 30 年代，与流线型设计的功能探索相伴随的，是公众对于科学的态度和认识在发生转变。需要了解作为一种消费风格的流线型设计，就需要看到一个重要的因素——即这种设计风格在广告中并非将“艺术”作为吸引消费者的因素，而是将产品的“科技”因素作为一种进步与探索的象征来获取消费者的青睐。由此可见，这一时期消费者们对于科技的态度和认识，对于这种消费风格的形成有着不可忽视的影响。

实际上，在 20 世纪 30 年代初期，美国公众对于科技的心态是复杂的：一方面，在 1929 年经济危机爆发前，科技的发展无疑提高了生活的质量。这是因为科技的进步使得许多日常生活物品得以大批量生产，并在提升产品性能的同时也降低了销售价格；而另一方面，公众普遍又将技术的进步视为导致经济萧条和失业率上升的原因之一：“科学界对于科学普及化的态度在 30 年代发生了显著的改变。战后（指一战）科学家的地位与声望的稳步上升，至 30 年代初期而突然放缓。这是因为公众指责大萧条的一个原因，是不负责任的科学家造成了因技术进步而导致的失业。”[2]

---

1 此处称这种新的职业为工业设计，而不是有些文献中提到的顾问设计、消费设计和工业美术，是因为不同文献中的称谓并不一致。而用工业设计也体现了这一时期设计师们，所从事的设计工作主要为批量化生产的产品。

2 Peter J. Kuznick. Losing the World of Tomorrow: The Battle Over the Presentation of Science at the 1939 New York World's Fair. *American Quarterly*, Vol. 46, No. 3 (Sep., 1994), P: 344.

此外，由于科学的发展离不开公众的支持，需要获得公众的理解和信任。因此："科学家们也担心随着公众对技术的厌恶日益增长，会大幅消减科学择业（者）和研究经费。"[1]对此，有学者（如戴维斯）认为："科学普及工作的主要目标之一……就是要说服公众一如既往并全力支持正当且有益于我们赖以生存的这个世界的科学研究。"[2]尽管已经有了这样的认识，但30年代早期学术机构对于公众的科普效果并不显著，甚至这样的工作并不仅仅是科学界在努力。正如一篇文献指出："尽管付出了努力，但随着科学家逐渐将其职责让位于新闻工作者和科普作者，20世纪30年代早期科普的质量和数量实际上还是下降了。"[3]但是，科技在1933年芝加哥举办的世界博览会上产生了积极的作用和影响。

芝加哥市之所以在1933年举办主题为"一个世纪的进步"的世界博览会，有其明确的纪念意义。这是因为："芝加哥在1833年时仍是一个位于（中）西部的小而未开发之地。一个世纪后，芝加哥一跃成为了世界的第四大城市。为了庆祝这座城市的快速发展，城市的管理者和商人们决定举办该市的第二次世界博览会……此次博览会以科学的进步及其应用于消费品而知名。"[4]此次博览会有两个显著的特点：1. 突出了科技的进步促进了日常生活用品普及与发展；2. 在此次博览会上并没有出现流线型的日常用品——这表明作为一种消费设计（风格）的流线型风格至1933年时尚未开始出现。

从产生的影响来看，1933~1934年期间举办的芝加哥世博会无疑向美国公众宣传了科技的进步，对于提高生活质量所具有的现实作用和积极意义。此外，一些科普性的杂志或报纸文章，也以信息报道的方式使民众了解到最新的科技进展情况，如《科学的美国人》（*Scientific American*）就是当时一个主要面向大众的科普性杂志。该杂志主要就是对最新科学发现以及技术创新的信息给予通俗性的介绍。所以，通过展会和杂志等渠道的不断宣传，至20世纪30年代中期，美国民众对于科技知识的认识和关注度也得到了显著提高。

1 Peter J. Kuznick. "Losing the World of Tomorrow: The Battle Over the Presentation of Science at the 1939 New York World's Fair." *American Quarterly*, Vol. 46, No. 3 (Sep., 1994), P:344.

2 Peter J. Kuznick. "Losing the World of Tomorrow: The Battle Over the Presentation of Science at the 1939 New York World's Fair." *American Quarterly*, Vol. 46, No. 3 (Sep., 1994), P: 344-345.

3 Peter J. Kuznick. "Losing the World of Tomorrow: The Battle Over the Presentation of Science at the 1939 New York World's Fair." *American Quarterly*, Vol. 46, No. 3 (Sep., 1994), P: 345.

4 Cheryl R. Ganz. Fan Dancing and Fan Belts:"Selling Optimism at the 1933 Chicago World's Fair." *RBM: A Journal of Rare Books, Manuscripts, and Cultural Heritage*. 2008. P: 79.

正是在上述背景下，美国产品制造商们将流线型作为科技进步的一种象征形式，运用在日常用品的外观上，开始了“有计划地”塑造一种消费风格的战略措施。[1] 由此可见，流线型设计风格的形成，也与“年度款式改变”的战略模式在 20 世纪 20 年代末美国制造业的实施与影响有密切的关联。

4.2.4 新政与蓝鹰计划

流线型设计在 20 世纪 30 年代的兴起，是伴随着新政的实施开始的。这次 1929 年 10 月爆发的经济危机，至 1932 年时达到了最为严重的程度——（平均）四个美国劳动者中就有一个人失业。[2] 为了摆脱经济危机，美国总统富兰克林·罗斯福在 1933 年至 1935 年间推行了旨在自上而下恢复经济的第一阶段新政（New Deal）。在此次实施的一系列举措中，包括颁布了国家工业复兴法案（National Industrial Recovery Act，简称 NIRA）[3]，并成立了由休·约翰逊将军（General Hugh Johnson）领导的“国家（劳工）复兴总署”（National Recovery Administration，简称 NRA）。“国家（劳工）复兴总署”的目的是：“保持劳动力和工业之间的联系，并引入公平惯例的工业‘法规’以确保一个非竞争性的体系。该机构管理者们使劳动力和工业之间达成最低工资、最高劳动小时和生产配额的谈判，希望提高就业人数并支付给他们一份合适的工资，并回到大萧条前的消费模式。根据法规和宣传爱国主义的标志，NRA 的会徽蓝鹰出现在所有制造和销售的产品上。”[4] “蓝鹰”（The Blue Eagle）计划的实施，一方面提高了工人的就业率——也间接地提高了产品的消费水平；另一方面是对 20 年代美国施行的自由放任主义（Libertarianism，法语为 Laissez-Faire）的工业政策进行调整，为振兴陷入经济危机的工业起到了积极的作用。

新政对美国流线型设计风格的形成有着密切的联系。这主要是因为：“新政鼓励消费者的信心，并且逐渐产生了期待

1 在 30 年代初期，产品的风格意识通过汽车制造业“年度款式改变”的实施，已经被制造商们普遍接受。

2 此句为转述，参见：David A. Hanks, Anne Hoy. “Streamlining and Art Deco in American Industrial Design.” *Antiques*. October, 2004. P: 118. 这一点，从本章美国经济危机失业率统计的图表中也可得到证实。

3 该法案颁布于 1933 年，也被翻译为“全国工业复兴法”和“全国产业复兴法”。

4 Susie McKellar. “Consumer Representation in 1930s' America.” *Journal of Design History* Vol. 15 No. 1.2002 .P: 2.

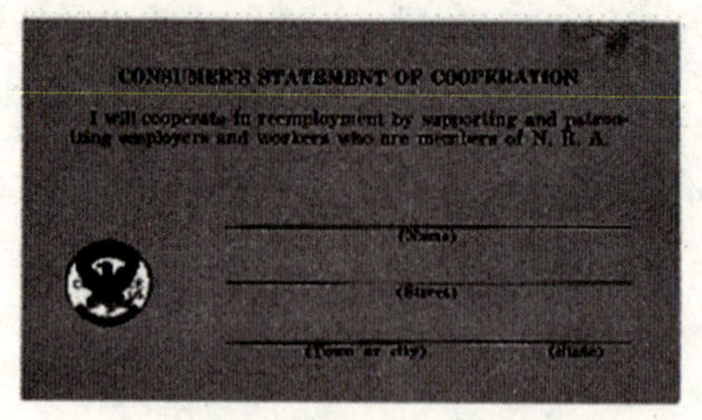

CONSUMER'S STATEMENT OF COOPERATION

I will cooperate in reemployment by supporting and patronizing employers and workers who are members of N. R. A.

(Name)

(Street)

(Town or city) (State)

图 4.1 蓝鹰标志及贴该标志的商品 约 1933～1935 年
图片来源：Jason E. Taylor. "An Anatomy of a Cartel: The National Industrial Recovery Act of 1933 and the Compliance Crisis of 1934." *Forthcoming in Research in Economic History* 26 (2008).

的、向前的一种设计风格，即重视经济、效率和实用的功能性(Utilitarian Functionality)，而不是过去十年奢华的过剩。大设计师们投身于这种（经济）停滞的浪潮中，创造了一种追寻美国梦的风格——将价格降至最低。这种风格预示着一个世界的来临，即未来的、有吸引力和人人得到发展（尤其是普通人和妇女）的一种新美国梦——出身逆境但不断胜利。"[1] 此外，这时期部分产品设计师对流线型风格的推动作用是不可忽视的，如埃格蒙特·阿伦斯（Egmont Arens）除了在 1932 年出版了合作撰写的《消费工程》一书中积极倡导产品的计划废止理论和促进就业率外，还在 1934 年致美国总统富兰克林·罗斯福的一份电报中，论及了他本人对流线型风格的看法："流线型风格捕获了美国民众对于现代、效率、有条理、新颖和美观的想象力。"[2] 所以，在 30 年代中期，流线型已不仅是一种用于机车车身的科学形式，而且也被视为一种具有审美价值和现代感的（时尚）设计元素，开始逐渐被用于包括汽车在内的美国消费品（外观）设计中，并发展为了一种流行的风格。这同时也意味着，对流线型风格的评价标

1 James Manock. "Building the World of Tomorrow. 1929-1939." 2009. P: 4.

2 David A. Hanks, Anne Hoy. "Streamlining and Art Deco in American Industrial Design." *Antiques*. October, 2004. P: 118.

准，这时已经不能以提高速度或降低阻力的流线型科学形式的功能为衡量标准，而是要以这种设计风格在当时美国经济危机背景下，对其工业生产、就业率和产品销售所产生的影响等因素为参照进行评价。

事实上，在1935年前后新政（New Deal）所推行的电气化和贷款政策已显成效，如在家用电器的设计与生产领域，上述政策的实施“进一步扩大了机械（式）冰箱的潜在市场”。[1]对此，当时冰箱生产的领先者弗瑞吉戴尔公司（Frigidaire）甚至放弃了将电冰箱视为富裕家庭享有的高档产品这一观念，面向中等收入家庭致力于低价冰箱的生产。其后，旨在促进经济恢复的第二次新政（1935～1939年前后）推出，通过的《国家劳工关系法》进一步保障了劳动者的权益。

通过上述分析，可以认识到流线型被引入产品设计领域，是在新政实施下出现的一种结果。这种设计具有刺激消费和审美功能两方面功效，有其特殊的内在含义和时代性特征，而并非一种流于表面的设计形式。

4.3 消费风格：“从口红到火车头”

前文已经提到，美国30年代的流线型产品设计风格，是在工程设计领域科学的流线型形式基础上发展而来的。其具体特征是外观简洁，以及“表面光滑没有任何装饰”。[2]值得重视的是，这种借助于流线型设计的“科技”因素，重塑产品的外观形式以提升销量的战略，出于制造商对产品市场份额的竞争目的：1. 从福特主义到斯朗主义的转变。体现了美国20世纪20年代无节制的批量化大生产导致产品低廉的价格，开始转为对产品风格的追求以拓展新的消费市场；2.“年度款式改变”既能够使富裕阶层不断拥有最新款式的产品，也为中低收入阶层提供旧款的产品。这样就达到了不同消费阶层均可以在不同的系列中购买到合适自己需

1 Shelley Nickles.“ ‘Preserving Women’: Refrigerator Design as Social Process in the 1930s.” *Technology and Culture*, Vol. 43, No. 4, Kitchen Technologies (Oct., 2002), P: 698.

2 William H. Young, *Nancy K.Young*. Greenwood Press (October 2002). P: 58.

求的商品。上述两点，实际上也是斯朗主义的一种体现。

至1932年，在刺激销售以促进消费不断增长的前提下，“消费工程师”（Consumer Engineer）开始成为“大萧条时期”美国工业设计师的一个代名词。“消费工程师”的任务不仅是要满足产品的形式与风格，更重要的是需要掌握、适应并迎合消费者们对于产（商）品的实际需求和品位——这无疑也是20世纪30年代美国商业设计最为显著的特点之一。

从消费的角度来看，流线型设计是通过具有平滑、流畅和简洁等特点的外观，来体现产品的“进步”，实际也是对当时国家经济停滞不前的一种积极回应。如许多已经被推出的老款产品，也因在外观上进行了流线型风格的更新设计，使消费者感到产品更加现代和时尚而购买，达到了产品“进步”和销售的目的。

这种促进销售的设计风格，并非是一种欺骗或浪费，相反为美国经济的复苏提供了工力——从这个意义上讲，流线型设计风格也是一种旨在追求销售速度的功能主义。下图显示了流线型设计从机车领域向（消费）产品风格的转变过程：

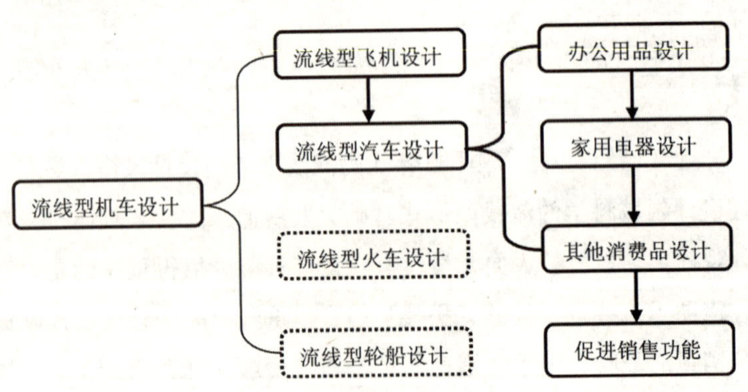

图4.2 流线型从机车设计进入日用品设计领域的过程

在图4.2中，流线型设计被从汽车设计领域引入到产品设计领域，是因为汽车属于流线型机车设计的范畴，并且在美国30年代也已经属于一种普通的消费品。更重要的是，一些从事汽车设计的工程师参与了如冰箱等家用电器的外观设计。如通用公司的汽车设计师参与了其下属公司的冰箱设计。图中的实线部分，显示了流线型设计（风格）实现产品促销功能的基本过程。

正是在这一时代背景下，美国（工业）产品设计成为了流线型设计一个新的发展方向，并随之产生了一种新的职业及其从业者——工业设计师（在文献中也称为消费设计师、或顾问设计师）。这一新的发展趋势和现实需求，被雷蒙德·罗维提出的“从口红到火车引擎”（From Lipsticks to Locomotives）的口号所表达。[1] 其他设计师也曾提出过近似的观点，达尔文·提格曾在1935年提出了“将产品设计的方法运用到社区规划”，热情洋溢的切尼（Cheney）声称“从一个面包盒到一所城市的任何东西均是建筑和工业设计”。[2] 正是在这种新的趋势下，流线型风格被广泛地运用于汽车、冰箱、收音机、电话、熨斗甚至卷笔刀等日常生活用品的外观设计之中，成为30年代美国产品设计的一种普遍的外在特征。当然，流线型设计进入产品设计领域并成为一种流行的设计风格，也需要有一些必须具备的外部和内部条件，在下面的图示中显示了流线型风格形成的基本原因（图4.3）：

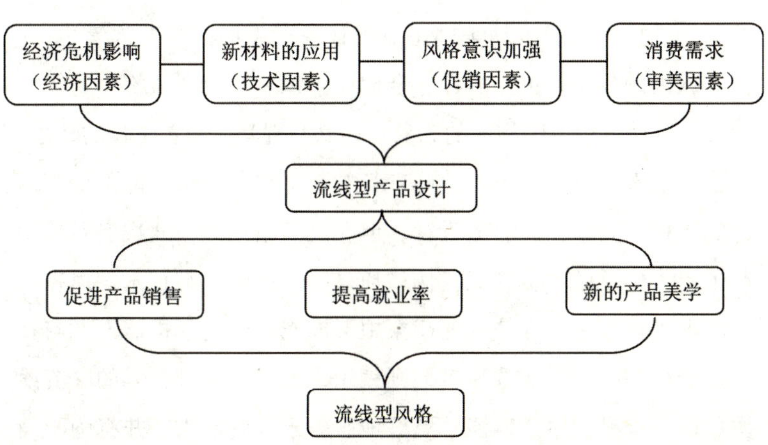

图 4.3 线型设计成为一种流行风格的基本成因分析

1 Jeffrey L.Meikle, *Twentieth century limited: industrial design America, 1925-1939*, Temple University Press, Philadelphia. 1979. P: 4.

2 Jeffrey L.Meikle, *Twentieth century limited: industrial design America, 1925-1939*, Temple University Press, Philadelphia. 1979. P: 131-132.

4.3.1 汽车风格

流线型风格率先在美国汽车设计领域得到发展，除了制造技术的进步和从事飞行器（飞机和飞艇等）设计的工程师参与等因素之外，也离不开30年代美国汽车消费需求的增加和对汽车设计风格（样式）的注重。如当时通用汽车公司的总裁斯朗就已经认识到，“年度设计风格改变”对于汽车销售具有明显的促进作用。通过下列相关数据，就可以反映出在流线型汽车不断被推出的十年里，其生产数量的前后变化："在20世纪30年代得到了迅速的上升——1931年生产了超过了50,000,000万辆，1939年上升到了75,000,000辆。20世纪30年代初期的一项调查显示，汽车在家用品的排名中超过了电灯、电话甚至是浴缸，作为了一件‘必需品’。”[1] 另有资料表明，这时期“(约) 50%的美国家庭拥有自己的汽车，虽然大多数买的是最便宜的车。至1935年，95%的美国汽车销售价格在750美金（约等于现代的9300美金）以下”。[2] 并且在经济大萧条的十年中，美国国内越来越多的道路被修建。所以，本节侧重于对作为一种消费产品的流线型汽车风格进行论述。

通用汽车公司在20年代中期对汽车的款型进行战略调整，“人为”地使产品走向风格化。这不仅是工业设计参与产品市场竞争的一种手段，也是推动美国工业设计快速发展的主要因素之一。究其原因，在于“企业的领导者们谋求以‘流线型风格’的多重含义，调动人们（购物）的想象力，以实现其消费者工程的计划。从狭义上看，流线型风格意味着行驶于空中或水中，能降低其阻力的飞机、火车、轮船的设计。但在大萧条期间，此次实践承担起了更为广泛的文化含义。例如通过理性的科学与技术运用在工业的振兴计划中，在公众的印象中形成光滑的交通机器设计与技术进步相关联。商业领导者们则表示，技术先进且科学的‘流线型风格’产品的生产，能够更好地服务于人的需求，并将刺激消费和促使美国走向繁荣的未来”。[3] 正是在这种战略背景下，由哈

1 Mary Ann Borden."*Selling New York State to the Nation*" - *The 1939/40 New York Worlds* A Dissertation Submitted to the University at Albany, State University of New York. P: 45.

2 William H. Yong with Nancy KYong. *The1930S*. Greenwood Press. 2002.P:232.

3 David Gartman, *A Social History of American Automobile Design*, Routledge, London and New York, 1994. P: 102.

利·厄尔所率领的设计团队成为了通用汽车年度风格改变的实际执行者。但必须指出的是，厄尔并非积极地赞同“年度款式改变”的设计战略，有资料表明：“虽然他接受了设计的废止计划，但在风格上的改变仍然有些被动，他在公众所能接受的（汽车应当是怎么的）观念中，谨慎地采用了流线型的形式。”[1] 可见当时厄尔谨慎的态度与斯朗并不相一致，但据 1932 年通用的一份市场调研显示，那时的美国消费者们就已开始热衷于流线型的产品。[2]

“年度款式改变”战略是在竞争中不断完善起来的，需要制造商付出高额的样式研发成本。一份 1937 年的通用汽车年度成本报告预计：“一个产品系列的费用每年在 25,000,000 美金至 35,000,000 美金。而庞大支出的回报就是通用汽车改变了风格，其他品牌则显得单调。”[3] 至 1941 年，由厄尔负责的通用汽车设计团队已经达到了 300 人的规模。为了追求流线型的设计风格，厄尔在设计上

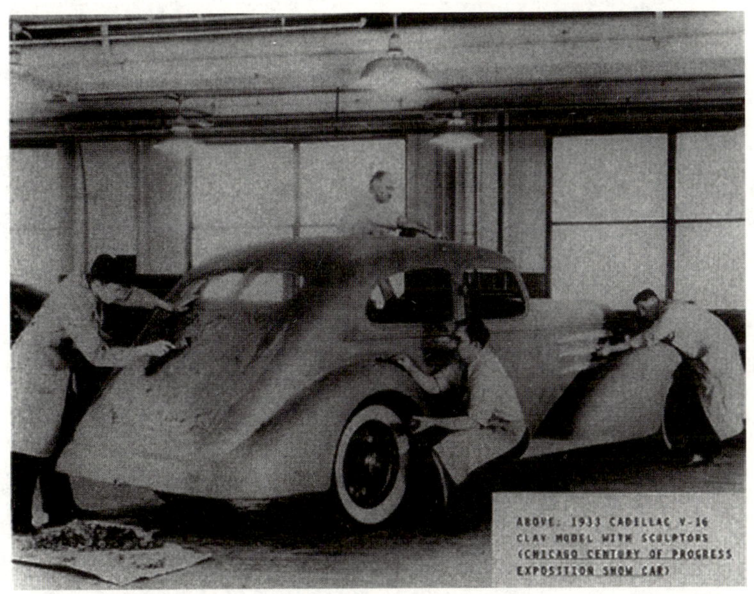

图 4.4 通用汽车公司艺术与色彩部的设计师们在制作汽车模型 1933 年
图片来源：David Gartman. "Harley Earl and the Art and Color Section: The Birth of Styling at General Motors." *Design Issues*, Vol. 10, No. 2 (Summer, 1994).

1 John Heskett. *Industrial Design. Thames&Hudson.* 2001, P: 122.

2 Sally Clarke, "Managing Design: the Art and Colour Section at General Motors, 1927-1941." *Journal of Design History* Vol. 12 No. 1, 1999, P: 76.

3 Sally Clarke, "Managing Design: the Art and Colour Section at General Motors, 1927-1941." *Journal of Design History* Vol. 12 No. 1, 1999, P: 73.

图 4.5 通用汽车公司艺术与色彩部的设计师在绘制设计稿 1937 年
图片来源：David Gartman. Harley Earl and the Art and Color Section: The Birth of Styling at General Motors. Design Issues, Vol. 10, No. 2 (Summer, 1994).

逐渐将车体的各部分整合为一个无缝的整体，降低并加长了通用汽车的长度。[1]

在 30 年代，汽车的车身设计是汽车制造商们在开展制造技术竞争的同时，新拓展的另一种市场竞争手段（图 4.4～4.5）。从形成的条件来看，流线型风格在汽车设计领域出现的，是由几个方面原因促成的：1. 制造商认识到汽车“年度款式改变”的重要性；2. 汽车车身制造材料和技术的提高；3. 有着丰富经验的飞机或飞艇设计师开始从事汽车的设计。

车身制造的材料又直接地影响着设计的方式、方法和外观。这时期，汽车车身从木结构逐渐转向金属结构，无论是可塑性还是坚实程度等方面，均有了大幅提高，为设计车身的流线型风格提供了材料上的支持。因此，科学的设计形式与市场（消费者）的认可相结合，成为汽车制造商和设计师们关注的重点（图 4. 6）。

在 30 年代，贝尔 · 格迪斯和雷蒙德 · 罗维是最早对汽车设计的发展趋势和外形进行研究的美国工业设计师。贝尔 · 格迪斯侧重于研究流线型汽车功能性的研究。雷蒙德 · 罗维则在 30 年代初期，就通过图示，对汽车、飞机、火车、电话、椅子、钟表和建

1 Sally Clarke, *Managing Design: the Art and Colour Section at General Motors, 1927-1941. Journal of Design History* Vol. 12 No. 1, 1999, P: 65.

筑的演变过程予以了分析。[1] 从罗维的设计演变图示中，可以观察到设计正越来越趋向于平滑流畅的流线型外观。

从这时期车身的设计中，就可以清晰地观察到流线型从一种科学的形式向一种设计风格的转变。如在 1934 年克莱斯勒公司推出了由工程师卡尔·布瑞尔（Carl Breer）、弗雷德·泽德尔（Fred Zeder）和欧文·斯凯尔顿（Owen Skelton）等人设计的一款形式激进的（all-steel bodies）小汽车——气流（Air Flow）。[2] 该车既是激进的流线型汽车设计的体现和市场失败的一个典型案例，也是科学的流线型形式开始走向大众消费市场的一次重要尝试。[3] 从外观

图 4. 6　金属材料的应用使冲压设备可加工汽车的流线型车身　20 世纪 30 年代
图片来源：Sally Clarke. Managing Design: The Art and Colour Section at General Motors, 1927-1941. Journal of Design History, Vol. 12, No. 1, Design, Commercial Expansion and Business History (1999).

1 Raymond Loewy. ***Industrial Design***. Overlook Duckworth. 2007. P: 74-76.

2 Stephen Bayley. ***In Good Shape: Style Industrial Products 1900 to 1960, London***, The Design Council, 1979. P: 143.

3 因为气流是一款批量化生产并被投入市场的流线型汽车，体现了流线型已经开始走向大众消费市场，所以可以认为是科学的流线型形式开始逐步发展走向一种消费风格的重要尝试和教训。

上看，“气流”（Air Flow）的外观设计借鉴了飞机和潜艇的楔形形式，同样体现了对空气动力学原理的运用——这也显示了该车设计的形式来源。

但也正是因为该车设计过于追求功能而忽视了消费者的接受度，使克莱斯勒公司的产品销售量持续下滑，成为了“一个市场营销的灾难”（a marketing disaster）。[1] 据记载：“‘气流’（Air Flow）在1934年销售了11.292辆。在1937年这一数字下滑到4.6辆的时候，该款车被迫退出了市场。”[2] 对此，亨利·德雷夫斯曾这样评价：“事实上，当工业设计师对于公众品位的评估成为整个商业中的关键时，太过于超前的经典案例就是1936年克莱斯勒的‘气流’款（设计风格）。在制造商认识到自己的车太完美而超越了公众的认可度之前，数百万美金已经被投入到（加工）工具、广告、生产和配送（等环节中）。从某种角度而言，公众的品位和认可度不能够被精确地予以评估。对于克莱斯勒公司而言，气流不仅是一个严重的失败和一场灾难，同样可怕的是汽车工业由工程冒进至了流线型的时代。甚至许多制造商们将铬合金的牙齿、盘子、机翼和无意义的亮圈过多地伪饰为好的形式，以致扭曲了好的形式。”[3]

在1933～1934年芝加哥世博会期间，富勒曾将他设计的“戴玛克森No.3型”概念车开到现场进行展示，以宣传其追求高效低耗的机车设计理念。他的这辆“戴玛克森No.3型”概念车外观设计超出了当时人们对于汽车样式的理解，因而这辆车的优越性能并没有引起参观者们的兴趣，以至于没有厂家愿意投入资金支持他的这项设计方案。这一现象说明在当时“泪滴”形的汽车超出了一般美国消费者的接受度，所以仅注重汽车的技术性能并不能得到市场的认可——这一点，显然也证明了斯朗所提出的“年度款式改变”准确把握了当时美国汽车市场的需求。

为了应对其他汽车制造商的挑战，福特汽车公司的第二代领导人埃兹尔·福特（Edsel Ford）在1935年成立了公司的设计部，并任命尤金·T·格雷戈里（Eugene T. Gregorie）为该部门的负责

1 Charles K. Hyde. "'Streamlining America,' an Exhibit at the Henry Ford Museum, Dearborn, Michigan." *Technology and Culture*, Vol. 29, No. 1 (Jan., 1988), P: 127.

2 Donald J. Bush, "Streamlining and American Industrial Design," *Leonard*, Vol. 7, No. 4 (Autume, 1974), P. 314.

3 Henry Dreyfuss. *Designing for People*. Allworth Press. 2003. P: 68.

人。格雷戈里设计的“林肯和风”（Lincoln Zephyr）款汽车于1936年推出，成为30年代一款既采用了流线型外观又能被接受的车型。和“气流”的销售相比，“林肯和风”则获得了商业上的成功——不是因为其技术更为先进，也不仅是因为流线型设计已经能够被消费者们所接受，而是因为工程师和（样式）设计师们一起对该车的风格进行了设计。[1]

1935年推出的一款流线型汽车“甲虫”（Stout Scarab）是由设计师约翰·G·赖德奥特(John G. Rideout)设计的。这款车的前部风挡借鉴了飞机的形式，尾翼部分和克莱斯勒公司1934年的“气流”比较相似。[2]1936年，福特汽车公司推出一款概念性的汽车（Dubonnet-Ford）。该车有着泪滴形的外观和形似飞机的尾翼，最高行驶速度可达每小时108英里。

公共汽车设计方面，从30年代初期也开始向着流线型转变。当时著名的制造商Yellow Coach与灰狗公共汽车（Greyhound Motorcoach）合作，在1934年发布的788型公共汽车，就已经显示了对圆角的流线型所进行的早期尝试。[3]从相关的资料来看，这种外观上的变化还体现在其他的方面。如在30年代末，由于“铁路（公司）引进了带银肋边（ribbed silver sides）以柴油发动的流线型火车”，灰狗（Greyhound Motorcoach）建议制造商Yellow Coach将银肋边镶在公共汽车上，使其看起来更加现代和迅速。[4]这显示了灰狗公共汽车公司在当时出于商业竞争的目的，对公共汽车的款式设计提出了视觉上的要求。

在小型厢式汽车设计方面，由设计师威廉·布什内尔·斯托特（William B. Stout）推出的1936年款Stout Scarab，是一辆外形酷似甲虫的流线型汽车。威廉·布什内尔·斯托特是一位有飞机设计经验的工程师，后来曾任职于福特汽车公司。他的这项设计，显然基于以前对流线型科学形式的认识和相关的设计经验。（图4. 7）

在30年代后期，流线型在美国汽车设计领域的发展速度很快，并且也是交通工具中被制造商和设计师们有意识地朝着风格化设计的消费品。据文献显示：“至1937年时，所有美国大批量生产

1 相比之下，“气流”虽然在外观设计上注重流线型的科学合理性——即技术上的成功，但是并未在商业上获得成功。在经历了几年车型调整后仍没有大的改变，在1937年被迫退出市场。

2 也有文献显示这款车的发布时间1936年。此处参照：Donald J. Bush, *The Streamlined Decade*, (New York, George Braziller), 1975. P: 109.

3 Larry Plachno. “Greyhound Buses through the Years: Part I.” National Bus Trader/September, 2002. 17. P: 20.

4 Larry Plachno. “Greyhound Buses through the Years: Part I.” National Bus Trader/September, 2002. 17. P: 22.

图 4.7 威廉·布什内尔·斯托特 Stout Scarab 厢式车 1936 年
图片来源：Michael Furman Courtesy of Phoenix Art Museum Curves of Steel: "Streamlined Automobile Design"; Arizona Driver. May, 2007.

的汽车均采用了流线型的外观。"[1] 这充分说明，流线型设计当时在汽车设计领域已经得到普遍的认同并发展为了一种时尚的流行风格。因此，汽车被作为普通的消费品，在车身设计方面已经明显地趋于美观的商业化色彩，并显示了制造商们对于汽车风格的强烈关注。

不可避免的是，由于 20～30 年代汽车设计与销售采用"年度款式改变"战略，进一步加剧美国汽车消费市场的竞争，也引发了对优秀汽车风格设计师的争夺，这一情形在 30～40 年代的美国汽车制造商之间已变得日趋激烈。如在市场的低迷导致高价车市场不断萎缩的状况下，奥本汽车公司（通用汽车公司的竞争对手之一）为了维持该公司在技术领域的创新和不断更新的样式，在 1933 年将通用汽车公司的设计师戈登·比林格（Gordon Buehrig）引入旗下。比林格带着自己在通用时的设计稿，在 1936 年为奥本公司推出了在"大萧条时期"被称为最具"现代"美感的 Cord 810 款汽车。[2] "年度款式改变"战略的实施，对汽车制造商保持其新产品的销售和价格起到了明显的作用。从 1928 年到 1938 年的十年，正值美国经济下滑时期，通用汽车仍在保持其产品年度风格的变换和价格的优势——卡迪拉克削价 39% 后为 2185 美金，

1 David Gebhard. "The Moderne in the US." *Architectural Association Quarterly*. 1970. P: 15.

2 Sally Clarke, "Managing Design: the Art and Colour Section at General Motors, 1927-1941." *Journal of Design History* Vol. 12 No. 1, 1999, P: 73.

其后的 LaSalle 款汽车在削价 50% 后为 1320 美金。相比之下，奥本汽车公司 1936 年推出的 Cord 810 价格为 2500 美金至 3500 美金——这是其在 1937 年最终倒闭的原因之一，也证明了汽车制造业是一个由少数大企业寡头垄断的行业。

总体而言，“年度款式改变”战略对美国汽车工业风格化的影响较为显著。一方面，这种年度风格废止的战略并不是完全建立在技术进步的基础上，而是基于外在的风格（或样式）的改变；另一方面也要看到，从 30 年代起无论是制造商还是消费者对于速度、油耗、价格、安全和舒适等的要求也在不断提高。比如在汽车的性能和可维护性等方面，1927 年推出的福特 Model A 相对于 1908 年推出的 Model T 是一个巨大的提高，而 1932 年推出的福特 V-8 又比 Model A 要更为先进。因此，不难理解在汽车制造商推行“有计划地废止”战略的同时，也伴随着对于技术和舒适性等的不断提高。

4.3.2 建筑、公共设施及办公用品

在 30 年代的美国建筑设计领域，一种新的被称为“流线型摩登风格”（streamline moderne）开始出现。[1] 这种摩登风格与产品的流线型风格不同之处在于：产品设计的流线型风格被制造商所倡导是为了刺激消费，而流线型摩登风格主要体现在建筑和装饰设计领域——因此，不排除流线型摩登风格是装饰艺术和流线型风格在建筑设计领域的一种混合形式。尽管流线型风格在建筑和产品设计方面存在上述差异，但均属于流线型风格的范畴。[2] 此外，这种风格与装饰艺术风格并不相同（某些方面甚至形成对照）。对此，专门从事装饰艺术风格研究的美国建筑师学家戴维·格布哈德（David Gebhard）对当时正流行的两种建筑风格予以了区分，即：“高度风格化的‘现代派’或国际风格，以及流行的‘摩登’风格，而这种‘摩登’风格分为两种亚风格：装饰艺术风格（或之字形摩登风格）和流线型摩登风格”。[3]

---

1 William H. Young ,Nancy K. Young. Greenwood Press (October 2002).P: 58.

2 这不仅是因为流线型在建筑和产品设计领域的表现形式和时间相一致，而且是因为二者均作为一种流行的设计风格得到运用。但需要区别的是两者适用的领域不但相异，而且流线型形式在建筑设计中也同样被视为一种能够降低风压的科学形式进行探索。因此需要评述时予以区分。

3 参见：*United States Department of the Interior National Park Service National Register of Historic Places Continuation Sheet.* Section Number8. P: 10.

图 4.8 约翰 · 瓦索斯 百老汇 47 街热狗销售点 1930 年
图片来源：Danielle Schwartz. "The Industrial Design of John Vassos." *Archives of American Art Journal*.2006.

将流线型风格运用于建筑及其相关公共设施的外形设计，早在 1930 年约翰 · 瓦索斯（John Vassos）在 *ULTIMO* 中绘制的未来地下城市（underground city of the future）图稿中已经得到了体现。他在同年在纽约市百老汇第 47 街为 Nedick 设计的热狗销售点，就试图以流线型形式创造一种轻松与快捷的室内效果。因此，该设计方案与其他快餐销售点的不同之处在于，通过流线型特有的简约和新颖的现代形式与休闲娱乐的消费环境相结合，从而以便捷和现代感吸引了消费者（图 4.8）。

贝尔 · 格迪斯 1934 年为 Socony-Vacuum 石油公司设计的服务站模型，在建筑的外观和服务站的加油岛（pump island）均采用了圆角或椭圆形的形式。[1] 按照格迪斯的观点，加油站的设计要通过吸引驾驶者们的注意来增加销售，要就要采用便于识别的统一样式。他试图以平滑的曲线创造一种使消费者满意且印象深刻的环境，从而达到“更具吸引力、区别性、消费者舒适和销售力度”的目的。[2]

1 Socony-Vacuum 石油公司 1966 年更名为美孚石油公司（Mobil Oil Corp.）

2 Jeffrey L.Meikle, *Twentieth century limited: industrial design America, 1925-1939*, Temple University Press, Philadelphia. 1979. P: 129.

图 4.9 达尔文·提格 德士古加油站 1934～1937 年
图片来源：Jeffrey L.Meikle, *Twentieth century limited: industrial design America, 1925-1939*, Temple University Press, Philadelphia.1979. P: 128.

格迪斯的这项设计建立在他对："该服务站功能与特点的一项分析研究"的基础上。[1] 所以，他并非空洞地套用了流线型风格而不考虑功能因素。对此，其他设计师也有相似的观点。如提格 1934～1937 年设计的"C 型"德士古加油站（"Type C" Texaco service station）以清洁的白色为基调，并在三条绿色的细线装饰下突出了加油站的流线型顶篷和上方的标识。整体设计显得既洁净又明快大方——这是因为设计师抓住了加油站客户的潜在需求："大多数驾驶员在选择加油站时会因为其干净整洁，另外的则是看牌子、仅有小部分是图便利"[2]（图 4.9）。

据资料显示，提格为该公司设计的"C 型"加油站最初提供了 5 种不同的方案，并设计了一个"班卓琴"（banjo）形的标识以便汽车司机们能够识别其加油站。[3] 需要指出的是，提格在设计中经常使用横的线条装饰产品或建筑物，这一特点在同时期其他设计师的作品中并不多见，其装饰手法可能来自装饰艺术风格的影响。

建筑师弗兰克·劳埃德·莱特（Frank Lloyd Wright）在 20 世纪 30 年代中期开始设计的位于威斯康星州拉辛市的约翰逊蜡业公司总部大厦，可被视为这一时期美国流线型建筑设计的代表作之

1 Jeffrey L.Meikle, *Twentieth century limited: industrial design America, 1925-1939*, Temple University Press, Philadelphia.1979. P: 129.

2 Jeffrey L.Meikle, *Twentieth century limited: industrial design America, 1925-1939*, Temple University Press, Philadelphia.1979. P: 124.

3 W. Dwayne Jones. *A Field Guide to Gas Stations in Texas*. Texas Department of Transportation Environmental Affairs Division Historical Studies Report No. 2003-3. P: 60.

图 4.10 劳埃德·莱特　约翰逊蜡业公司总部大厦内部办公区　1936～1939 年
图片来源：media.wiley.com/product_data/excerpt/11/04716926/0471692611.pdf Chapter1, Interiors Projects. P:3.

图 4.11 劳埃德·莱特　约翰逊蜡业公司总部办公系统设计　1936～1939 年
图片来源：media.wiley.com/product_data/excerpt/11/04716926/0471692611.pdf Chapter1, Interiors Projects. P:3.

一。虽然在现有的建筑史中，对于莱特设计风格的评述并没有明确指出其采用了流线型的造型元素，但从约翰逊蜡业公司总部大厦的设计来看，无论是其外观、梁柱结构还是每一张办公桌和椅子，均采用了圆形或圆弧形作为基本的表现形式。（图 4.10）从时间来看，莱特设计该建筑时正值 30 年代流线型风格在美国流行之际，而采用流线型形式也契合了追求时尚和科技进步的时代精神。值得一提的是，莱特对该建筑内的办公设备系统也一并进行了设计，将其中装有轮子的工作椅简化为三条腿，并使之在整体上保持了风格的一致性（图 4. 11）。

雷蒙德 · 罗维和李 · 西蒙森（Lee Simonson）1934 年合作设计的工业设计师的工作室（industrial Designer's office and studio），在同年纽约大都会博物馆举办的“当代美国工业艺术博览会”（Contemporary American Industrial Arts Exposition）中展出。在这项设计中，墙面、地面和所有的设施（桌椅等）均有着流线型的圆角，室内布局简洁没有多余的装饰。在形式与效果上，罗维设计的流线型的室内风格与欧洲现代设计中同样简约的方式形成了（曲线与直线设计的）对比，但二者均满足了使用者对于功能的需求（图 4. 12）。

这种简约的流线型设计手法，同样在亨利 · 德雷夫斯 1936 年为费城的西部联盟电报局（Western Union telegraph office）办公室进行室内设计时得到运用。在设计中，德雷夫斯试图将该机构的业务性质和流线型设计的形式予以结合。他认识到：“因为速度是这家电报公司业务的核心……（所以）要在轻松愉悦的现代设计中表达并捕获速度和效率感。”[1] 在这一设计中，流线型风格的曲线和速度感恰好符合了设计师对于形式的需求。雷蒙德 · 罗维 1937 年为纽约的一家面包店 Cushmans Sons bakery 所做的室内外设计，无论店面的橱窗、广告字体、货架还是墙面的镜子，均采用了曲线或圆角的流线型风格，使整体店面的风格统一而富于动感。

1939 年纽约世界博览会系列场馆的设计，成为了流线型风格的建筑在 20 世纪 30 年代最典型也是最后的代表性作品。[2] 建筑师

1 Jeffrey L.Meikle, *Twentieth century limited: industrial design America, 1925-1939*, Temple University Press, Philadelphia.1979. P: 122.

2 不同的资料对纽约世界博览会的时间标准不同：有的为 1939 年，有的则为 1939～1940 年。

图 4. 12 雷蒙德 · 罗维和李 · 西蒙森　工业设计师的工作室　1934 年
图片来源：Raymond Loewy, *Industrial Design*, Overlook Ducworth, 2007.

图 4. 13　亨利 · 德雷夫斯　贝尔台式电话机　1937 年
图片来源：David Raizman. *History of Modern Design*. (Second edition). Laurence King, 2010.

阿尔伯特·卡恩（Albert Kahn）和贝尔·格迪斯在此次世界博览会为通用汽车公司设计的建筑馆，成为此次博览会期间到访人数最多的地方之一。该馆高大厚实而圆润饱满的流线型外观，较好地体现了通用汽车公司的实力和在汽车制造领域的领先地位。

在办公用品设计方面，亨利·德雷夫斯为贝尔实验室设计的系列台式话机（Desk phone）可以认为是这时期流线型风格的代表。亨利·德雷夫斯从1930年就已经开始和贝尔实验室合作开展电话机的设计。他提出电话机的外观设计应该遵循“由内而外”（from the inside out）的方法，并要求同贝尔实验室的技术人员一起开展合作。他所提出的这个建议开始被限于设计师的艺术工作范畴。但是之后贝尔实验室方面改变了先前的态度，因为他们后来委托的艺术家设计的方案虽然有创意但并不实用，所以最终接受了德雷夫斯提出的“由内而外”设计方法。[1]

至1937年时，德雷夫斯为贝尔实验室重新设计的一款台式电话机投入使用，其光洁无修饰的外观和符合人体工程学的尺度，显示了设计师对于简洁性和实用性的关注（图4.13)。他认为：“我们必须考虑到这部话机放在人们就座的办公桌和桌子上使用，而且也要考虑人们站在柜台和货架前使用。”[2] 此外，德雷夫斯还认为：“话机设计与钟表、真空吸尘器和收音机的设计有很大区别。若从接受的意义来讲，并不存在销售的问题。电话用户并不买话机，他们使用贝尔系统提供的设施，因为话机是他们从电话公司购买的整体服务的一部分。”[3] 因此，从德雷夫斯的上述表述中，可以领会到他主要考虑的是物体的功用与使用者之间的关系，而不是把商业目的置于设计的首要位置。

4.3.3 清洁度：日用消费品

大众消费对产品外观“清洁度”的需求，促使流线型设计风格成为设计师和消费者均乐于接受的流行式样。一方面，消费者喜爱产品表面光洁且易于清洁；另一方面，设计师捕捉到这一风

1 Henry Dreyfuss. *Designing for People*. Allworth Press. 2003. P: 102-103.

2 Henry Dreyfuss. *Designing for People*. Allworth Press. 2003. P: 105.

3 Henry Dreyfuss. *Designing for People*. Allworth Press. 2003. P: 104-105.

格可以吸引更多的消费者。对此，谢尔顿（Sheldon）和阿伦斯（Arens）认为："消费工程包括两个阶段。首先，是征求销售商和消费者的对于产品质量的意见，以吸引大多数潜在的购买者。第二，设计师将对这些产品的质量予以更新。"[1] 因此，流线型风格的产品并不等于产品质量的降低，或单方面地出自制造商和设计师的理念，也在一定程度上反映了消费者的品位和喜好。这无疑表明，美国经济"大萧条时期"的产品设计同样关注消费者对市场的需求，并在设计中予以参考和应答。

1933 年，亨利·德雷夫斯为西尔斯公司设计了一款流线型的洗衣机——Toperator。其圆桶状的机身，简洁光滑，而且具有可以移动性，上市后赢得了消费者喜爱而获得了市场的成功。除冰箱以外，30 年代中期各种日用品的外观设计，均不同程度地"借用"了用于交通工具设计的流线型形式，并使其成为一种用于静态日常生活用品的商业风格。如雷蒙德·罗维 1934 年设计的卷笔刀（Pencil sharpener），以及沃尔特·达尔文·提格 1936 年为柯达公司设计的便携式相机——班腾（Bantam Special）（图 4.14～4.15）、1937 年为沃伦特莱克龙公司（Warren Telechron Company）设计的 8B11 型数字显示式钟（Digital Clock:Model No.8B11）和 1939 年为宝丽莱公司（Polaroid Corporation）设计的 D114 型台灯等产品，还有亨利·德雷夫斯 1936 年为胡佛公司（Hoover Company）设计的胡佛 150 型真空吸尘器（Hoover 150 Vacuum Cleaner）。在厨房用具设计方面，埃格蒙特·阿伦斯在 1935 年为霍巴特制造有限公司（Hobart Manufacturing Co）设计的流线型切肉机（meat slicer），使冷漠的金属器具通过流线型风格的外观，传达出了一种速度和轻柔感。

此外，流线型风格在产品设计领域流行的过程中，对原有产品的款型进行更新设计（redesign，也称为重新设计或再设计），是 30 年代美国工业设计师们从事的一项重要工作。[2] 可以认为，这时期出现的一系列更新设计产品，引发了工业设计史上第一次规模较大的迭代设计（Iteration Design）运动。此次运动使家用产

---

1 Jeffrey L.Meikle, *Twentieth century limited: industrial design America, 1925-1939*, Temple University Press, Philadelphia. 1979. P: 71.

2 Redesign 的原意本为重新设计或更新设计。这里根据当时制造商出于市场的目的而聘请设计师对其产品进行 redesign，所以解释为更新设计，意指这种设计目的是为了"更新"产品，使其不过时而不是"重新"进行设计。

图 4.14 雷蒙德·罗维 卷笔刀 1934 年
图片来源：Raymond Loewy. Hagley.Vol.31 No.3 Full, 2002.

图 4.15 达尔文·提格 柯达公司便携式相机～班腾 1936 年
图片来源：David Raizman. *History of Modern Design*. (Second edition). Laurence King, 2010.

品“款型周期”（区别于产品“生命周期”）在“年度款式改变”（annual model change）的影响下，款型得到不断调整：更新设计不但使市场销售不佳的老款产品在外观上焕然一新，更重要的是（这些产品均）无一例外地被冠以简洁的流线型外观。这也预示着 30 年代的产品更新设计，实则是流线型风格运动的一部分。

从形成背景分析，更新设计首先是制造商实施市场战略的结果，只改变产品外观而不是提升技术，这样既节约了成本，又使得老款产品重新获得市场认可；其次，更新设计同时也是市场消费需求的体现：一方面，是因为美国30年代的家用品制造商们在经济危机的市场竞争背景下，受到了20年代汽车生产领域出现的斯朗主义（Sloanism）重新划分（汽车）市场份额和"年度款式改变"战略的影响，主动地邀请设计师更新原有产品款型而进行的款式迭代——从产品外观的角度看，更新设计似乎采用的是"新瓶装旧酒"式的措施，但其历史意义在于赋予了产品的"款型周期"。设计师们也在新款的设计中，传递着更时尚的造型元素（如光滑整洁的流线型）和对产品操作与维护的全新理解。这一点，也正是流线型风格的产品在30年代流行的原因之一。另一个方面的原因，是由于产品本身在激烈地市场竞争下在技术性能和款式方面，均失去了（竞争）优势而被迫做出的技术与款式更新——强调产品的"款型周期"成为了30年代流线型风格产品的共同特点。

从产品所面向的消费群体来看，"年度款式改变"是为保持产品时尚和市场优势，面向消费能力强的高收入者（即富裕阶层）。[1]更新设计则是为了使自己的产品不被激烈竞争的市场所淘汰而采取的一种措施——其样式已经过时。[2]所以，更新设计同斯朗提出的"年度款式改变"的战略措施并不完全一致。但二者相同的一点，就是均注重对产品外观风格（样式）的设计，甚至以此为主要目标。

就时间来看，对工业产品的更新设计始于20年代后期"年度款式改变"战略提出之后。这是因为始于汽车设计领域的"年度款式改变"，不但加大了新款产品的推出，而且还促使更多的制造商开始重视产品的设计。如在1929年，雷蒙德·罗维为Gestetner（基士得耶）的旧款复印机重新进行了设计，使该公司生产的复印机从过时的（旧）样式变得焕然一新。其实，罗维的设计不只是改变了该产品的外形，也提高了其实用性和简洁性——他的目的："是实现视觉和功能两个方面的简洁性（主要是便于清洁）。"[3]

1 斯朗提出"年度款式改变"的本意是：在福特汽车占据低端市场并且竞争加剧的情况下，通过汽车款式改变的方式，争取占据中端和高端的市场，以实现其在未来竞争中的优势。参见：Alan P. Loeb. "Birth of the Kettering Doctrine: Fordism, Sloanism and the Discovery of Tetraethyl Lead." *BUSINESS AND ECONOMIC HISTORY*, Volume twenty-fourn, o. 1, Fall 1995. P: 79.

2 更新设计是指对仍保持最初形式的产品进行设计，因为其技术和样式已经过时。参见：Donald J. Bush, *The Streamlined Decade*, (New York, George Braziller), 1975. P: 173.

3 Jeffrey L.Meikle, *Twentieth century limited: industrial design America, 1925-1939*, Temple University Press, Philadelphia. 1979. P: 64.

图 4.16 霍夫曼 咖啡桌（左）1934 年；
提格台灯（右）1939 年；韦伯 沙发（下）1930 年
图片来源：Heritage Auction Galleries. 20 Century Art& Design. 2008.

正是因为罗维出色的设计，才使得他 1929 年为 Gestetner（基士得耶）公司设计更新的这款复印机，被视为“美国工业设计在被视为一种有意识的活动之前的一个方案……也是工业设计（职业）可以使制造商获得持久成功的一个经典案例。”[1] 这款被罗维更新设计的复印机在市场上获得了成功，并在其后的四十年里没有经过大的修改。对此，罗维本人曾向该公司负责人说这该产品的成功设计几乎要使设计师失业。[2] 从这一点也可以看出，产品“更新设计”和“年度款式改变”战略之间的差异之处。

至 30 年代，更新设计已经成为了流线型风格发展过程中一个不可忽视的部分，因为“许多产品通过更新设计获得了最佳的形式”[3]（图 4.16），并且大多数产品在设计后均体现出简洁性、便于

1 Raymond Loewy, *Industrial Design*, Overlook Ducworth, 2007, P: 60.

2 参见：Raymond Loewy, *Industrial Design*, Overlook Ducworth, 2007, P: 61.

3 Donald J. Bush, *The Streamlined Decade*, (New York, George Braziller), 1975. P: 173.

图 4.17 雷蒙德·罗维
西尔斯“冷点”冰箱 1935 年
图片来源：Jeffrey L Meikle, *Twentieth Century Limited: Industrial Design in America, 1925-1939*, Temple University Press Philadelphia, 2001.

操作和更加适于清洁和维护等特点。如贝尔·格迪斯 1932～1933 年为新泽西标准气体设备有限公司（Standard Gas Equipment Company of New Jersey）设计的炉灶，由以前的 100 多款的多个部分合并为 16 款的 12 个标准部件装配而成，从而实现了既降低生产成本又使产品焕然一新的目的。这一特点，也可以从雷蒙德·罗维为西尔斯公司 1935～1937 年所设计的“冷点”（Cold spot）冰箱系列中，看到流线型的风格对产品销售所产生的影响——“冷点”冰箱在不断更新的年度款型中，不但始终以新的样式呈现且保持着较高的市场销售量。

1935 年，雷蒙德·罗维为西尔斯公司（Sears）设计的“冷点”（Cold spot）冰箱推入市场，据统计，仅在“冷点”冰箱推出的第一年里，“在核心技术没有任何较大改变的前提下，西尔斯的‘冷点’冰箱销售量由 65000 台攀升到了 250000 台”。[1] 这款产品也成为在已有技术条件不改的情况下，通过对产品外观进行优化设计而赢得市场认可的一个成功典范。此后几年中，西尔斯公司仅在这一方案的基础上做了小的改动后，不失时机地又推出了新一款的“冷点”冰箱，以期通过新颖的外观不断保持其市场销量业

1 Craig M.Vogel, “Notes on the Evolution of Design Thinking: A Work in Progress”, *Design Management Review* Vol. 20NO. 2, Spring 2009, P: 22.

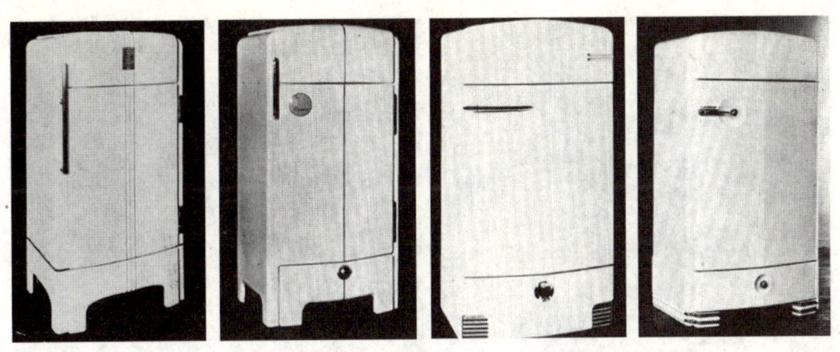

图 4.18 雷蒙德·罗维 西尔斯公司“冷点”冰箱从 1935 年款至 1938 年款的变化
图片来源：Jeffrey L Meikle, *Twentieth Century Limited: Industrial Design in America, 1925-1939*, Temple University Press Philadelphia, 2001.

绩。[1] 罗维对“冷点”冰箱的设计给西尔斯公司所来的直接变化，使该公司在美国工业界的地位从十名以外一跃成为排名前三位的大企业之一[2]（图 4.18）。

“冷点”冰箱以及其他家用消费品的市场成功，反映了这样一个事实：即经过设计师们的新款设计，均不同程度地提高了产品的销售量——而这也正是制造商所期盼的效果。由此可以看出，在当时设计师已经开始在产品制作过程中体现出了不可忽视的作用。

此外，沃尔特·达尔文·提格 1934 年为图书销售公司（American Sales Book Company）设计的售货工具 Wiz Register 和雷蒙德·罗维在 1939 年为 IH 公司（International Harvester）更新设计的奶油分离器（Cream Separator）等产品，均去除了先前设计中的直角，代替以圆角和弧线，呈现出了外观简洁大方、具有流畅曲线的新面貌，并且达到了最大程度地保持光洁度和便于操作的使用目的。（图 4.19）从以上的产品介绍中可以看出，更新设计使得当时美国的许多旧款产品不仅在外观上更为简洁和具有现代感，重要的是在功能和操作性方面也得到了一定程度的提高。

需要说明的是，由于产品的更新设计针对的是产品款型的更

1 Jeffrey L.Meikle, *Twentieth Century Limited: Industrial Design in America, 1925-1939*, Temple University Press Philadelphia, 2001, P: 105.

2 Arthur J.Pulos, *American Design Ethic*. The MIT Press. 1983. P: 361.

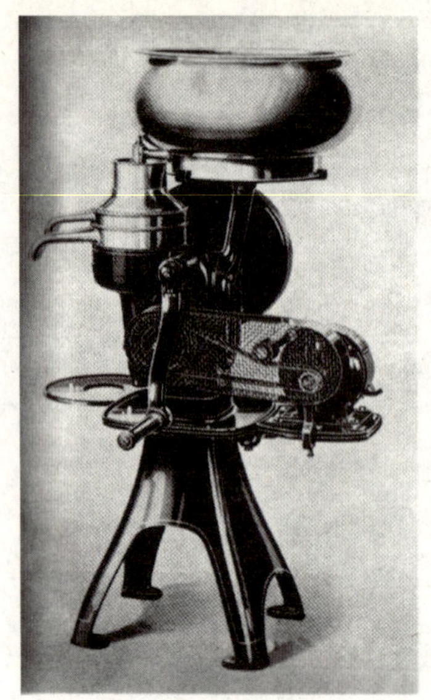

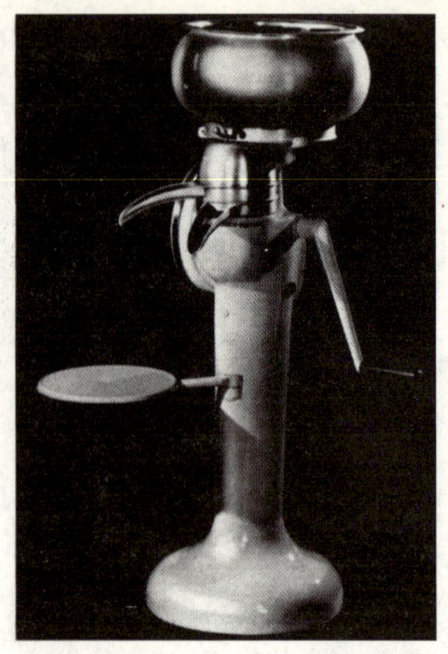

图 4.19 雷蒙德·罗维 奶油分离器更新设计前后的对比 1926～1937 年
图片来源：Raymond Loewy, *Industrial Design*, Overlook Ducworth, 2007.

新，而非对面向技术上的改进（或提高），因此在产品更新过程中设计师起到了关键性的作用，而不再由工程师负责此项工作。同时，这也并不意味着更新设计只是外观的"翻新"，而是以外观的风格化设计为主要目的、以技术提高为辅的款式更新。就这一点而言，不但验证了这一时期"形式追随市场"的产品设计趋向和消费者的审美追求，并且显示了流线型作为一种产品设计的风格得到确立。它不但成为美国工业设计史上第一个建立在批量化生产基础上的流行风格，也是西方（指欧美）工业设计史上第一个源于工程设计领域，又是以追求时尚样式并不断改变款式为特点的设计策略——因此，流线型风格是制造商"人为"主导下的结果，只是在这种风格的形成过程中设计师并没有放弃对产品审美与功能的追求。所以，设计师并没有在流线型风格的产品设计阶段放弃对于（产品）功能和形式的考量。

此外，这种流线型形式风格化的影响不仅体现在大件的产品外观上，同时也体现在小型产品的（外观）设计中（图 4.20）。

图 4. 20　野口勇（Isamu Noguchi）流线型的收音机　1937 年
图片来源：George R. Kravis.Ex Radiohead is Design King. Interview by Daniella Ohad Smith. 2010.

有必要指出的另一点是，这时期的设计师试图在设计中，通过产品简洁光滑的外观表达一种洁净卫生的理念——即“清洁度”。这一点，在家用电器（尤其是冰箱设计）方面体现得尤为明显。甚至有研究者认为：“对于卫生（hygiene）的关注是这十年（指 30 年代）中设计师们考虑的一个主要内容。”[1] 罗维也在设计中表现出对于产品“卫生”的关注，甚至在 30 年代后的产品更新设计中也有体现。如他于 1940 年完成的“Lucky Strike”（鸿运）牌烟盒。[2] 该设计不仅印证了罗维“从口红到火车头”（From lipsticks to locomotives）样样都在行的口号，也说明了更新设计（再设计）对消费市场所产生的影响是巨大的。事实上，“罗维对‘鸿运’牌烟盒设计的改动并不大，以致使人好奇他为什么要在该方案上投入这么多的精力：他把烟盒的底色由绿色改为白色，又将‘cigarettes’的字母大小予以调整，并使烟盒的两面在外观上保持一致。此前该烟盒的设计仅在一面有红色的标识符。此项新设计的方案成功地获得了制造商的首肯，并且一直沿用至今仍未

1 Donald J. Bush, *The Streamlined Decade*, (New York, George Braziller), 1975. P: 174.

2 “Lucky Strike” 在国内一般被译为 “好彩” 或 “好运”，但仍不能体现其原意，而 “鸿运” 更为贴切。

改动”。[1] 该烟盒的新设计是以白色为底，突出了中间圆形的红色标识，从两侧看显得更为醒目和简洁。对此，罗维在《精益求精》（*Never Leave Well Enough Alone*，1951 年版）中，解释了之所以采用白色（为底色）的原因："正由于其完美无瑕的白色，'鸿运'牌烟盒看起来才是洁净的。从而也显现出了内在的新颖性和完美的加工。”[2]

在这一时期，冰箱的消费开始注重保存食品的安全与健康问题。如："在广告中声称，通过正确的食品保存为家庭主妇们的'家庭健康'提供了安全的措施。电冰箱设计也开始使用白色从视觉上（直观地）表达对这一问题的关注，这样表面采用钢质的外层和无缝的内层，使得卫生状况逐步得到改善。”[3] 在此基础上，冰箱等厨房用电器的清洁度（Cleanliness）要求，也成为了设计师所需要注重一项内容："在 20 世纪 30 年代的十年中，对清洁度的审美成为了家用品设计领域的一种普遍现象。能够直观地展现清洁

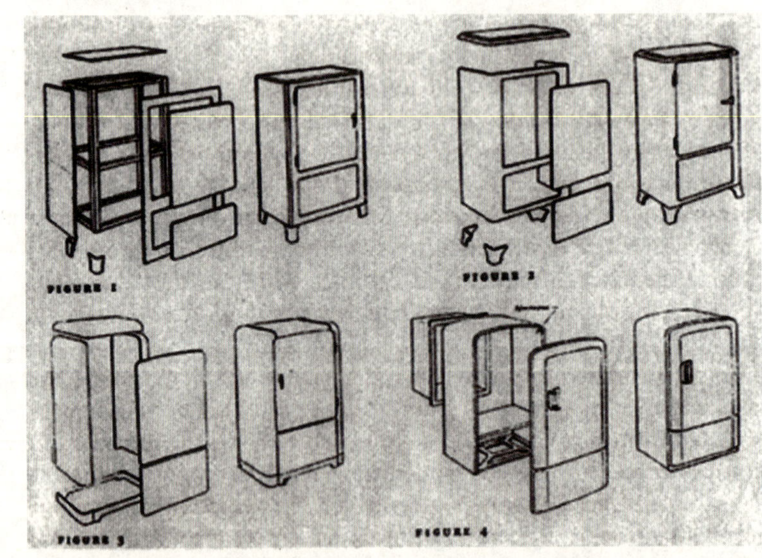

图 4. 21 凡 · 多伦　30 年代冰箱设计的流线型化趋势分析　1949 年
图片来源：Shelley Nickles. "'Preserving Women': Refrigerator Design as Social Process in the 1930s." *Technology and Culture*, Vol. 43, No. 4, Kitchen Technologies (Oct., 2002).

1 Adrian Forty, *Objects of Desire: Design and Society 1750-1980*, Thames And Hudson, 1986, P: 243.

2 Adrian Forty, *Objects of Desire: Design and Society 1750-1980*, Thames And Hudson, 1986, P: 243.

3 Shelley Nickles. "'Preserving Women': Refrigerator Design as Social Process in the 1930s." *Technology and Culture*, Vol. 43, No. 4, Kitchen Technologies (Oct., 2002), P: 705.

图 4. 22 20 世纪 30 年代的流线型冰箱设计体现了洁净和经济实用等特点
图片来源：Shelley Nickles. "'Preserving Women': Refrigerator Design as Social Process in the 1930s." *Technology and Culture*, Vol. 43, No. 4, Kitchen Technologies (Oct., 2002).

度，无疑已在各种家用品的外观中被作为恰当的（形式）加以采用"[1]（图 4.21～4. 22）。

这一状况表明，冰箱设计开始采用钢质的外观和白色，实际上已经使冰箱单纯地从食品保存设备逐步发展为关系到家庭环境的清洁、健康和安全等问题的一个因素。这一现象至少体现了两层意义：1. 对于冰箱的功能需求在不断地提高；2. 随着现代意识的提高，人们开始注重产品的视觉效应（体现在形式与色彩等方面）。这种设计观念的趋向，很快就引发了一种新的设计风格——流线型风格的出现："至 20 世纪 30 年代中期，冰箱和其他家用设备的设计（风格）开始转向一种新的、现代主义和流线型的美学。历史学家们往往随着设计师的设计，强调这种戏剧性的急剧变化。因此，消费者迅速地接受了这种流线型的现代主义似乎是值得关注的……设计师们的贡献是一个新的美学词汇和原理。"[2]

1 Adrian Forty. *Design and Society 1750-1980.* Thames and Hudson.1986, P:156.

2 Shelley Nickles. " 'Preserving Women': Refrigerator Design as Social Process in the 1930s." *Technology and Culture*, Vol. 43, No. 4, Kitchen Technologies (Oct., 2002), P: 708.

在冰箱朝着流线型风格发展的过程中，设计师卢尔莱·吉尔德（Lurelle Guild）作出了不可忽视的贡献。因此，有研究者认为，“他在20世纪30年代的设计，揭示了流线型风格是如何通过厨房家电作为一种设计标准的。”[1]

吉尔德和其他设计师们的贡献在于，将厨房家用电器：“审美原则、家用（品）的价值观和功能相结合。由于没有仆人的家庭主妇要在厨房花费大多数的时间，吉尔德主张以一种吸引人的方式实现这种设计目的是重要的。他去除了诸如凸起的箱盖和承重的金属构件等部分，通过外部的简化和曲线（形）的外表朝着流线型风格发展，使人轻易地联想到清洁、卫生、便捷和一种特有的新式的（即现代形式的）观念。这些流线型的形式与新式、经济和更快捷的制造技术密切联系。”[2]吉尔德及其同时期的设计师们认识到成功的设计，意味着“要保持与时代的步伐，但也不能太偏离当前的接受度”。[3]也就是需要寻找到时代所能接受的一个契合点。这种商业化的流线型风格，所具有的特点“是通过流畅的线条和形式，作为一种产品各视觉部分的整合”。在众多产品中，这种整合的形式并非直接与速度相关，而是出于卫生（的目的）。由此出现了“清洁度”（cleanline）一词。[4]由此可见，出于对产品卫生的市场需求和制造要求考虑，清洁度的概念一再地被提及并已成为这时期产品设计与制造过程中普遍关注的一个重要因素，这同时也是流线型风格在日常生活用品的外观中所具有的特点之一。

这时期，新型材料的使用也为流线型风格的产品设计提供了制造工艺的便利。这是因为：“新的塑形材料特别适宜于流线型的设计。圆角的有机形式很少产生会导致外壳开裂的内应力（internal stresses）。知名教育家莫霍利·纳吉（Moholy-Nagy）认识到了甚至是静态的物品也可以采用流线型，便于在大批量地生产中加工——如冲压、铸造和制模，因为这些圆角容易生产和最后的修整。”[5]随着美国1933年新政的实施和就业率有所缓解，日用品的设计与更新设计越来越成为制造商所倚重的竞争措施，也加

1 Shelley Nickles. "'Preserving Women': Refrigerator Design as Social Process in the 1930s." *Technology and Culture*, Vol. 43, No. 4, Kitchen Technologies (Oct., 2002), P: 708.

2 Shelley Nickles. "'Preserving Women': Refrigerator Design as Social Process in the 1930s." *Technology and Culture*, Vol. 43, No. 4, Kitchen Technologies (Oct., 2002), P: 711.

3 Shelley Nickles. "'Preserving Women': Refrigerator Design as Social Process in the 1930s." *Technology and Culture*, Vol. 43, No. 4, Kitchen Technologies (Oct., 2002), P: 717.

4 Timo de Rijk. "The Design and Marketing of Electrical Household Goods as Dutch Americana, 1930-45" *Journal of Design History* Vol. 22 No. 2.2009. P: 120.

5 Donald J. Bush, *The Streamlined Decade*, (New York, George Braziller), 1975. P: 174-175.

快了流线型风格在产品设计领域的普及："至 1937 年，流线型风格已经快速成为了日常生活的一部分，尤其是在冰箱和家用电器等机械设施。"[1] 这无疑显示了流线型风格在 1937 年时，已经主导了美国日常家用产品的外观设计。

4.4 新产品美学："视觉可用性"

流线型在 20 世纪 30 年代的美国能够发展为一种流行的商业风格，并非只是这种形式在产品外观中的大量应用和对消费的刺激作用所促成，确切地说是商业与审美相统一而产生的一种产品美学。尽管流线型在早期被"借用"于产品的外观设计之初，制造商和设计师们并非要致力于发展一种新的产品美学，而是出于促销的目的推动了这种产品美学的发展。而这种工程设计领域的科学形式，在拓展到日常生活用品设计领域后，以平滑、柔和、便于清洁（没有死角）、具有速度感和现代感等特点，逐渐成为了一种在经济大萧条时期广泛流行的产品风格。这种本来是以促进消费为目的流行设计风格，也成为了 30 年代（美国）科学技术进步的一种象征并被赋予了特殊的意义（图 4. 23）。

这种新的产品美学，与同时期在欧洲兴起的现代设计美学——机器美学，有着本质的区别：前者主要体现在美国日常生活用品的外观设计中；后者被视为一种理性冷漠的机器美学，注重的是物品的使用功能（形式则是实现产品功能的结果，而并不具有相对独立的意义）。这种新的产品美学主要体现于 30 年代美国流线型风格的消费品（设计）中，而欧洲的机器美学体现在建筑和产品设计等领域。此外，这种新的产品美学是以流畅的流线型为主要设计特征，而欧洲的机器美学则是以棱角的直线型为特征。

同时，这种新的产品美学建立在消费者对舒适、简洁、清洁和美观的需求基础上，以外在的形式体现了特有的内在美感和现

1 William H. Yong with Nancy KYong. *The1930S*. Greenwood Press. 2002. P: 254.

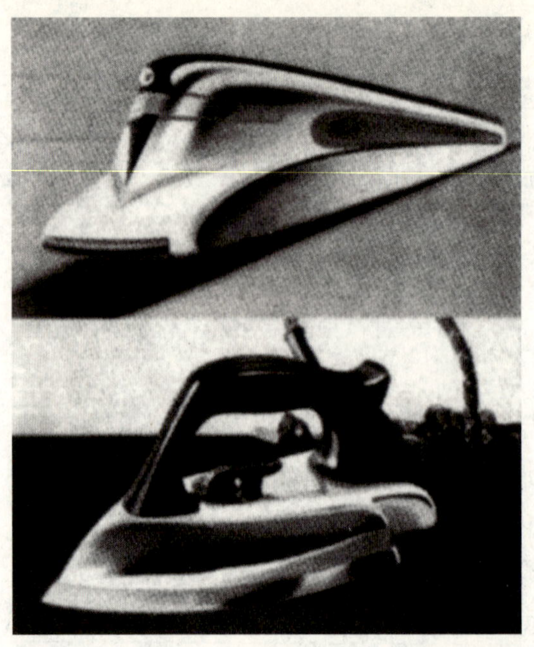

图 4. 23 雷蒙德 · 罗维　流线型的快速公交与电熨斗　1936 年

图片来源：David A.Hanks, Anne Hoy. *American streamlined design*.Flammarion. 2005.

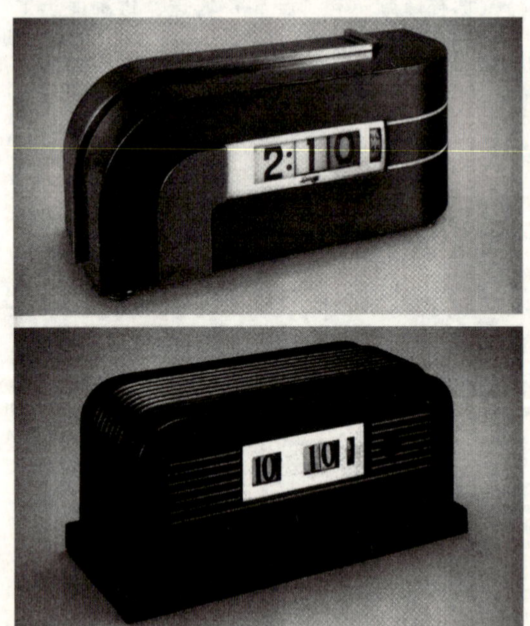

图 4. 24 达尔文 · 提格　数字显示式钟 NO.8B11　1937 年

图片来源：David A.Hanks, Anne Hoy. *American streamlined design*.Flammarion. 2005.

代感（图 4.24）。对此，国外流线型设计的研究者们沿用了“机器美学”这一称谓，而不是“产品美学”。如杰弗里·L·米克尔在对流线型的研究中，就对这种新出现的“机器美学”予以了论述。他认为：“一种机器美学既关注作为一种生产工具的机器，也将其视为一种灵感的源泉。”[1] 而在唐纳德·J·布什看来，这种新的机器美学实际上是一种外观的美学而不是内在功能的显现。这是由于流线型设计“象征着将运行原理整合到其形式内的时代，而不是对机车生动地表现”。[2] 唐纳德·J·布什的观点，显然一针见血地指出了流线型设计之美体现于产品的外观，因此，要对其进行评价就不能以产品所具有的技术性能为标准，而是要基于外观的作用和意义。

所以本文认为，这种新的产品美学从流线型的科学形式到流线型风格的发展过程中，由于经济大萧条的影响而被赋予了特殊的含义且具有时代特征。这是因为随着流线型设计风格的出现，这种新的机器美学在日常生活用品中被广为接受，并被赋予了一种全新的意义和象征性。因此，流线型在这时已经不再只是一种外观的形式，而成为了一种象征性的符号——可以将这种符号称之为“视觉可用性”（Visual Usability）。[3]

“视觉可用性”是指一件产品的外观形式，在除了使用功能、应答消费者直观的视觉和心理需求之外，能够作为一种有着特殊意义的象征性符号。这种符号既体现了时代性、文化性和技术性，也显示了特定的价值观和审美追求。如流线型设计及其风格的产品既反映了美国 30 年代的经济与文化特点，也体现了该时代的审美追求。本文认为，产品的“视觉可用性”是相对于其“功能可用性”（Functional Usability）而言的，即产品的外观与其具有的技术性能之间，在目的、作用和意义等方面存在着一定的差别。下图显示了产品两种可用性之间的关系（图 4. 25）。

根据上述分析可知，流线型设计风格是在“功能可用性”基

1 Jeffrey L.Meikle, *Twentieth century limited: industrial design America, 1925-1939*, Temple University Press, Philadelphia.1979. P: 38.

2 Donald J. Bush, *The Streamlined Decade*, George Braziller. New York, 1985, P. 172-173.

3 在这里“视觉可用性”之意为“吸引消费的视觉上的可用性”，但是因表述过长，不宜作为一个术语，因此称之为“视觉可用性”。

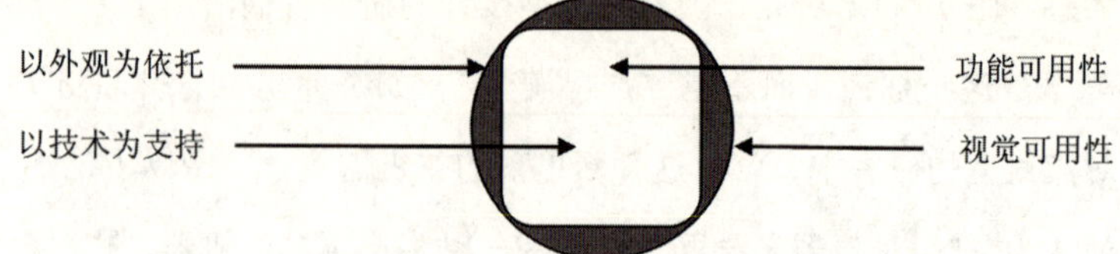

图 4. 25 流线型风格的产品两种可用性及其不同特点

础上体现了“视觉可用性”，并且这两种产品中的可用性处于内外结合的不同层面。从物品的使用来看，“功能可用性”是（技术）工程师和产品设计师为了满足消费者实用需求，而提供的可操作式的产品品质服务——指实用的功能；“视觉可用性”则是产品设计师在“功能可用性”的基础上，为了谋求产品的吸引力（即合目性）而附加在产品上的一种外在的视觉形式。如果说“功能可用性”是技术性的、物理性的和可以通过实际操作而实现的，“视觉可用性”则是外在的、感受性的和通过观察可以感知到的有意义的形式。

需要指出的是，流线型风格的出现是在制造商和产品设计师们“有计划”地提供了一种形式与功能并不相符的“功能可用性”——用于机车设计的科学形式，但却在消费的过程中实现了产品的“视觉可用性”。也就是说，制造商和设计师最初是想借助流线型提高机车速度的优势，赋予消费品“科技”的因素（尽管这种“科技”因素所具有的提速优势，并不适用于静态的产品）。但是，需要看到的一个重要现象是，产品的“功能可用性”在消费市场的认可度，可能屈居“视觉可用性”之后。这种凭借产品外观的“视觉可用性”获得市场认可的现象，不仅在30年代美国消费品市场中起到了促进销售的重要作用，而且进一步体现了产品设计师的“美容”工作起到了制造商们所期待的效果。正如在本章和上一章中论述到的克莱斯勒汽车公司的1934年首次推出的“气流”汽车和福特汽车公司1936年推出的“林肯和风”汽车受到的不同市场反响。从产品的两种可用性（即“功能可用性”

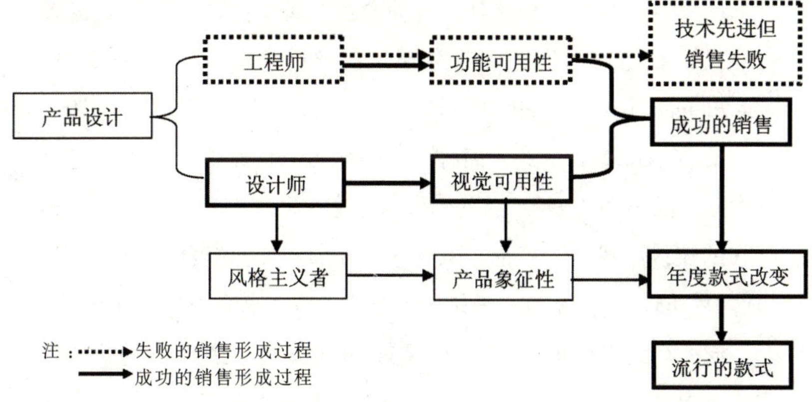

图 4.26 产品两种“可用性”在销售中的基本关系比较

和“视觉可用性”）分析，导致二者产生如此巨大销售差异的根本原因就在于克莱斯勒汽车公司的“气流”汽车是由其工程师所设计的，而福特汽车公司的“林肯和风”则是由工程师（负责技术）和设计师（负责外观设计）合作完成。对此，通用汽车公司的设计师大卫·豪斯（David Holls）曾这样认为：“克莱斯勒公司的‘气流’是一件工程上的杰作，没有一位设计师的帮助。‘林肯和风’则绝对是一件工程居于外观（设计）之下的风格与设计的杰作。”[1] 由此可知，“气流”之所以成为“商业的灾难”，与该车缺乏设计师的样式化设计有着直接的关系。通过这两款车的对比分析，从一个侧面认识到了风格在当时的工业设计中所具有的重要作用和影响。

因此，流线型风格的出现是制造商和设计师共同参与的结果，但是流线型风格成为 30 年代一种流行的设计样式，离不开消费者参与并以其喜好影响了产品设计的结果。从这一点来看，流线型设计风格实际上是制造商、设计师和消费者共同影响下形成的结果。而经济危机的背景，正是促成这一风格被消费者接受的主要原因之一。从当时的销售角度来看，产品的“视觉可用性”作用甚至超过了“功能可用性”对消费者的吸引，成为主导产品消费（销售量）的因素之一（图 4.26）。

1 David Gartman. *Auto Opium: A Social History of American Automobile Design.* Routledge, 1994. P: 127.

此外，雷蒙德·罗维对于这种商业与美学的统一，后来也有过相关的论述。如他在1951年出版的《精益求精》(*Never Leave Well Enough Alone*)一书中，提出了"最先进但是可接受"(Most Advanced Yet Acceptable，简称MAYA)的设计原则，其实就是对这种新产品美学的一种应答。[1] 从以上论述中，可以了解到美国30年代的流线型风格的产品，其实不仅是具有了"功能可用性"与"视觉可用性"，而是将二者统一为适应消费需求的一个有机整体。

同时，需要认识到的是，"视觉可用性"在流线型风格的产品中，仅是产品的两种不同功能之一，并不是决定产品销售的唯一要素。正因如此，产品外观所具有的"视觉可用性"才被视为促进(或刺激)产品销售的一种方法或手段。

4.5 小结

通过本章对产品流线型设计风格的论述。可以认为，流线型设计从30年代开始从对于形式与功能的一元式探索转变为了对功能(即科学形式)和商业(即产品设计风格)并行不悖的二元发展模式，并促进了面向大众从事消费设计的美国"消费设计师"群体出现。这种新的变化，使流线型拓展到了新的消费品设计领域，并且从一种用于机车设计的科学形式发展为一种产品的流行风格(图4.27)。

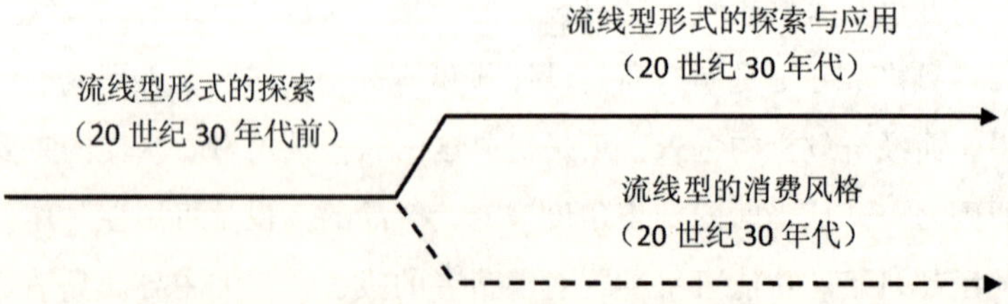

图4.27 流线型在20世纪30年代从一元探索转变为二元式的发展

1 MAYA的设计原则参见：Raymond Loewy. *Never leave well enough alone*. The John Hopkins University Press. 2002. P:227. 亦可参见：Carma Gorman. *The Industrial Design Reader*. Allworth Press. 2004. P: 131.

所以需要看到，流线型设计从30年代起，一方面仍在交通工具的设计方面继续探索流线型外观的科学合理性；另一方面也开始被广泛地运用于日常生活用品的外观设计中，并逐渐发展为一种以面向大众消费且以提高销售量为宗旨的流行风格。正是由于雷蒙德·罗维从30年代起在流线型设计风格方面的突出贡献，1949年10月出版的《时代》杂志封面整幅刊登了他的照片，并以"设计师雷蒙德·罗维，他画出了流线型的销售曲线"为题对其进行了专门介绍。[1]

在对上述不同类型的流线型产品的论述，对流线型风格所具有的象征意义和设计师们的设计实践总结为以下四个方面的特点：

1."美国系统"（American System）的制造业基于产品的标准化生产和自由的市场竞争，因此也决定了美国工业产品设计有着显著的商业化特点。在美国，艺术与工业相结合，并不是为了提高产品的品质（或审美），而是将其作为一种竞争的手段或武器，以追求市场的成功。

2.贝尔·格迪斯、雷蒙德·罗维、达尔文·提格和亨利·德雷夫斯等美国设计师，在各自的设计中并没有空洞地将流线型风格简单地套用于产品之中，而是注重了产品的使用功能和便于保持清洁卫生的外观设计——即注重了产品设计的简洁性、实用性和便于清洗和维护等特点。

3.美国30年代工业设计师所采用的流线型风格，赋予了产品外观一种"视觉可用性"。这种"视觉可用性"，建立在产品的"功能可用性"基础上，不仅并体现了消费者对于产品外观的视觉需求，还成为了30年代技术进步和走出经济危机的一种进步的象征（图4.28）。

4.作为美国20世纪30年代的一种流行风格，流线型风格不但是美国工业产品设计的一种现代设计风格，也是在经济危机背景下美国民众所接受的一种消费品风格，并体现了当时美国民众乐观积极的生活态度。

5.至20世纪30年代经济危机期间，美国工业产品设计不但

1 Raymond Loewy, *Industrial Design*, Overlook Ducworth, 2007, P: 21.

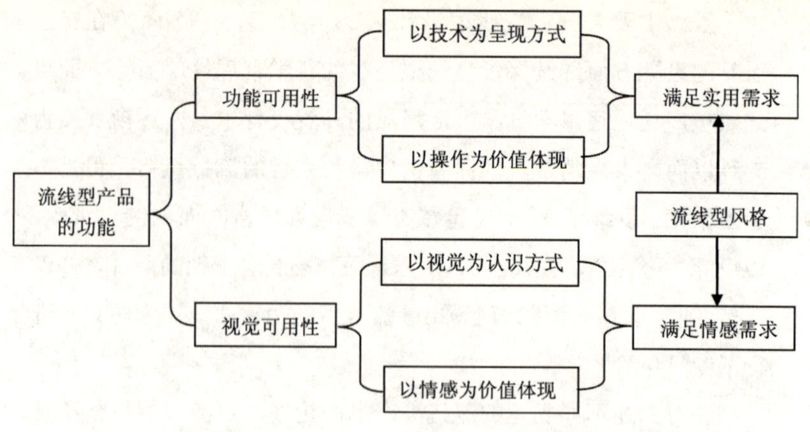

图 4.28 流线型产品的两种可用性分析

成为专门的职业，也走向了商业化风格。这也表明产品设计不再是由工程师所主导，而成为新兴工业设计师们的职责和探讨的新领域。就时间而言，流线型设计风格在开始阶段是由工程师引入产品设计领域的，并通过制造商“年度款式改变”的市场竞争措施得到重视。这种风格不仅是30年代美国产品制造业追求产品样式的体现，也是这时期激烈的市场竞争所催生的结果。

此外，本章也将汽车设计纳入到消费品的流线型设计中进行论述。这是因为在20世纪30年代，汽车已经成为面向大众而设计、制造和销售的普通消费品，并在款型方面成为工业设计师进行“年度款式改变”的主要产品之一。所以，将汽车设计纳入本章一并予以分析。

综上所述，流线型设计风格在30年代美国各种日常用品中的出现，一方面是因为这种风格被通过“更新设计”的途径得到表达，使产品获得新的市场认可；另一方面是由于这种设计风格满足了消费者对于洁净感和现代感等方面的消费需求，并成为在经济危机时期保持产品销售的一种有效手段。因此，“形式追随市场”并不是单向地来自制造商、设计师到消费者的一种设计过程，而是呈现出了制造商注重市场（消费者）反馈并影响到了设计观念的一种模式。这种模式的构成关系和基本特点体现如下（图 4.29）：

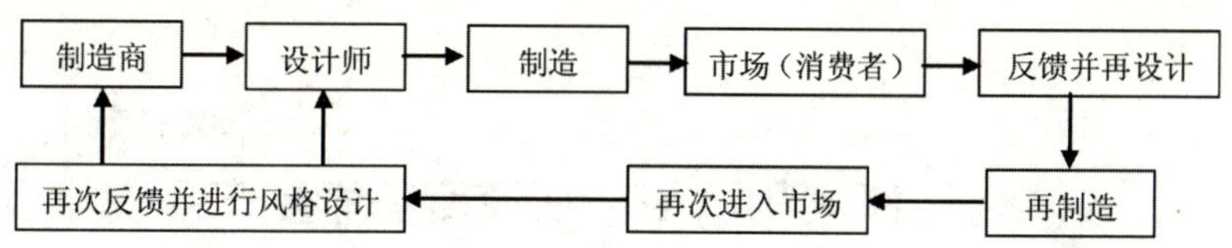

图 4.29 “形式追随市场”的基本循环关系

| 第五章 |

探索和消费：从速度美学到产品美学

5.1 概述

本章要讨论的内容是流线型在交通工具（机车）和日常生活用品设计两个领域的不同作用及其形式与功能间的关系。这里仍关注流线型形式在大型机车设计中的应用效果，是为了与日用消费品领域的流线型风格进行对比，所以并非试图对科学的流线型形式进行深入探讨。因此，从探索和消费两个方面进行对比，不仅可以更为突出流线型设计在这两个领域中所发挥的作用，而且还能够认识到流线型设计风格在 30 年代美国经济危机时期所具有的特殊作用和意义。

在对流线型风格的产品设计形式与功能关系的分析中，将动态的机车设计和静态的消费品设计间在追求“速度”的差异方面进行了对比，指出二者在审美追求上存在的差异，并且在评价标准、目的和作用方面也有着显著区别。在对“年度款式改变”的产生机制分析中，提出了（汽车）消费品的款式改变是以设计师的风格化设计为前提的审美“废止”。也就是说，产品款式的不断更新实则是设计师在不断地对自己现有方案（款式）的“废止”。这显示了这样一种现象：即流线型风格从出现到成为一种流行的（产品）样式，始终伴随着设计师对自己设计的不断更新和调整——这种风格不仅体现于新出现的产品外观中，也表现在核心技术并未得到真正提高的同类型产品的新一年度款式设计中（图 5.1）。

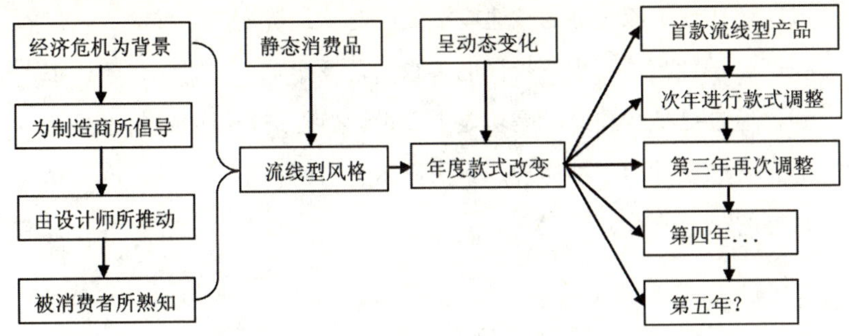

图 5.1 流线型风格的产生机制及其呈扇形的年度款式改变特点

因此可以认为，流线型风格在发展的过程中呈现出了动态的变化特点。这种风格是由一种款型陆续地延伸出多个款式，且呈家族式系列产品而不是体现为单一款式或固定不变的设计方案。

5.2 速度至上：从科学探索到销售曲线

至 20 世纪 30 年代中后期，美国流线型设计在工程设计和产品设计两个方向并行发展的状况，体现了两种不同的审美观和取向：即追求速度的机器美学和追求销售的产品美学（体现于流线型风格）。这两种审美取向并不是工程师和产品设计师之间的对立，而是各自在不同的领域表述相异的审美追求——工程师探索机车行驶的速度，产品设计师探索日用品的消费速度。

因此，这就体现了对“速度”的两种不同理解：1. 在大型机车的设计中对速度的要求越来越快，并通过技术的进步和新材料的使用逐步得以实现；2. 产品设计与款式更新的速度加快，并通过“年度款式改变”的方式促进了新款产品上市和销售的速度。由此可见，对于“速度”的诉求，成为了这时期两种并行不悖的流线型设计的共同目标。而这两种不同的“速度”，不仅显示了流线型在 30 年代中后期业已成为获得“速度”的一种进步的象征形式，还体现了流线型的“速度”效应对于经济复苏的推动，以及在产品设计与销售中所扮演的多重角色及影响。同时，也要认识到，通过提高行驶速度是功能主义设计，促进产品的销售也是功能主义的设计另一种体现。下图显示了这两种不同的“速度”和功能的统一关系：

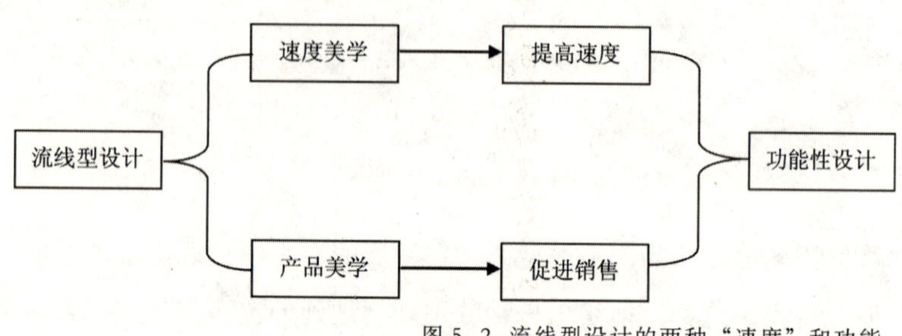

图 5.2　流线型设计的两种“速度”和功能

对于流线型设计的两种不同功能，在国外前期研究成果中均提及了运用科学流线型形式的功能——即提高速度的功能。如唐纳德·J·布什（Donald J. Bush）将其称之为动态功能主义(dynamic functionalism)。[1]但却未将流线型设计风格对产品的促销作用视为一种功能。因此，他只是注重了流线型形式体现于生产环节的技术性功能，而忽视了其在产品销售环节的促销功能。也就是说，30 年代美国流行性设计及其商业风格体现了两种不同的功能：一种是技术功能，另一种是社会功能。实际上，这两种功能体现了当时机车和产品设计中的不同审美追求和评价标准——即流线型机车设计追求速度的提高，而流线型风格的产品设计追求的是刺激消费。

5.2.1 机车速度

20 世纪 30 年代的美国机车设计采用科学的流线型形式，在提高行驶速度的同时也促成了一种新的机器美学——即追求低

1 Donald J. Bush, *The Streamlined Decade*, (New York, George Braziller), 1975. P: 171-172.

耗、高效和省时的速度美学的出现。当然，在当时对流线型的科学形式的探索并不局限于美国，本文拟将这时期美国流线型机车设计和下一节的产品设计，在形式与功能方面进行比对和分析。

从本质来看，这种新的机器美学实际上属于工程设计美学的范畴。由于本文只论述这种新机器美学与产品设计美学之间存在的某种关联，并对30年代因机车设计的流线型趋势而带来的速度提升进行前后对比，所以更加注重于流线型机车设计的外在特点和速度等内容。这样论述的目的，是从一个侧面体现出流线型在机车设计领域中所具有的优势及其与产品设计保持平行发展的整体状况，而不对这时期机车的工程技术进行探讨。

本文在第3章中，专门论述了从30年代开始美国设计师已将符合空气动力学或流体力学科学原理的流线型形式，应用在飞机、汽车、火车和轮船等以提高速度为目的的交通工具设计中，并对美国交通运输业的发展产生了广泛的影响。这里专门对这一趋势下带来的速度提升进行分析和总结。据一份1931年的资料显示，流线型飞机机身的设计优势已经得到认识，其“重要意义在于能够降低一架飞机阻力的2/3……并且能够提高普通商业飞机速度至少达每小时20英里”。[1]贝尔·格迪斯很注重流线型设计为机车行驶速度所带来的提高，这一点在其对流线型设计的相关论述中多次得到体现。如在1934年时，贝尔·格迪斯就对流线型的飞机不同外观的性能进行了对比，并认为：“在1918年时装载400马力发动机的飞机飞行时速为125英里，今天（指1934年时）相同动力的飞机时速可达200英里。”[2]

贝尔·格迪斯不仅重视在机车设计中采用流线型的科学形式，而且还预见到这种形式将成为未来汽车和火车设计的一种新时尚。此外他还指出，在设计中对技术性（指产品的功能）的需求并不是唯一的因素，因为便捷和舒适性是两个日益凸显的重要因素。虽然格迪斯并没有在指出这属于工程师的设计职责还是产品设计所要面对和解决的问题，但至少说明他已经较早地认识到了汽车

1 Carol Newman, “Jr. Setting the World to Streamlines.” *The Science News-Letter*, Vol. 20, No. 549 (Oct. 17, 1931), P: 247.

2 Carma Gorman. *The Industrial Design Reader.* Allworth Press. 2004. P: 136.

作为一件消费品所应当具有的某些非技术因素——即对于汽车便捷和舒适性的设计。这些因素在30年代经济危机时期的市场竞争中，与流线型的汽车外观设计一样，具有提高产品品质和增强竞争力的作用。

此外，流线型形式的功能也被运用于摩天大楼的设计之中。采用这种形式的原因，主要是考虑到大风对于高处楼体安全的影响。所以，将高层大厦的外观设计为能够降低表面风压（Wind pressures）的流线型形式，也同样成为了30年代初期建筑师及相关研究者们关注的一个问题。

在汽车速度的提高方面，1931年由车身设计师阿莫斯·诺斯鲁普（Amos Northrup）设计的Rreo Royale 8型汽车，是一款最早投入批量生产的流线型风格的汽车。经风洞测试的结果显示，该车最高行驶速度可达每小时80英里。[1]

前文中提到的建筑师和工程师巴克明斯特·富勒在1933年设计的流线型"戴玛克森"（Dymaxion）概念车，当时的行驶时速已经达到了120英里。[2] 至1933年，运用流线型形式提高速度的探索不断取得成效。如当时美国标准局的R·H·希尔德（R.H.Heald）经过风洞检测后，得出一项结论："与1928年相比，1933年大约有30%的汽车由于风阻降低而节约了能耗。这是由于趋向于流线型的现代形式使其性能得以提高。"[3] 此项研究显示了汽车设计在当时的一种趋势：即在20世纪20年代至30年代，将汽车的外观设计为流线型形式已成为一种消费的趋势。[4] 同上述观点相似的表述，是1934年6月出版的《科学通讯》中提及的太阳石油公司（Sun Oil Company）工程师A·拉德洛·克莱登（A. Ludlow Clayden）的见解："目前的趋势正全面走向公众很快会习惯的流线型形式，今年的款式受到热捧，说明下一步（汽车的）钝头体（blunt nosed body）正逐渐变为细长的流线型后背，发动机置于'尾部'车厢的显著位置。"[5] 此外，当时的工程师已经认识到，流线型汽车高速行驶时还能够降低轮胎部位因气流而引起的噪音。[6]

除了巴克明斯特·富勒和贝尔·格迪斯等设计师，追求以速

1 David Gartman.*Auto Opium: A Social History of American Automobile Design*. Routledge, 1994. P: 118-119.

2 Jonathan M. Woodham. *A Dictionary of Modern Design*. OXFORD UNIVERSITY PRESS.2004, P. 158.

3 此句已在前文论述中被引用，原文参见："Streamlining Saves Pover of 1933 Automobiles", *Science New Letter*, November 11, 1933, P: 308.

4 "Streamlining Saves Pover of 1933 Automobiles", *Science New Letter*, November 11, 1933, P: 308.

5 "Car of Future Will Have the Motor at Rear." *Source: The Science News-Letter*, Vol. 25, No. 688 (Jun. 16, 1934). P: 380.

6 "Engineers to Silence Tires, Mufflers and Power Roar." *The Science News-Letter*, Vol. 25, No. 669 (Feb. 3, 1934), P: 9. 另说明：本段中的部分论述，采用了本人曾发表过的论文内容。参见：流线型汽车设计风格起源与形成考略．装饰，2011,(8): 112-113.

度为美的新机器美学之外，以汽车速度提高为美的观念在30年代的汽车设计中同样得到了某些设计从业者的认同。1931年在通用公司的一位密歇根州Campbell-Ewald广告公司的艺术主任曾这样认为："一辆汽车的设计遵循空气动力学的线条在功能上提高了速度，将会自然地比今天那些普通的现代汽车更加美观。"[1]但是，这种新的机器美学在开始阶段也会遇到挫折。如1934年克莱斯勒公司发布的体现了最先进科学原理的泪滴形汽车——气流（Air Flow），就是一个速度和技术优越，但市场认可度较低的失败案例。

福特汽车公司1935年底发布的流线型汽车——1936年款"和风"，在性能上超过了同时期的其他汽车。该车从0公里启动至每小时96公里（60英里）所花费的时间仅为14秒，最高速度可达到每小时145公里（90英里）。[2]这款泪滴形的汽车是由福特汽车公司的尤金·T·格雷戈里（Eugene T. Gregorie）和布瑞格里车身设计公司（Briggs coachbuilding company）的设计师约翰·恰尔达（John Tjaarda）等人合作设计完成。同克莱斯勒公司1934年发布的流线型汽车"气流"相比，1936年款的"和风"成为了一款受到欢迎的流线型汽车，这也显示了科学的流线型形式已得到了汽车市场的广泛接受。

此外，随着新材料的使用和制造技术的发展，30年代流线型飞机的速度也得到了大幅地提升：这是因为飞机机身的材料开始使用了可塑性强的金属材料，所以对流线型的运用更为凸显了这种形式的优势。如1935年投入使用的道格拉斯DC-3型（Douglas DC-3）客机的飞行时速将近200英里，因其性能优越而获得大量的订单。有资料显示，道格拉斯公司制造并热销的DC-3型飞机超过了11,000架。甚至在1939年，美国所有乘客的四分之三乘坐道格拉斯DC-3型飞机出行。[3]

在30年代初，流线型的火车设计也在提高速度方面取得了明显效果。据1933年12月出版的《科学通讯》中记载："以重量轻的流线型列车作为铁路运输方式一场革命，保持的运行速度超过

1 David Gartman. *Auto Opium: A Social History of American Automobile Design*. Routledge, 1994. P: 116-117.

2 数据参见：Andrew Thomas. *Lincoln Zephyr A Collection of Small Scale Model Cars*. 2005. P: 3.

3 数据参见：William H. Yong with Nancy KYong. *The1930S*. Greenwood Press. 2002. P: 249.

了那些最快的重型火车。"[1] 即便如此，人们对流线型火车速度的期望值仍在不断地攀升——1934 年 3 月期的一篇报道所称："汽车与飞机设计师威廉 · B · 斯托特（William B. Stout）认为，在铁路机车建造领域随着推行经济萧条的对策以及技术的进步，流线型的火车将会过时，并被汽车所迅速取代。"[2]

按照威廉 · B · 斯托特的观点，未来将取代流线型火车的是一款能同时乘坐 50 名乘客、时速可达 60 英里的汽车。这款汽车的特点是重量轻，并且车身采用了光滑的流线型形式。至 1936 年，由罗维设计的流线型火车（引擎）在最高行驶速度时，可减少约三分之一的风阻（相当于节省 300 匹马力的动力），被称为最现代的流线型火车。[3] 至 30 年代末，对于汽车和飞机等现代交通工具在速度与性能的提升，流线型设计所起到的作用及产生的意义已经超过了速度本身，因为流线型在这一特殊时期已经成为了体现技术进步的一种科学形式。

5.2.2 销售"速度"

这里所指的"速度"，是流线型设计风格对美国消费品的生产和销售的促进作用及影响。前文已述，这种促销的作用实际也是一种功能的体现，具体反映在产品市场销售量的增加——即消费曲线的上升。流线型风格直接的影响，也可通过 30 年代已作为普通消费品的汽车和冰箱销售量对比得到答案。但采用这种风格的产品，同时也具有其自身的美学内涵与象征性。正如戴维 · 加特曼（David Gartman）在《汽车鸦片：一部美国汽车设计的社会史》（*Auto Opium: A Social History of American Automobile Design*）中所提及的那样："工业（产品）的风格设计者们能够对流线型风格运用自如，是因为他们深刻地将汽车理解为一种美国文化在思想上的图符。"[4] 加特曼的这一观点，显然已经超越了流线型风格作为一种促销工具或手段的层面，而是将其视为一种美国（30 年代）进步的象征。

---

1 "Science Marches On." *The Science News-Letter*, Vol. 24, No. 663, Science Review of the Year (Dec. 23, 1933), P: 409.

2 "Build Railroad Cars like Automobiles, Is Suggestion." *The Science News-Letter*, Vol. 25, No. 677 (Mar. 31, 1934), P: 206. P: 206.

3 "Streamlined Steam Locomotive Uses Airplane Principles Reviewed." *The Science News-Letter*, Vol. 29, No. 781 (Mar. 28, 1936), P: 205.

4 David Gartman. *Auto Opium: A Social History of American Automobile Design*. Routledge, 1994. P: 117.

流线型设计风格在经济大萧条的十年里，对刺激美国汽车制造业保持稳定上升的态势及相关产品的生产与销售方面起到了显著的促进作用。据统计："在1910年时每184人拥有一辆汽车，至1930年时为每5个人一辆汽车。"[1]这无疑显示出在1929年经济危机爆发初期，汽车在美国已经成为了一种较为普及的交通工具。当然，由于经济危机影响的原因，高价位的豪华汽车和中等价位的汽车销售量呈萎缩趋势，取而代之的是低价位汽车的热销。至1935年，美国低价的普通汽车生产和拥有量仍保持上升的态势，一辆新车的价格平均为580美金，二手车约为250～350美金。[2]这期间，福特汽车公司的林肯和风成为了一款市场反应较好的流线型汽车：在第一年就销售了15,000辆（约占林肯汽车总销售量的80%）。[3]

此外，流线型设计对冰箱的促进"速度"也是明显的：如1934年雷蒙德·罗维设计了西尔斯公司（Sears）1935年款的"冷点"（Cold Spot）冰箱，使这款更新设计的冰箱上市后获得了消费者们的认可。据统计，这款冰箱"在一年之内，销售量由65,000台攀升到了250,000台——其核心技术并没有重要改变"。[4]甚至是罗维本人也认为，"冷点"冰箱的成功成为了工业设计史的一个经典案例。[5]他认为"冷点"冰箱的成功可以总结为以下三点："'冷点'冰箱使设计师职业在美国的开始主要有三个原因：首先，这项新设计的成功——即这款冰箱发布后年度销售从65,000台上升到了275,000台。第二，西尔斯的管理、销售力度甚至是竞争力的增强，归因于外观的设计（水平）的提高。第三，'冷点'冰箱标志着一种新的节省了大量的时间和成本的制模技术（model-making technique）的开始，并且从那时起所有的产品采用了这种方式。"[6]

随后几年里，西尔斯公司在1935年款"冷点"冰箱的基础上，仅做了小的调整并始终保持其销量。"冷点"冰箱的更新设计，成为了美国工业设计师将设计与商业相结合的一个成功案例，也使西尔斯公司在美国制造业的地位从十名以外一跃成为排名前三位的大企业之一。[7]同企业产品设计获得市场成功相一致的是，美国

1 Jeffrey L. Meikle, *Twentieth century limited: industrial design America, 1925-1939*, Temple University Press, Philadelphia.1979, P: 7.

2 数据参见：William H. Yong with Nancy KYong. *The1930S*. Greenwood Press. 2002. P: 281.

3 Andrew Thomas. *Lincoln Zephyr A Collection of Small Scale Model Cars*. 2005. P: 3.

4 此数据与罗维在文献中提及的略有不同。参见：Craig M.Vogel, "Notes on the Evolution of Design Thinking: A Work in Progress", *Design Management Review* Vol. 20NO.2, Spring 2009, P: 22.

5 Raymond Loewy, *Industrial Design*, Overlook Ducworth, 2007, P: 98.

6 Raymond Loewy, *Industrial Design*, Overlook Ducworth, 2007, P: 98.

7 Arthur J.Pulos, *American Design Ethic*. The MIT Press. 1983. P: 361.

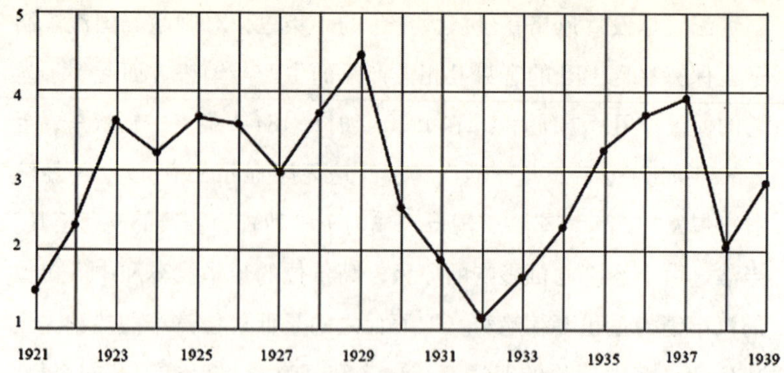

图 5. 3 美国 1921～1939 年汽车生产量的变化（单位：百万）

图表来源：The Automobile Industry: Sign of the Times. Mcdougal Littell. Chapter 12, Section 3.

图 5. 4 克莱斯勒公司汽车广告 1939 年

图片来源：Automobiles and Leisure. Encyclopedia of Recreation and Leisure in America. [2002]

汽车工业的生产也在 1937 年恢复到 20 年代中期的水平。1937 年美国汽车全面实现了流线型设计，该年汽车产量也达到了 30 年代的最高水平。下图显示了对 1921～1939 年代美国汽车生产量的变化情况（图 5.3）。

上图显示了美国 20 世纪 20～30 年代的汽车生产量，体现了自 1927 年通用汽车公司“艺术与色彩部”成立及“年度款式改变”战略实施后，至 1928 年和 1929 年持续上升到了约二十年内的最高水平。1932 年为美国汽车生产的最低年份，这与该年高达 24%的失业率相吻合。从 1932 年至 1937 年，美国汽车生产连续上升至经济危机爆发前的水平，并且这一过程伴随着流线型设计风格的运用与发展。1938 年以后，美国经济又继续体现出增长的态势，并很快走出了经济危机（图 5.4）。

5.3 速度美学：形式与功能论

上节论述了提升机车的行驶速度和促进产品销售速度这两种不同目标的流线型设计，并提出了二者均为功能性设计的观点。本节专门分析这两种不同流线型设计在形式与功能方面呈现的特点以及在提高各自的速度（指功能）过程中所具有的某些属性。有必要指出的是，本文在第三章所论述的追求机车行驶速度的流线型设计，其实并非只是美国在进行有针对性的探索。因此，30 年代美国流线型的机车设计是与欧美其他国家（尤其是德国）同步开展且相互影响的，并且与产品设计领域的流线型风格在形式与功能方面的追求各不相同。所以，上述两种不同的流线型设计在各自应用的领域、技术要求、设计方式与方法、服务对象、评价标准、审美观念、款式改变周期和使用特点（动态与静态）等均存在差异。通过下图可以看出二者间的关系与不同的功能特点（图 5.5）。

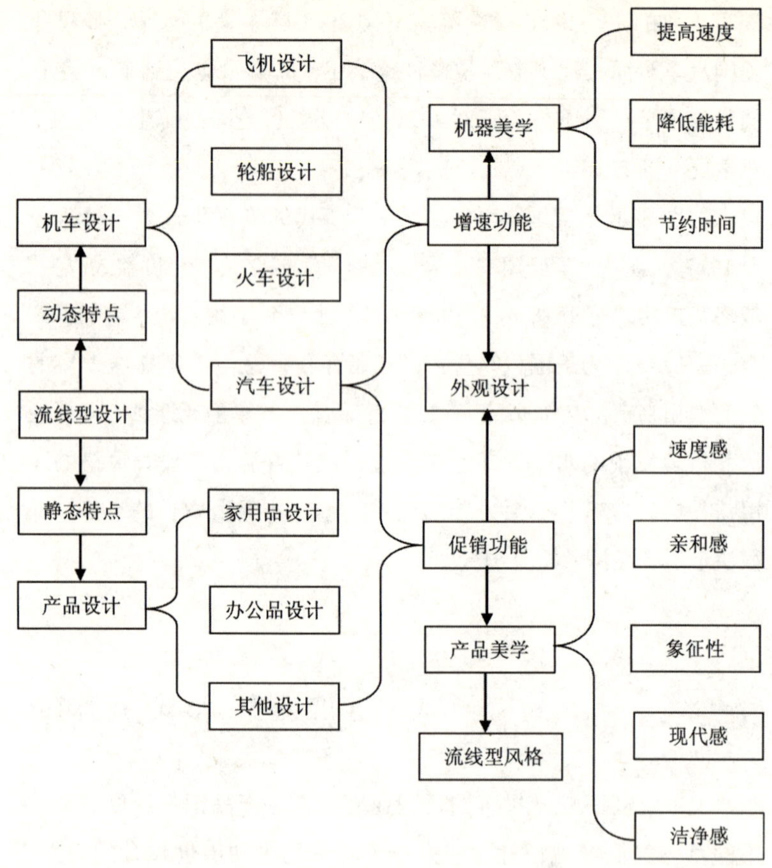

图 5. 5 流线型设计的两种功能的区别与联系

从上面图示中可以看到，流线型设计的两种不同功能均体现在了外观设计这一环节。这也表明，流线型的两种功能均是以外观的形式得以体现的，也是以外观为依托的两种设计美学观的体现。

在工业设计史上，其实倡导技术与速度之美在美国 30 年代流线型设计风格形成之前，就已经在意大利未来主义者们的宣言中提及了“速度美”（the beauty of speed）的概念。[1] 这一点，在 1909 年马里内蒂（F. T. Marinetti）激情洋溢的未来主义宣言中就已经有了明确的表述。他在宣言中这样提到 :“我们申明，世界的辉

1 Tim Benton. “Dreams of Machines: Futurism and l'Esprit Nouveau.” *Journal of Design History*, Vol. 3, No. 1 (1990), P: 21.

煌已经被一种新的美丽——速度之美所丰富。一辆装着巨大管子的赛车，就如同蟒蛇一般张嘴呼吸——咆哮着的汽车如同飞驰的霰弹，要比萨摩色雷斯的胜利女神更为美丽。”[1] 正是由于未来主义者们狂热地歌颂科学技术进步所带来的新审美观念与文明，才注重强调现代工业所具有的特殊魅力。因此，他们所推崇的也是代表现代工业技术和速度的飞机、汽车以及新兴的城市。如画家翁贝托·博丘尼（Umberto Boccioni）在1910～1911年期间创作的未来主义风格的作品“城市的崛起”（The City Rises），就是以斑驳的色彩和富有激情的笔触创造了一种令人炫目的速度感，以表达他对现代城市发展的赞美之情（图5.6）。

不过需要说明的是，虽然意大利未来主义者们与美国30年代对流线型设计的追求有较为相近的一面，但两者间也存在着显著的差异。如流线型风格首先追求的是产品的销售，具有显著的商业化倾向。其次，这种设计风格是以特定的外观形式（即流线型形式）来体现的；而未来主义（者）则积极倡导由科学技术进步

图5.6 翁贝托·博丘尼 城市的崛起 1910～1911年
图片来源：Marjorie Perloff. *The Great war and the European avant-garde*. 2004, 3:147.

1 *Designed for Speed: Three Automobile by Ferrari*. MOMA. 1993. P: 1.

而推动的未来城市发展与工业文明的兴起，并以“动态”的方式表达这种进步的速度——这一点尤其是在未来主义的绘画和雕塑中得到了充分地体现。所以，仅可以这样认为：在20年代30年代以前，无论是科学的流线型设计还是作为一种先锋艺术姿态出现的未来主义，对速度的共同追求是与科学技术进步紧密相关的。

对于产品设计的促销功能，本文在第4章中已经予以了必要的讨论。这里主要分析当时几位有代表性的设计师对于产品形式与功能关系的看法，进一步剖析流线型产品设计风格具有的特点及其审美追求。从中也可以对这些采用了流线型风格的设计师们所遵循的设计原则和方法等方面予以比较，以更好地理解并阐释这种流行的消费风格。

从现有文献来看，在20世纪20年代末至30年代初，美国第一代工业设计中的“四巨头”们已经以不同方式表述了自己的设计观。事实上，他们不仅均有着理性严谨的产品设计态度，也强调产品的创新和消费者需求的一面。如对于未来的设计将可能产生的巨大作用和社会影响，诺曼·贝尔·格迪斯早在1932年出版的《视界》一书中就已经进行了分析。他认为设计的发展将改变社会的诸多方面，并明确地指出：“我们正进入一个特殊的时代，即是以设计在四个特定的阶段为特点：社会结构的设计在于确保人、工作、财富和休闲的条理性。机器的设计将通过消除单调乏味以提高工作条件。日常生活用品的设计将使其对于每个人都经济（便宜）、耐用、便捷和具亲和力。工艺、绘画、雕塑、音乐、文学和建筑的设计将启迪这个新时代。”[1]

从上述对设计在未来发展中的作用分析，使我们可以认识到格迪斯本人并没有将日常生活用品的设计视为一种功利性的活动。他所指出的经济、耐用、便捷和具亲和力等，显然均与20世纪初欧洲现代主义设计运动所倡导的内容存在相似之处。这里需要说明的是，格迪斯虽然没有在该书中明确地提及流线型在产品设计中的应用，但他指出了产品设计应该达到（或实现）的上述要求，为研究30年代的设计理论及思想提供了参考。

1 Norman Bel Geddes, *Horizons*, Boston. Little, Brown, And Company, 1932, P. 5.

格迪斯在对产品设计进一步的论述中，表达了这样一种观点：即艺术家（指设计师）对产品的贡献在于最为重要的销售阶段，而销售则为一种心理的活动。因此，他认为："设计师利用其创造力吸引消费者的虚荣心，并且给予消费者不会（感到）厌倦的东西。"[1] 在产品的功用（即功能）和形式之间关系方面，格迪斯并不把功能和形式之间的关系，视为一种固定的不可调整的结合关系。他这样提到："功能一旦实现，是稳定的，其表现的形式则依个人而变化万千。形式，指外观，总是意味着品质、（独）特性和其功能的高度统一。"[2] 格迪斯的这一阐述，表明了他对于形式与功能间既统一又存在相对变化的设计思想。也就是说，产品的功能并不只是有一种固定的外在形式，而是多样化的。此外，格迪斯认为在产品的颜色因素外，至少有两个重要的因素需要设计师注意：即产品（外观）的简洁性和正确使用材料。他认为产品的简洁性体现在去除多余的装饰和每个不必要的细节，同时产品的比例问题则是设计师所要解决的一个审美问题，因为产品的比例得当能够使其增加活力和吸引力。[3]

格迪斯在论述中，认为比例得当、简洁和正确使用材料的产品就是好的设计。他继而认为，好的设计有六个方面的因素使得制造商们乐于接受："1. 好的设计提供了新的广告机缘；2. 好的设计应用在产品中增长销售（量）；3. 好的设计使其拥有者有一种自豪感，从而增加了附加值；通过（最有效的）口碑广告（word of mouth advertising）产生有益的讨论，在平庸的物品设计中则完全缺乏这一点；4. 好的设计因产品更加耐看而使其（使用）寿命得到延长；5. 在生产中，好设计的制造程序更为简易操作并且也（更为）经济；6. 好的设计提升了产品的价值。"[4] 从格迪斯提出的上述六个因素中，可以看出他本人对于关于设计可以提升销售和产品价值的观点的肯定。

同样，另一位既参与交通工具设计也从事日常用品设计的著名设计师雷蒙德·罗维，对产品的形式和功能也进行了相关的分析。罗维的分析是通过将机车设计、产品设计甚至包括女式鞋子

1 Norman Bel Geddes, *Horizons*, Boston. Little, Brown, And Company, 1932, P. 222.

2 Norman Bel Geddes, *Horizons*, Boston. Little, Brown, And Company, 1932, P. 223.

3 Norman Bel Geddes, *Horizons*, Boston. Little, Brown, And Company, 1932, P. 236-237.

4 Norman Bel Geddes, *Horizons*, Boston. Little, Brown, And Company, 1932, P. 242. .

和酒具等的变化，按照年代顺序进行了不同系列的图示比较。罗维在 1930 年所绘的“设计演变图”(Evolution chart of design) 显示，不仅各系列产品的功能在改变（提高），同时其形式的设计也发生了变化——重要的是这种变化逐渐趋向于简洁的流线型形式。[1]

对罗维设计思想的分析，可以通过 1934 年设计的“冷点”冰箱为例（这款冰箱在 1935 年发布）。在“冷点”冰箱的外观设计中，罗维将产品的美观与实用性相结合——西尔斯在其冰箱广告中采用的是“研究其美观”(Study its Beauty)。[2] 他认为，更新后的“冷点”冰箱在外观上简洁、有说服力和吸引力，因此以其高雅的品位得到了妇女们的喜爱。[3] 达尔文 · 提格对产品功能与形式的观点，与罗维等人的态度也基本一致。他坚信好设计的形式与功能是相适应的。不过，提格在产品的形式上采用了装饰性的元素——平行的直线。这一点，与同时期美国设计师追求简洁的手法略有区别。所以罗维与提格二人对于产品外观的设计，是在功能基础上的商业化的“包装”，更明显地体现了商业与形式设计的契合关系。

亨利 · 德雷夫斯从 1930 年起开始与贝尔实验室进行合作，为该机构设计了一系列台式电话机。他从一开始就坚持同工程师一起合作进行设计，而不是在工程师完成了产品的技术设计之后，进行外观的包装和美化工作。正因如此，他提出的唯一条件就是 :“同意直接地和贝尔实验室的工程师们在产品设计的整个过程中一起工作。”[4] 从设计的过程来看，亨利 · 德雷夫斯提出的“由内而外”(from the inside out) 的设计原则，和“由外而内”的设计在认识上存在着较大的差异。[5] 因为“由内而外”是起于技术而止于外观，“由外而内”则恰好相反是起于外观止于技术。由此看来，雷蒙德 · 罗维和亨利 · 德雷夫斯这两位在文献中普遍认为是 30 年代美国流线型风格的著名设计师，在设计观念上也存在着明显区别（甚至是截然相反的态度）。这至少可以说明，这时期的流线型设计师们均有着自己的见解和相异的设计原则，但在采用流

1 Raymond Loewy, *Industrial Design*, Overlook Ducworth, 2007, P: 74-75.

2 Raymond Loewy, *Industrial Design*, Overlook Ducworth, 2007, P: 99.

3 Raymond Loewy, *Industrial Design*, Overlook Ducworth, 2007, P: 98.

4 John Hendry. *The Industrial Designer*. 1988. P: 3.

5“由内而外”(from the inside out) 的设计原则，是亨利 · 德雷夫斯在其著作《为人而设计》(*Designing for People*) 一书中提到的他在 30 年代时的设计观。作者提出这个观点的目的，在于能够从产品的使用和技术出发，科学合理地设计出符合使用者需求的产品。参见 : Henry Dreyfuss. *Designing for People*. Allworth Press.2003. P: 102-103.

线型的设计形式方面却保持了总体的一致性。

本文认为，流线型风格是一种“由外而内”的设计原则，是因为这种风格的产品与外在的形式虽然可能存在着与功能的操作方式等方面有必然地联系，但同时也是一种外在的、相对独立和固定特征（如平滑流畅的曲线）的设计语言。所以，亨利·德雷夫斯的设计更多地关注于产品技术与形式间的契合关系，而非单纯地注重外在的表现形式。

在第 4 章中，提出“形式追随市场”来分析了流线型风格追求市场销售的设计目的，但也要看到流线型风格在 30 年代呈现出动态的变化。即在第一阶段，流线型风格产品的形式及功能与市场需求紧密地联系联系在一起，是以“形式追随市场”为主要特点；在第二阶段，可以用德国设计师哈特穆特·艾斯林格(Harmut Esslinger) 2006 年提出的“形式追随情感”，表示流线型风格的产品以其特有的造型形式，成为了美国消费者所接受的一种在经济大萧条时期积极的带有情感意味的设计风格；第三个阶段，同样可以用克劳斯·克里彭多夫（Klaus Krippendorff ）和莱因哈特·布特尔（Reinhardt Butter）在 1989 年提出的“形式追随意义”，即产品的流线型外观在这一阶段已经成为了一种象征技术进步和发展的视觉符号。

为了更好地体现当时流线型风格的设计师们对形式与功能之间关系的理解，有必要对流线型设计风格在 20 世纪 30 年代美国所体现出的“形式追随市场”同“形式追随功能”间的异同关系进行比较。众所周知，“形式追随功能”旨在将功能置于首要的地位，其形式是功能的外在体现，而不是独立于功能之外的一种外观美学（至少强调的是功能之美，而非外观之美）。因此，“形式追随功能”实际上表达了以功能为核心且形式与功能相匹配的设计思想。相比之下，“形式追随市场”则体现了另一种设计思想。这种思想的形成，显然基于美国制造体系下的市场竞争机制和对于产品外观样式的追求。也就是说，在“经济大萧条”时期的美国产品（消费品），外观的设计鲜明地体现了追求市场销售的一

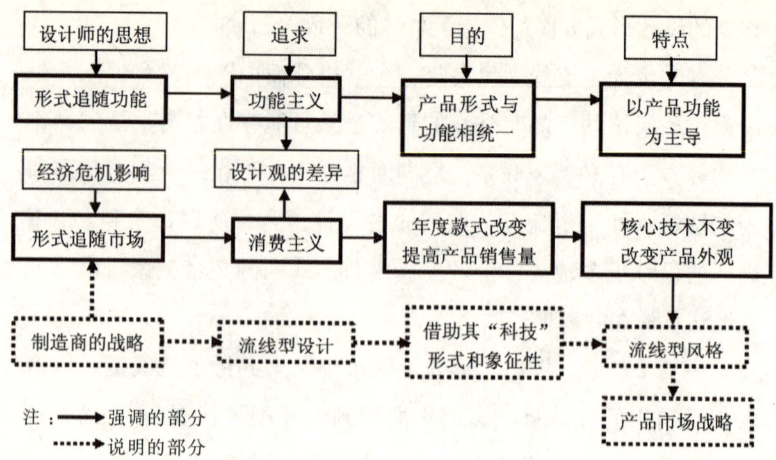

图 5.7 “形式追随功能”与“形式追随市场”的比较

面。下图对“形式追随功能”与“形式追随市场”进行了基本的比较和分析（图 5.7）：

通过比较可知，“形式追随功能”的观点是设计师对于形式和功能关系的一种态度或思想，而“形式追随市场”则是在 20 世纪 30 年代美国经济危机时期制造商为了提高产品的销售量，有意识开展的一种符合市场需求的产品外观设计样式及生产和销售战略。所以“形式追随功能”是一种设计观，“形式追随市场”是一种商业观。此外，这两种不同观点的倡导者也不同：“形式追随功能”的倡导者为设计师，而“形式追随市场”的倡导者则为产品的制造商。

从几位设计师分析来看，贝尔 · 格迪斯将产品的销售视为一种心理活动。在他看来，功能与形式的关系不是固定不变，与亨利 · 德雷夫斯“由内而外”的观点均为一种发散式的契合关系。雷蒙德 · 罗维和提格的设计则体现了以功能为基础的商业与形式的契合关系。这两种不同类型的设计表达方式，可以通过下图进行比较：

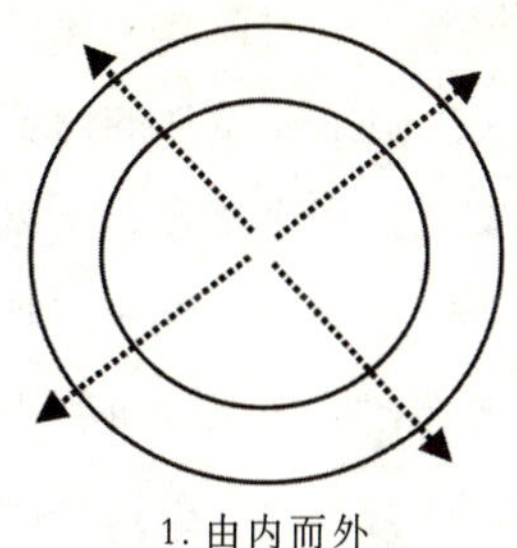

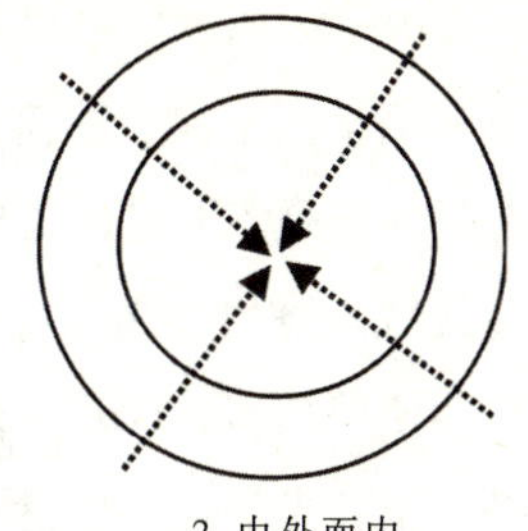

图 5.8 两种不同功能与形式的设计表达

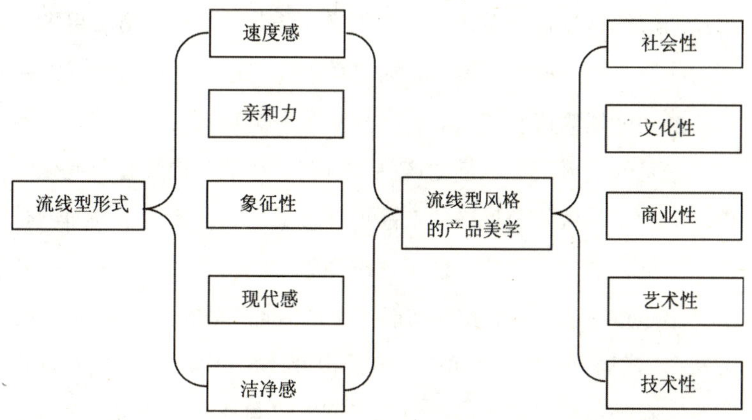

图 5.9 流线型产品设计形式及其美学特征

从上面图示中，可以看出第一种由内而外的设计，是一种发散式的从功能到形式的表达方式。第二种由外而内的设计，是一种收缩式的从形式到功能（由表及里）的表达方式（图 5.8）。图示显示了这样一种现象：即 30 年代美国流线型风格的设计师们并不是完全地将商业性置于产品形式设计的第一要素，而是均采取了以功能为核心、以形式为功能的外在显现的方式。因此，由内而外和由外而内的区别在于，先从功能入手亦或先从形式入手，但两者所依托的仍然是内在的功能。上面图示也说明了流线型设计师，并未将功能与形式分为截然不同的两个部分孤立地进行设计。下图显示了流线型产品形式及其美学特征（图 5.9）：

由上面图示中可以看出，从流线型形式发展为流线型风格的产品美学，不但反映出了20世纪30年代美国工业设计的商业化特征，也是当时经济危机背景下其社会文化的一个缩影。所以从流线型风格的形式与功能关系来看，其所产生的社会效应与日用品的使用功能是同步实现的，因为消费者在使用产品的过程中也受到了其设计风格的潜在影响。就这一点而言，流线型风格的产品也体现了形式与功能的另一种统一。

通过以上对流线型风格的形式与功能关系的论述，分析和总结了两者间的相互关系及其作用。可以肯定的是，这时期美国日用品的流线型设计（手法）及其风格，并非只是简单地套用了与其功能并不相关的外在形式，而是兼顾了产品的功能与形式（甚至是将功能视为产品的核心）——只是表达功能与形式的方式不同，这是因为流线型风格的产品有着商业化的倾向。在商业化倾向的影响下，流线型风格的产品设计形式主要服务于市场而不是技术功能，顺应了简洁、便于清洗和维护的消费需求。所以，其形式不是指向了内在的技术功能，而是指向了外在的功能（便捷、舒适和易于操作）。由此可知，流线型设计在美国商业化的市场背景下，在兼顾产品销售的同时仍强调功能与形式的契合关系，是产品的功能、形式和商业的一种有机结合。

5.4 款式改变与审美“废止”

“年度款式改变”（annual model change）在相关文献中一般被称为“strategy”——即一种战略、措施、策略或方案。这一概念与之后的“有计划地废止”（planned obsolescence）有一定的关联。[1]在1923年，新上任的通用汽车公司总裁斯朗认识到，随着制造业的竞争不断扩大，追求量产和低价的福特主义（Fordism）生产模式已经使福特汽车公司占据了低端的汽车市场。于是他在1926年提出了（汽车）“年度款式改变”的措施，以吸引中产阶层和富裕

1 在国内*planned obsolescence*也被称为“计划废止制”，英文文献中一般将*planned obsolescence*视为一种商业的战略（strategy）而不是制度。参见：Carlos A.Mederos. *High Wage Economy, Sloanism And Fordism: The American Experience During The Golden Age*. Cambriage Political Economy Society. 2000. P: 34.

阶层的消费者不断地购买其新款的汽车。有必要指出的是，“年度款式改变”这个与产品制造和市场营销有着密切联系的概念或术语，在美国设计师罗伊·谢尔顿（Roy Sheldon）和埃格蒙特·阿伦斯（Egmont Arens）1932年出版的《消费工程：一种走向繁荣的新技术》（*Consumer Engineering: A New Technique for Prosperity*）一书中，被描述为一种市场营销的战略——对产品定期从款式上予以更新。[1] 产品款式废止的另一位主要推动者——伯恩哈德·伦敦（Bernhard London）在同一年明确地在其《通过有计划地废止走出萧条》（*Ending the Depression Through Planned Obsolescence*）一文中，提出了“有计划地废止”（Planned obsolescence）这一概念。可以认为，这一沿用至今的概念是由伯恩哈德·伦敦提出。他这样阐述自己的观点：“我计划的基本构想就是为了走出经济萧条，并且对于普通人而言恢复富裕和更好的生活标准。”[2] 足见其关于“有计划地废止”的构想，与将流线型视为一种刺激经济的商业风格的观点不谋而合。

实际上，“年度款式改变”措施也是通用汽车公司为代表的斯朗主义（Sloanism）的核心内容之一。这主要是由于在20年代中期：“斯朗认识到当（汽车）市场趋于饱和之际，也就是当所有的人都能买得起汽车的时候，就意味着福特主义将走到一个尽头。他认为除非制造商有一个新的理由使得有车的驾驶者们再买一辆新车，并且使制造商能够销售一空。斯朗的解决办法是年度（汽车）风格的改变。当然，把新款车卖给有车的驾驶者需要对其进行说服，即（让顾客相信）新款的车要比其现有的车更好。”[3]

作为一种市场竞争的战略手段，斯朗所提出的汽车“年度款式改变”措施在实施后，对20年代末至30年代美国汽车市场的影响是显著的：“从1923年至1935年，福特、通用和克莱斯勒汽车公司共从60%的市场占有率上升到了90%。”[4] 可见，通过款式改变的措施，使美国汽车的生产与销售的市场格局得到了新的调整——这其实正是斯朗主义所要实现的战略目的。这种战略的实施不但增加了新款汽车的市场需求，也提高了制造商自己的产量

1 David A. Hanks, Anne Hoy. *Streamlining and Art Deco in American Industrial Design.* Antiques. October, 2004. P: 118.

2 参见原文：Bernhard London. *Ending the Depression Through Planned Obsolescence.* 1932.

3 Alan P. Loeb. “Birth of the Kettering Doctrine: Fordism, Sloanism and the Discovery of Tetraethyl Lead.” *BUSINESS AND ECONOMIC HISTORY,* Volume twenty-fourn, o. 1, Fall 1995. P: 79.

4 Prasad Boradkar.*Design Things.A critical introduction to the Culture of Objects.* BERG. 2010, P: 186.

和利润——无疑也增加了就业率，使得美国汽车市场在30年代末逐渐形成了三足鼎立的格局——通用、克莱斯勒和福特汽车占据了主要的市场份额。据统计："1917年小的（汽车）公司（指排名在前10名之外的公司）所占市场份额近25%，至1926年降低到勉强10%。到1934年共有27个生产线，至1939年时仅剩8个——其中三巨头（Big Three）占据了全部销售量的90%。"[1]

对此，有学者认为美国大众消费是企业所推行的一种成功战略。该战略的形成"归因于艾尔弗雷德·斯朗而不是亨利·福特"，是一种市场营销的战略而不是生产的战略，并且是基于消费信贷销售以促进技术与市场营销的创新。[2]相比之下，福特主义追求产品低成本、低价格和工人高工资的生产模式，在30年代已经被追求市场营销的斯朗主义所取代。这种市场竞争模式的变化，使得在经济危机中更为有效的销售与竞争的手段……产品的风格，成为了制造业关注的因素之一。众所周知，斯朗主义的核心内容之一，就是产品的款式更新（或升级）消费。这并不是指产品的使用生命周期被缩短，而是指产品的销售周期被有计划地缩短——从而加快了产品技术与款式的不断更新，最终提高或保持其市场的销售量。

正是在这一战略的推动下，由汽车制造业开始的"年度款式改变"与美国30年代流线型风格的形成与发展存在着直接联系：因为这种战略使得汽车的设计款式不断地得到改变，产品设计师们能够得到更多的机会将体现先进技术的流线型形式运用在各种类型的消费品设计中。需要说明的是，"年度款式改变"不但是生产的汽车款式在改变，其实也是设计师设计方案的年度改变。也就是说，"年度款式改变"首先是推动了设计师对于（产品）风格的研究和调整，其次才是将风格运用于（产品的）设计中。

可以认为，"年度款式改变"的推出促使了产品风格的快速发展，也使得设计师不断地以新款的风格淘汰先前的旧款设计，从而出现了伴随着产品更新设计过程中的设计更新现象（图5.10）。因此，也可以将这种在款式更新过程中把旧有设计淘汰的方式称

1 Michael Schwartz. "Markets, Networks, and the Rise of Chrysler in Old Detroit, 1920–1940." *Enterprise & Society* 1 (March 2000). P: 67.

2 Carlos A.Mederos. "High Wage Economy,Sloanism And Fordism: The American Experience During The Golden Age." *Cambriage Political Economy Society*. 2000. P: 35.

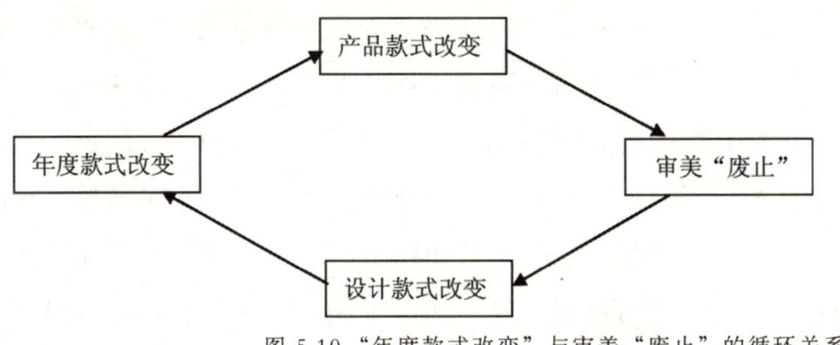

图 5.10 “年度款式改变”与审美“废止”的循环关系

为对审美的“废止”。审美“废止”实际上是“年度款式改变”的前提和具体表现，而“年度款式改变”则又推动了审美“废止”的不断进行。从审美“废止”的角度来看，流线型风格的产品（消费品）追求的不是经久耐用，而是定期更换；强调的不是以新技术取代旧的技术，而是新的款式取代旧的款式。这一点，正是欧洲现代设计（如包豪斯和乌尔姆设计）所反对的。其所倡导的好设计标准之一便是产品能够经久耐用。至 20 世纪 50 年代，德国著名的产品制造商布劳恩公司（Braun）仍倡导好的设计并非是凸显美观，而是外观与功能相匹配，更重要的是其适于使用并且不掺假。[1] 曾在布劳恩公司工作多年的设计师迪特兰 · 姆斯（Dieter Rams）在其著作《少，但更好》（*Weniger, aber Besser*，英文为：“Less, but Better”，1995 年）中提到了好设计的十项原则。其中第七项就是：“良好的设计是经久耐用的，其回避时尚但永不过时。不像时尚设计那样，良好的设计甚至在现在用后即废弃的社会中能够持续多年。”[2] 这也从一个侧面反映了欧美设计从属于两个不同的制造体系和审美原则。

这里需要指出的是，审美“废止”的观念反映了 30 年代美国制造业普遍奉行的一种系统化市场战略，产品（消费品）的流线型风格（化）只是其中的一个环节。也就是说，流线型风格是产品从生产到消费等环节中的一个组成部分，其出现并流行是因为依托了 30 年代美国制造业激烈竞争的状况与市场战略的实施。尤

1 Wolfgang Schmittel. *Design concept realization*. ABC Edition Zurich. 1975. P: 19.

2 San Francisco Museum of Modern Art. *Less and More: The Design Ethos of Dieter Rams*. 2011, P: 2.

其是在当时，美国经济需要这种商业化的设计风格克服危机带来的影响，因此它并非是孤立的一种设计表现手法。

不难理解，流线型风格正是在促进消费和审美“废止”的观念下发展起来的，这种风格从出现到流行并非一个“自然”形成的客观过程，而是被“人为”因素所促成的结果。纵观其发展过程，制造商、产品设计师（或称“消费设计师”）、广告商和消费者均主动或被动地参与了其中。如制造商和产品设计师主动提供了产品的流线型“科学”设计样式（款式），并通过广告商的宣传使得消费者逐步接受这种样式并使之成为一种风格，而消费者对于产品简洁性、清洁度和现代感等方面的需求，又进步一步促使制造商和设计师调整并强化了流线型产品所体现出的上述优势。

罗伊·谢尔顿（Roy Sheldon）和埃格蒙特·阿伦斯（Egmont Arens）在《消费工程：一种走向繁荣的新技术》这本书中，试图提出：“通过消费心理学（Consumer Psychology）的手段促进消费的增长。”[1] 他们的这一观点，与贝尔·格迪斯 1932 年在《视界》中提到的注重消费者购物心理的观点基本一致。此外，谢尔顿和阿伦斯还一致认为：“废弃（Obsoletism）是另一种刺激消费的手段。风格是在购买许多物品时考虑的一个要素。过时的衣服在破损之前被更换。这一方式延伸到其他的产品——汽车、浴室、收音机、食品、冰箱和家具。说服人们放弃陈旧的（物品）并予以更新，是恰当而并无不妥的。”[2] 他们二人所持有的这种款式废弃的观点，实际上正是通过风格的废弃（即审美“废止”）实现的，而不是通过产品性能提升的方式达到这一目的。这无疑就将产品的价值分为了技术和款型两个两层：其一，流线型风格的产品不仅销售的是技术，同时也是一种时尚；其二，技术可以更新，风格也同样如此。自此，风格开始被作为产品销售的附加因素影响着美国工业设计的发展方向。

谢尔顿和阿伦斯的上述观点，虽然在目前看是人为地造成产品与材料的浪费，但是如果从 1932 年他们提出这一观点的时间来看，其积极的意义就凸显了出来：废弃是为了刺激消费，刺激消

1 David A. Hanks, Anne Hoy. *Streamlining and Art Deco in American Industrial Design*. Antiques.October, 2004. P: 118.

2 Carma Gorman. *The Industrial Design Reader*. Allworth Press. 2004. P: 131.

费是为了保持产品的生产和扩大，扩大的生产则又保证了工人的就业率和消费能力。所以，以流行的风格促进产品的消费，实际上间接地为当时经济危机下的就业率和保持产品的消费能力提供了帮助。如果一方面以当前的评价标准看待这种产品的废弃是一种人为的浪费，应当予以批评或谴责；但在另一方面，这种人为地废弃是建立在保证消费市场不萎缩以保持工人就业率的基础上，那么这就出现了是以人为先还是以节能为先的设计伦理思考——实际上，不少批评者忽视了流线型风格在30年代美国经济危机时期所产生的这种积极影响，而片面地看待了其刺激商业的目的和助长产品废弃现象的发生。

从产生的背景来看，“消费工程”（consumer engineering）被罗伊·谢尔顿和阿伦斯在1932年作为一种商业的战略而提出，是制造业在“大萧条时期”面临市场萎缩的情况下，所采取的一种（由设计师所提出的）主动应对措施。从这一点来看，“消费工程”被提出和流线型风格被作为一种刺激消费的手段出于同样的原因，两者均是经济危机背景影响下对市场的一种应答（或回应）。当然，这两位设计师在书中也认为，“消费工程”并非只是依照着消费者的喜好对产品进行风格化的处理，而是要使其买得起这些消费品。[1]对于“消费工程”而言，保证就业是实现产品消费的一个基本和必要的前提，这是因为：“失业就意味着消费不足，消费不足又意味着消费品卖不掉（消费者不购买）。这将导致商品过时，或仅仅是消费者没钱购买，消费工程的作用就在于找出原因并予以解决。”[2]

从上述可知，“消费工程”实际上已经不仅仅限于促进日用品消费这一目的，而成为了当时人们走出经济大萧条的一种针对性措施。因此，“消费工程”包括了对产品进行风格化的设计，但是更是一个系统性的营销战略。流线型的产品风格在“消费工程”中，面向了普通的消费者而不是某一个特定的阶层，是面向不同的阶层提供不同层次的消费品——即斯隆主义所倡导的，让不同的消费者从其产品系列中买到自己满意的产品。这是因为通过产

1 Roy Sheldon, Egmont Arens, *Consumer engineering: a new technique for prosperity.* NewYork, Harper and Brothers, 1932. P: 11.

2 Roy Sheldon, Egmont Arens, *Consumer engineering: a new technique for prosperity.* NewYork, Harper and Brothers, 1932. P: 12.

品款式的不断改变，始终将最新和“最先进”的产品推向试图先期拥有这些产品的富裕阶层，而旧款的产品则低价处理给中低收入阶层，从而实现了流线型风格的产品系列，使各个阶层的消费者在这个系列中均能买到符合要求的产品。

所以，从以上对于产品的款式改变和审美“废止”的分析中可知，流线型风格在当时并非孤立存在于当时美国制造系统的一种设计表现手法，而是被有计划地实施的产品生产与营销战略系统的一部分，是在经济危机背景下被策划而形成的一个美国现代主义商业设计风格。款式改变和审美“废止”是这种风格的显著特征。

5.5 富图拉玛：速度美学与乌托邦

前文已述，流线型设计在30年代的成就及影响，还可以通过美国在这10年间举办的几次世界博览会进行比较。但是，1939年在纽约举办的世界博览会不同于以往对技术进步及其在产品中的应用等方面的关注，而是通过流线型的科学形式表现了一种凭借先进技术能够实现的乌托邦——富图拉玛（Futurama）（图5.11）。所以，其主题不是要展现30年代的技术进步与推动经济的发展，而是面向不久的将来。因此，此次世博会以“销售未来的世界”（Selling the World of Tomorrow）为题，安排了六个不同的部分：“‘大萧条与世博会’（The Depression and the Fair）；‘欢迎来到世博会’（Welcome to the Fair）；‘未来的世界’（Tomorrow’ s World）；‘1940年的赛季：幻想衰退’（The 1940 Season: The Vision Fades）；‘20世纪50年代：未来在这里’（1950s: The Future Is Here）；‘记住未来的世界’（Remembering the World of Tomorrow）。”[1] 所以，此次博览会并不是对美国科技及制造业发展成果的一次集中展示，而是被作为“对抗10年大萧条惨淡经济的一种武器”。[2]

1 Robert W. Rydell. “Selling the World of Tomorrow: New York’s 1939 World’s Fair.” *The Journal of American History*, Vol. 77, No. 3 (Dec., 1990), P: 966.

2 Robert W. Rydell. “Selling the World of Tomorrow: New York’s 1939 World’s Fair.” *The Journal of American History*, Vol.77, No. 3 (Dec., 1990), P: 966.

图 5.11 贝尔·格迪斯 FUTURAMA——通用汽车馆主入口 1939 年
图片来源：*Highways and Horizons*. General Motors Corp.1940.

从影响而言，如果要对流线型设计风格在 30 年代的发展进行回顾，由贝尔·格迪斯为通用汽车公司负责设计的富图拉玛项目，无疑是其中一个不可忽视的重要部分。实际上，富图拉玛成为了 30 年代追寻美国梦的一种体现，并且当时的美国设计师们通过流线型设计（风格）赋予了普通民众这种美国梦。正如一份资料中提及的那样："（当时的）知名设计师们投入到这种经济停滞的浪潮中，创造了一种追寻美国梦的风格——把产品的价格降至了最低。这种风格预示着一个世界的来临，即未来的、有吸引力和每个人均够得到发展（尤其是普通人和妇女）的一种新美国梦——出身逆境但不断地取得成功。"[1] 就是在这一背景下，采用了流线型形式的富图拉玛展示模型成为了走向美国梦和未来新生活的一张蓝图。

从展览的组织来看，富图拉玛实际上是通用汽车公司在此次博览会期间举办的一个主题为"Highways and Horizons"的展览核

1 James Manock. *Building the World of Tomorrow. 1929-1939*. 2009. P: 4.

图 5.12 贝尔 · 格迪斯 FUTURAMA——参观者鸟瞰展览的模型 1939 年
图片来源：*Highways and Horizons*. General Motors Corp. 1940.

心部分。[1] 由贝尔 · 格迪斯主要负责设计，总面积为 35,738 平方尺（图 5.12～5.17）。所展现的是二十年后（即 1960 年时）美国城市与交通的景象：纵横交错的高速公路系统、高耸入云的摩天大厦和街道上行驶的各种汽车，无论是动态还是静态的物体均采用了体现速度和效率的流线型形式——尤其是展览的模型中，行驶在高速公路上的 50,000 辆“泪滴”形小汽车、卡车和公共汽车，表达了设计师对流线型风格的热衷与推崇。[2]

通过富图拉玛可以看出，流线型不再仅限于交通工具或者日用消费品的设计，而是超越了物品设计的意义。从这一点而言，流线型实际上也成为了美国 30 年代未来主义的一种设计表达手段。这种面向未来的设计表达，既是对流线型的形式与功能在今后发展中能够起到积极作用的一种肯定，也体现了流线型的速度美学与这时期美国的一种乌托邦思想的结合。

1 Futurama 是 Norman Bel Geddes 为通用汽车公司参加 1939 年纽约世博会（New York World's Fair.）的 Horizons 馆而设计的展示未来城市与交通的规划方案。参见：Douglas Adams. *Norman Bel Geddes and Streamlined Spaces*. JAE, Vol. 30, No. 1, Teaching the Landscape (Sep., 1976), P: 22.

2 数据参见：Donald J. Bush, *The Streamlined Decade*, (New York, George Braziller), 1975. P: 161.

图 5. 13 贝尔 · 格迪斯　FUTURAMA——高速公路立交桥　1939 年
图片来源：*Highways and Horizons*. General Motors Corp. 1940.

图 5. 14 贝尔 · 格迪斯　FUTURAMA——高速公路立交桥　1939 年
图片来源：*Highways and Horizons*. General Motors Corp. 1940.

图 5.15 贝尔·格迪斯 FUTURAMA——盘山公路 1939 年
图片来源：*Highways and Horizons*. General Motors Corp. 1940.

图 5.16 贝尔·格迪斯 FUTURAMA —— 景观 1939 年
图片来源：*Highways and Horizons*. General Motors Corp. 1940.

图 5.17 贝尔·格迪斯 FUTURAMA——通用汽车公司介绍 1939 年
图片来源：*Highways and Horizons*. General Motors Corp. 1940.

就形式与表现内容而言，富图拉玛采用流线型形式表现的是未来而不是现在，是对这种代表速度和效率的科学形式有意地加以运用。对此，设计师贝尔·格迪斯本人认为，当时采用符合空气动力学原理的流线型科学形式业已成为一种并行于人类进步的现象。这是由于流线型的科学形式，本身就具有提高速度和降低能耗的功能："因此，最佳的审美表达是对人类最先进条件的反映。从这种意义上讲，飞机采用（符合）空气动力学原理的流线型形式就如同完美的人一样，作为其物种的典型（形象）和自然选择的结果。"[1]

所以，从富图拉玛展示未来城市和工业发展的可行性，到表达一种对未来世界发展的愿景，实际上也反映了流线型的形式与功能在该展览中已得到进一步地拓展。虽然在今天看来，当初一些富图拉玛展中的设想早已得到了实现，如"没有堵塞的时速达到 100 英里的超级高速公路和流线型的汽车，将为郊区的家和高耸入云的奢华城市间提供无间歇的旅程"。[2] 但当时富图拉玛将技术进步、流线型设计与美国未来的发展紧密地联系在一起，是流

1 Adnan Morshed. The Aesthetics of Ascension in Norman Bel Geddes's Futurama. Journal of the Society of Architectural Historians. Vol. 63, No. 1 (Mar., 2004), P: 84.

2 Todd Litman. The Future Isn't What It Used To Be: Changing Trends And Their Implications For Transport Planning. Victoria Transport Policy Institute.26 April 2006. P: 2.

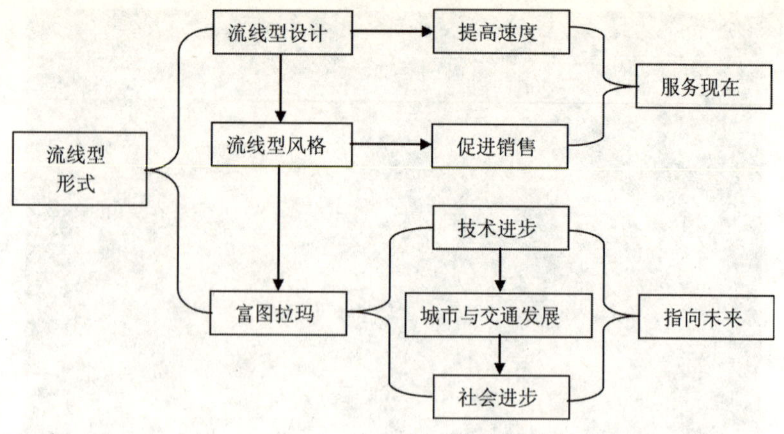

图 5. 18 流线型设计与富图拉玛的指向

线型设计发展历程中的一个里程碑。这是因为在以往的流线型探索与实践中，均指向的是机车行驶的速度或日用品销售量的提高。这些目的得以实现的前提条件，是因为流线型的形式具有这种提速的功能和促进销售的作用。因此，这种设计形式（或风格）是被作为一种技术或市场的竞争手段来看待的，具有明显的当下性、功利性、实效性和单一目的性等特点（图 5.18）。

而在富图拉玛的设计中，流线型恰恰既不是被作为一种功利性的技术和市场竞争的手段出现的，而是作为一种未来主义思想的呈现方式；并且这种呈现的方式指向了未来而不是当下，不是单一地为了降低阻力以提高速度或促进销售的设计目的，而是系统地展现了未来城市与交通发展所带来的诸多变化。因此，流线型设计通过富图拉玛体现了前瞻性、空间性、系统性、创造性和乐观精神等特点。

准确地讲，流线型在富图拉玛中作为一种面向未来的科学设计形式，不仅是对美国在未来的蓬勃发展持一种乐观的态度，而且指明了其工业在未来可能的拓展空间。所以，通过富图拉玛也可以发现工程技术领域的流线型设计（指为提高速度的设计目的）与产品设计领域的流线型风格（指为促进销售的流线型样式），在

FUTURAMA FACTS

• A half-million buildings and houses—thousands of miles of multi-lane highways—more than a million trees—rivers, lakes and streams—snow-capped mountains—rich, flowering countryside—industrial centers—college and resort towns—great, towering cities—these, and countless other wonders of the future, combine to make the FUTURAMA the most breathtaking achievement of its kind on record.

As the FUTURAMA winds for a third of a mile in and about on several levels of the General Motors Highways and Horizons building, one marvels at the vastness of its 35,000 square-foot area; the imagination and inspiration of its concept; the perfection of its design; and the minuteness of its every detail. With the aid of aerial photographs and maps of many sections of the United States, the FUTURAMA was created from 408 separate sections made by hundreds of skilled artists and craftsmen working under the direction of Norman Bel Geddes, designer, and with George Wittbold, builder.

The moving conveyor—or "carry-go-round"—from which visitors view the FUTURAMA carries 552 sound-chairs. Its capacity is about 2,150 persons per hour, or a total of approximately 28,000 persons per day. The main unit of the sound mechanism, which explains the FUTURAMA to each visitor as he tours the area, has been described as "twenty-tons-of-voice."

These are only a few of the many features and interesting details which combine to make the FUTURAMA and the HIGHWAYS AND HORIZONS exhibit in its entirety truly, "the hit attraction of the World's Fair."

图 5.19 贝尔·格迪斯 FUTURAMA——模型制作过程 1939 年

图片来源：*Highways and Horizons*. General Motors Corp. 1940.

立体式的高速公路、高层建筑与作为消费品的汽车中应用并结合在了一起。如流线型的高速公路、建筑物、城市街道、公交汽车等，组成了一幅壮观的未来美国城市与交通景象。

从产生的作用和影响来看，富图拉玛无疑预示着美国从 30 年代的经济萧条中已经逐渐摆脱出来，开始走向一个新的发展时期。同时，该展也显示了举办者（通用汽车公司）对于未来科学技术发展的自信及其在未来所扮演的重要角色。就这一点而言，富图拉玛已不仅是企业宣传自己形象的一个规划方案，而且成为了未来科学与技术进步的代名词（图 5.19）。这项设计在形式上："提供了与 1928～1938 年间风行于美国的流线型风格间的直接联系。在同一时期，稳定流动（steady-flow）的概念（也）出现在街道和公路设计中。"[1] 所以，尽管"富图拉玛"所展示的是一种对于 20

1 Douglas Adams. "Norman Bel Geddes and Streamlined Spaces." JAE, Vol. 30, No. 1, *Teaching the Landscape* (Sep., 1976), P: 22.

年后发展的设想，却深切地使到访者们感受到了科学技术的进步对于未来生活的重要性和影响。所以，此次展会也成为了美国民众走出大萧条的阴影并向往未来生活的标志之一。

对于富图拉玛等设计方案在 1939 年纽约世博会上所产生的影响及其深远意义，至今仍有博物馆在对 30 年代美国的世博会进行回顾性地总结或探讨。如 2010 年 10 月至 2011 年 9 月这一期间，在美国华盛顿国家建筑博物馆（National Building Museum）举办了一个题为“设计未来：20 世纪 30 年代的美国世界博览会”（Designing Tomorrow: America's World's Fairs of the 1930s）的巡回展。[1]

本文认为，在 1939 年举办的纽约世博会中，通用汽车公司的富图拉玛设计方案，是一种将流线型设计与人们所期盼的未来生活联系在一起的尝试，尽管这是贝尔·格迪斯所负责设计的一个带有明显企业宣传性质的展览。但通过富图拉玛，不难使我们认识到这样一个事实：流线型设计在 1939 年纽约的世博会上所扮演的角色，从追求速度、刺激消费再到作为未来城市与生活的一种设计表达形式，已经超越了作为 30 年代经济危机时期一种科学形式或市场营销工具的作用和意义（尽管汽车制造商们是为了展现自己企业的技术实力）。从这个意义来看，流线型正成为一种有着科学的设计优势并符合未来发展需求的理想表现形式。

从以上对 1939 年纽约世博会中通用汽车公司的富图拉玛设计的论述中，可以发现这样一种趋势——即流线型在上述展会中扮演着越来越重要的角色。这不仅体现在日常生活用品的设计方面，也体现在与未来美国发展的各项规划设计均产生了联系。同时，也说明了流线型设计及其风格在 30 年代美国经济危机中扮演了一个动态的角色：从一种机车设计的科学形式和促进销售的工具，发展成为一种面向未来的理想化设计手法；从一种追求行驶（或飞行）速度和消费“速度”的设计形式，发展成为一种技术进步的象征。

1 *Designing Tommorw*. National Buliding Museum. 2011. P: 1.

5.6 小结

本章从美国流线型设计探索与消费的两种不同“速度”开始论述，进而分析了流线型的形式与功能间的关系，并对这时期主要设计师们的设计思想和原则予以了必要的分析。可以肯定的是，流线型风格是30年代美国现代主义设计的一个主要特征，也是美国本土兴起的第一个现代主义设计风格。这种设计风格的兴起与发展，离不开美国工业生产的制造模式和经济大萧条的背景。所以，忽视了这种设计风格形成的工业背景和当时的经济环境来评

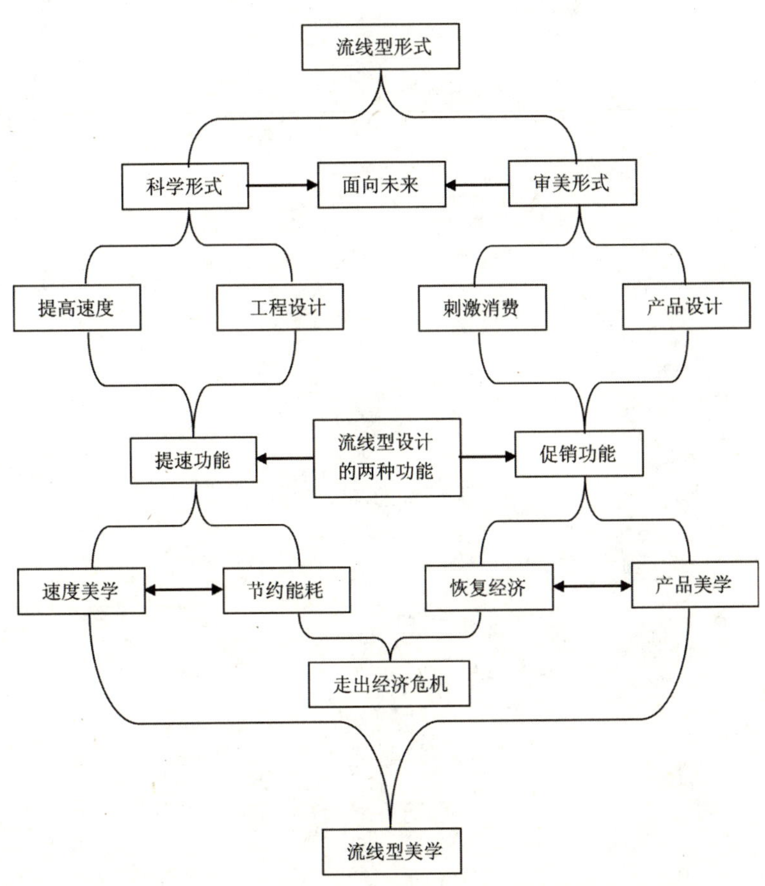

图 5.20 流线型设计的形式与功能“12221”模式

价显然是不科学的。正因如此，30 年代的美国流线型设计才具有了时代性和商业性等显著特点。下图显示了本章对流线型设计上述特点的总结，并提出“12221”的流线型形式与功能论模式（即从一种形式拓展为两种不同的形式，再从两种不同功能拓展不同的两种美学，最终合为一种流线型的美学观）(图 5.20)。

通过上面的图示，可以发现两种并行的流线型设计，在形式与功能方面不但各自形成了统一，而且还最终体现了一个（相对宽泛的）流线型美学观。这种美学观通过简洁和平滑的外观设计，既体现了动感之美和技术的进步，也暗含了一种在经济危机下积极奋进的乐观主义态度和思想。

| 第六章 |

误读流线：辨析与反思

6.1 概述

本章所论述的内容，是对美国20世纪30年代流线型设计的主要误读现象予以辨析与反思。主要包括三个方面的误读现象：1.流线型设计风格是装饰艺术（风格）在美国的发展；2.欧洲现代设计（尤其是包豪斯设计）要优于美国的流线型设计风格；3.流线型设计风格仅是一种产品促销的工具。

众所周知，德国包豪斯在20世纪20年代（魏玛和德绍时期）就已经形成其设计特点，并获得了较高的声誉。在美国流线型风格流行的30年代，曾遭受到来自欧美不同国家设计机构或相关学者的批评。在这些批评者中，既包括有着包豪斯背景的设计师马克斯·比尔、乌尔姆设计学院的托马斯·马尔多纳多和英国设计理论家雷纳·班汉姆等人，也包括30年代的"流线型设计师"——如亨利·德雷夫斯。此外，1971年出版的《为真实世界而设计：人类生态与社会变迁》(*Design for the Real World: Human Ecology and Social Change*) 一书作者维克多·帕帕奈克（Victor Papanek）也对流线型设计风格提出了批评。需要明确的是，他们批评流线型设计及其风格的观点和依据，是否客观地证明了这种（设计）风格存在的缺点？而这种风格是否有着仍未认识到的另一面？本章对上述问题进行逐一解答。

因此，本章通过对几种不同设计风格的比较以及对前期有代表性观点的辨析和述评，更进一步地对流线型设计及其风格进行分析，从而达到客观地认识流线型风格及其产生的原因、历史作用及意义等研究目的。

6.2 装饰艺术与流线型风格

将流线型风格视为装饰艺术在美国的一种表现形式，是对流线型风格的误读之一（这种观点在第1章中已经提及）。从二者形成的背景和（审美）追求来看，装饰艺术（Art Deco）和流线型风格是两种完全不同的设计风格。虽然在30年代流线型设计风格兴起的阶段，装饰艺术风格在美国仍然有着影响力，但这两种不同设计风格之间存在诸多的差异：如在工业背景、表现形式、审美追求、涉及领域和影响等方面均各不相同。下面从上述几个方面对这两种风格予以比较：

1. 来源不同。装饰艺术是第一次世界大战后兴起的一种设计风格——即装饰艺术并非一场运动，而是一种风格。1925年，在法国巴黎举办的“装饰艺术与工业博览会”（EXPOSITION DES ARTS DECORATIFS ET INDUSTRIELS）开幕，标志着这种风格的兴起。装饰艺术风格的来源广泛——既有古代非洲和美洲玛雅艺术的因素，也受到了源于东方的艺术和欧洲前卫艺术的影响。需要说明的是，装饰艺术并非一场类似“工艺美术运动”那样的设计（改良）运动，而只是一种设计的倾向或风格——既没有倡导这一设计风格的团体和组织者，也没有明确的主张、宣言或定期举办的专题展览等。有必要指出的是，在20世纪20年代至30年代这种风格盛行的时期并没有出现，装饰艺术一词最早以法语“Art Déco”出现于1966年。在1968年，在英国艺术史学家贝维斯·希利尔（Bevis Hillier）出版的《装饰艺术：20世纪20年代和30年代的风格》（*Art Deco: the Style of the 1920s and 1930s*）一书中，这一术语被采用并广为接受。[1]

在希利尔的这本书中，他这样提及这种设计艺术风格的来源

1 *Ian Lochhead.Art Deco Napier. Department of Conservation Te Papa Atawbai.* 2011. P: 8.

及其某些特点："……是一种确定的现代风格，发展于20世纪20年代并在30年代达到顶峰（时期）。这种风格吸收了不同的灵感，包括新艺术运动（Art Nouveau）更为简洁的一面、立体主义、俄罗斯芭蕾舞、美洲印第安人的艺术和包豪斯（设计）；这种风格是一种经典的风格，像是新古典主义而不是洛可可艺术（Rococo）或新艺术运动。其追求对称性而不是非对称性；追求直线而不是曲线。这种风格也是对机器、塑料、钢筋混凝土和维他玻璃（vita-glass）等新材料的（一种）应答。这种风格的最终目的是要终结旧有的艺术与工业间的冲突以及以往对于艺术家与匠人的区别，部分艺术家擅长于工艺品，但多数艺术家则将设计面向大工业生产的需求。"[1] 可见，装饰艺术风格的来源是多样的，并且主要是吸收了不同艺术的表现形式。

而产品设计中的流线型风格，来源于工程设计领域的机车（尤其是交通工具）外观形式——是一种为了提高行驶（或飞行）的速度而采用的科学形式。这种设计形式，最初是由工程师（或相关探索者）将符合空气动力学原理的流线型形式应用于飞行器的设计，在20世纪30年代美国经济危机时期被广泛地用于消费品的设计中。因此可以认为，流线型风格来源于工程设计领域而不是直接地受到了某种艺术形式或设计流派的影响。此外，流线型风格——"streamlining"一词，则在30年代已经被使用并加以讨论，并且紧密地与促进销售和刺激经济等目的相联系。

从上述分析中可以得知装饰艺术和流线型风格这两种风格的来源各不相同。

2. 追求的目的不同。装饰艺术追求的是采用视觉艺术的形式与手法实现装饰性的效果（也包括对色彩效果的追求）。流线型风格是一种市场竞争的风格，更是对30年代美国经济危机的一种应答。这种风格所强调的是以"科学"的流线形式追求产品销售、简洁性和现代感，因此突出的是消费品的外在设计形式——只强调采用表面光滑具有动感的流线型形式，而不是其他设计形式。因此，两者间明显的区别在于，流线型风格明确地将产品的商业

1 *Ian Lochhead. Art Deco Napier. Department of Conservation Te Papa Atawbai.* 2011. P: 8.

性至于首要位置。甚至到了30年代末期，流线型风格已不仅体现于外在的（即物化的）产品造型形式，也成为一种追求技术进步和激励美国人走出经济危机影响的象征。[1]

3. 采用的形式不同。装饰艺术风格和流线型风格在表现形式上存在着显著的差异。两者的差异主要体现在：流线型风格是以"泪滴"形为其理想的表现形式，这种形式具有柔和、平滑、流畅和简洁的视觉效果，并且采用的形式相对固定。而装饰艺术风格往往采用"之字形"（zigzags）、"V形（燕尾形）"（chevrons）等不同几何形式，注重外观或室内装饰性的表达（包括表面肌理的处理）。因此，装饰艺术风格与流线型风格在设计形式方面不仅各不相同，而且装饰艺术风格采用的形式相对多样（既有东西方不同风格的装饰元素，也借鉴了古代或现代的设计中要素），相比之下流线型风格采用的形式仅为流线型形式。

4. 适用的领域不同。由于受到表现形式等因素的影响，流线型风格主要体现于美国20世纪30年代至50年代动态的机车和静态的日常生活用品的外观设计。相比之下，在20年代中期至30年代装饰艺术风格应用的范围要更为广泛：如建筑设计、家具设计、平面设计、服装设计及其他装饰品（包括手工艺品）的设计等。由于两者在（设计）形式特点上的差异，有研究者认为这种设计风格"并不适用于工业设计，尤其是交通（工具）设计"。这种风格强调棱角和垂直（的形式）对于建筑而言是理想的，但用于飞机、火车、远洋客轮和汽车的设计中则表现欠佳。[2]可见这两种设计风格主要表现的领域是相异的，但需要看到在建筑设计中装饰艺术风格与流线型风格具有一定的关联，甚至某些流线型风格的设计师在建筑和产品设计中吸收了装饰艺术风格的某些因素。如达尔文·提格为柯达公司设计的班腾相机和加油站建筑，均采用了装饰性的并排横线以达到醒目和美观的视觉效果——连排横线也成为了他在设计中常用的元素之一。

5. 产生的影响不同。装饰艺术风格作为一种影响广泛的设计风格，在20年代世纪20至30年代影响到了欧美等多个国家的建

1 这里所指的先进技术与进步，是指对于流线型形式的科学研究和技术应用，而流线型风格借用了这一科学形式并体现技术与进步的象征性。

2 William H. *Yong with Nancy KYong. The1930S*. Greenwood Press. 2002. P: 75.

筑与装饰设计。这种风格甚至在传播中结合了不同国家或地域的设计元素，形成了相关的“亚”装饰艺术风格（如在英国和美国均有不同的体现）。流线型风格则是在30年代主要流行于美国的一种产品（主要是消费品）设计风格——这种风格持续影响到了40年代至50年代的美国产品设计。同装饰艺术风格相比，流线型风格在形成之初就受到了来自欧美艺术（设计）机构或相关研究者的强烈批评，并且不同发展阶段对这种风格的批评与排斥始终存在。可见，流线型风格是一种产生于特殊时代和消费需求的日常生活用品风格，其引发了对于产品功能与形式关系、设计与商业关系以及技术与文化等关系的思考与讨论。同时，装饰艺术风格和流线型风格在影响方面还有一个显著的区别，在于两者面向的消费群体不同：前者主要被用于社会精英和中产阶层的生活品，而后者直接影响并促进了大众消费品的销售与市场的需求。所以，反映出了这两种设计（风格）所服务的阶层以及在行业中的角色差异。

通过上述五个不同方面的分析，证明了装饰艺术风格与美国30年代的流线型设计风格之间存在着一些根本不同之处。由此可知，认为流线型设计风格来源于装饰艺术风格的观点显然是错误的，甚至混淆了两者的审美追求和适用的领域。当然，装饰艺术风格在美国发展的同时，与流线型设计也呈现出某种因素的结合。在分析中也提到了流线型设计师达尔文·提格在其设计中将装饰艺术风格与流线型设计（风格）相结合的特点。

将装饰艺术风格与流线型风格进行比较的原因，就是要澄清某些文献中将两者混为一体或概念模糊的现象，这样就能够更加客观地认识到流线型风格的历史渊源、形式特点、审美追求和应用的领域等。

6.3 包豪斯与流线型风格

在20世纪20年代至30年代初，欧洲现代主义设计主要是以德国包豪斯设计为代表。这种设计风格（尽管包豪斯的设计师们注重功能反对追求设计的风格）是以直线式的几何形为其特征，与美国30年代的流线型风格不同。在30年代的欧洲和美国，对包豪斯设计及其风格的倡导与影响，也致使流线型风格受到了来自各方的批评与排斥。如认为包豪斯设计体现了功能主义设计，而流线型设计风格则是一种流于表面的商业形式。本节就对包豪斯风格与流线型进行对比分析，尤其是对这两种风格的形成渊源、表现形式和特点等进行分析，以达到辨析其中异同关系的目的。

从包豪斯几何形设计风格形成的渊源分析，这种风格既受到了立体主义、抽象绘画和风格派等现代艺术与设计思潮的影响，也吸收了工艺美术运动所倡导的注重产品本身所包含的内在品质和美学思想。因此，包豪斯的设计也体现了艺术与技术相统一的设计主张[1]。但需要指出的是，包豪斯所提倡的设计，深深地打上了艺术型设计（指来源于艺术）的印记，这也是包豪斯设计所具有的重要特征。

对此，德国乌尔姆设计学院的创办者之一奥托·艾舍尔曾这样表达对于包豪斯几何形设计的批评：“包豪斯的艺术家们从基本的方形、三角形和圆形等几何形中以及红、黄、蓝、黑和白中寻找到了他们的信仰……设计是否是采用方形、三角形和圆形等要素进行表达的一门实用艺术……在包豪斯，仍在采用一种从艺术中衍生出来的几何形风格占据着主导的地位。以此来看，包豪斯设计对装饰艺术风格的影响超过了对现代工业生产的影响力。包豪斯的产品更多地展现在了博物馆中，而不是反映在现代技术和经济之中。几何形的设计原理也许可以牵强地用于家具和印刷品设计。但对于椅子的设计而言，这种形式的缺陷甚至会成为问题。毫无疑问，在车辆、机械和器具的设计方面也是同样如此。工业化生产所遵循的是另一条道路，如设计师查尔斯·埃姆斯那样从目的、材料、制造方法到用途等方面体现所设计产品才具有意义。”[2]不难理解，艾舍尔对包豪斯几何形设计的上述批评，同样也是因为其背离了产品的功能与形式相适应的原则，是在一味地

1 在1923年8月包豪斯展览期间，格罗皮乌斯作了题为“艺术与技术：一个新的统一”的报告。

2 Herbert Lindinger. *Ulm Design*. Ernst Sohn. Berlin. 1990. P:126-127.

追求几何形的艺术形式而非出于对不同产品功能的考量。

当然，也必须看到艾舍尔对包豪斯的批评已经是在 20 世纪 80 年代，其批评的语境以及在二战后德国重建时期所持有的设计观点，已经与包豪斯时代产生了较大的差异。尤其是随着科学技术的快速发展以及二战后德国经济迫切需要理性和严谨务实的设计服务于制造业的发展，所以乌尔姆倡导的是设计与科技的结合而不是艺术与技术的结合。需要说明的是，包豪斯设计（风格）中的几何形（设计形式）其实在不同产品中也存在着不可避免的局限性，并非唯一正确的产品设计风格。

在包豪斯之前，主张这种艺术型设计的欧洲设计师还包括亨利·凡·德·维尔德（Henry van der Velde），他此前与赫尔曼·穆台修斯（Hermann Muthesius）关于标准化的争论，以及对于艺术与工业联合的观点显然也影响到了格罗皮乌斯。所以包豪斯在创建之初就凸显了其重视艺术与手工艺技术的主张。甚至包豪斯的培养模式，仍是以作坊式的教育方式在训练未来的设计师。

从审美追求来看，几何形的设计风格实际上是一种与现代建筑设计密切相关的机器美学的体现。这是因为欧洲（尤其是在德国）早期现代主义的产品设计师，主要来自现代建筑设计领域。包豪斯设计中经常采用的方形、圆形与三角形，被认为是构成一切物体的基本形状（或形式）。因此，基本的几何形式成为了其进行设计创作的一种惯用形式。而包豪斯设计所具有的几何形特点，早在 1923 年的展览中就已经成为其（设计的）主要特征之一。对此，当时的批评家保罗·威瑟姆（Paul Westheim）曾经在参观后表示："在魏玛待三天，你可以见到一生所能看到的方形。"[1] 足见包豪斯的几何形设计（风格）留给人的印象有多么深刻。

因此，对于包豪斯设计而言："几乎没有采用过流线型，因为只有快速有效地运动的物体才采用这种形式。"[2] 这基本表明流线型的设计风格，与几何形式的包豪斯设计在审美追求和体现的风格方面迥异。而在这种差异的表象下，实则体现了这两种不同的设计风格对于器物功能和形式的不同价值观。

1 Bauhaus archive, Magdalena Droste. *Bauhaus*. Taschen. 2006; P: 106.

2 John McAndrew. "'Modernistic' and 'Streamlined'." *The Bulletin of the Museum of Modern Art*. Vol. 5, No. 6, Bauhaus Exhibition (Dec, 1938), P: 2.

虽然从设计主张与实践来看，包豪斯其实并没有刻意地追求一种设计风格（甚至是反对风格化），而是试图将设计作为一种创造性的过程。这一点，在对包豪斯设计相关的论述中已经表达得较为明确。如其创建者沃尔特·格罗皮乌斯（Walter Gropius）曾在 1963 年的一封致信中，这样提及创建包豪斯（设计）的初衷："我们将谦虚地尝试寻找一种超越个体的客观方法，一种（可以）为所有创造性工作通用的适于教学的基础。我们对建立一种风格的理念嗤之以鼻。"[1] 可见，格罗皮乌斯已经明确无误地表达了包豪斯对于风格的态度及其理性主义的设计思想。而正是这种寻找普适性客观方法的观念，成为了包豪斯几何形设计的思想之一。上文提到，方形、圆形和三角形等形状，在包豪斯设计师（教师或学生）看来既是一切事物的基本构成要素，也是其（产品）设计所采用的主要表现手段。

要对 30 年代美国流线型风格进行评价，首先需要认识到流线型在工程设计领域的应用及其功能上的优势，才能充分地理解这种设计形式所具有的追求速度和效率等目的（在本文第 3 章中已经进行了论述）。而流线型风格则体现于消费品设计领域，这种风格："确切地指一件物品完全（采用）平滑的形式，将凹凸不平的（外）形矫正为一种可使人联想到子弹和泪滴的外形，或者是一种简单的鱼形。这种形式源于飞机、赛车和船的设计，是为了降低表面的摩擦并最终提高（运行的）速度。就此而言，流线型风格是一个真正的进步。由此产生的形式有趣而看起来新颖，工业设计师们几乎将一切物品'款式更新'，尽可能地使得我们所拥有的（物品）显得过时，利用这些（时尚的）形式并将其滥用于不适用（流线型）的各种物品。"[2] 所以，流线型风格与当时的款式更新设计有着密切的联系，也将流线型设计与产品的市场销售及竞争联系在了一起。

从这两种不同类型的设计风格的比较来看，包豪斯设计的直线几何形与美国流线型设计风格的曲线之间，存在的根本差异并不只是外在的表现形式，还包括两者处于不同的经济与文化传统背景下所形成的审美观和价值取向不同。一方面，这是由于包豪

1 "Walter Gropius and Howard Dearstyne." *Journal of Architectural Eduction* (1947- 1974), Vol.18, No. 1 (Jun.1963), P: 15.

2 John McAndrew. "'Modernistic' and 'Streamlined'." *The Bulletin of the Museum of Modern Art.* Vol. 5, No. 6, Bauhaus Exhibition (Dec, 1938), P: 2.

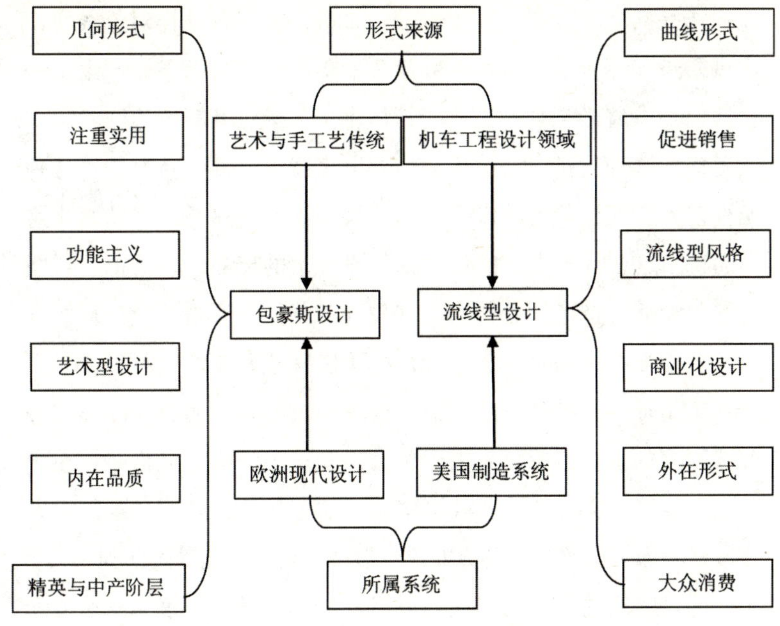

图 6.1 流线型设计与包豪斯设计的比较

斯设计与美国流线型设计形成的背景不同，因而进一步影响到了各自的设计目的、要求、评价和意义等因素。有观点认为："典型的包豪斯设计，无论是椅子、灯具，还是烟灰缸，均非外表现代和流线型的畸变。严谨的包豪斯训练不允许这样。在经历了初期的几年摸索后，四个重要的因素使包豪斯形成了明确的现代形式：1. 物品作用决定其形式；2. 形式也同样受到材料的影响；3. 形式是某些加工（或制造）过程的结果；4. 完美的形式是设计师的创造。"[1]

由此可知，正是因为包豪斯设计风格体现了与美国流线型风格之间不同的特点，才使其受到了来自包豪斯及其追随者们的批评。这一现象，也体现了前文中提及的不同设计观和审美追求的差异（图 6.1）。所以，正是产品设计的价值观不同，导致了流线型风格受到了各种不同的批评。这一现象，在某些坚定的理性主义设计倡导者（的观点）中体现的尤为明显。如曾在乌尔姆任

1 John McAndrew. "'Modernistic' and 'Streamlined'." *The Bulletin of the Museum of Modern Art*. Vol. 5, No. 6, Bauhaus Exhibition (Dec, 1938), P: 2-3.

教的托马斯·马尔多纳多（Tomas Maldonado）曾这样对流线型设计风格进行评价："20 世纪 30 年代的美国经济大萧条，产生了一种目前仍有着影响力的工业设计风格。虽然包豪斯的追随者和支持者们在这种投机主义的商业风格刚出现的时候，就已经对这种无视艺术与文化价值的设计风格开展了评判，只是这问题并非这样简单：这些样式主义的设计师们设计出的产品，时常得不到坚定的包豪斯支持者们的认同。这种（商业化）风格的设计师如亨利·德雷夫斯（Henry Dreyfuss）和沃尔特·达尔文·提格（Walter Darwin Teague）有时遭到诋毁，有时却被奉若贤明。"[1] 出现这种截然不同的批评，不仅是由于包豪斯和美国流线型风格间存在着政治、经济、文化和工业等诸多方面的差异，重要的是这两种设计风格的历史渊源、审美标准和价值观等均存在显著的区别。

可以明确的是，上述观点至少反映了这样一个事实，即美国 20 世纪 30 年代的流线型设计风格不但没有得到欧洲现代设计（评论）界的认可，并且还被排斥为一种不能与包豪斯风格相比较的样式（主义）设计。出现这样的看法，已经不是因为流线型风格的产品外观形式与功能"不相一致"，或者是因为两者间在以下方面存在根本的区别：如设计师的地位、身份、服务对象、产品品质和审美追求等因素影响，而是出于一种偏见和对流线型风格的误读。

就形式而言，比较包豪斯的几何形设计风格与美国流线型风格，可以发现两者表面上体现为直线与曲线造型的关系——即外在的形式差异，但其设计观念上的差异才是导致形式不同内在的原因。由于包豪斯重视产品的实用功能而不是样式，追求产品所具有的内在品质而不是外在的促销形式。对此，有文献提及了包豪斯几何形式的设计具有以下几个方面的特点："1. 物品的形式受其作用所决定；2. 物品的形式也受材料所影响；3. 形式是某些制作过程的结果；4. 所完成的形式是设计师的创造。"[2] 相比之下，流线型设计风格的产品形式与功能表现了另一种一致性——即产品的形式与销售目的相一致（形式被作为一种促销的手段，而不

1Herbert Lindinger. *Ulm Design*. Ernst Sohn. Berlin. 1990. P:137. 中文部分可参见本人译：赫伯特·林丁格尔.乌尔姆设计.1 版.北京：中国建筑工业出版社，2011. P: 140-141.

2 John McAndrew. "'Modernistic' and 'Streamlined'." The Bulletin of the Museum of Modern Art. Vol.5, No. 6, Bauhaus Exhibition (Dec, 1938), P: 3.

是实用功能的体现）。

因此，流线型设计风格所注重和强调的并不是形式与功能的统一，而是强调形式与商业目的相一致——即“形式追随市场”的体现之一。流线型设计风格具有以下特点：1. 作为“借用”于机车设计领域的科学形式，是以一种促进产品销售的手段而出现的；2. 作为一种流行的商业风格，其形式不受产品的类型和功能影响；3. 这种风格在“年度款式改变”战略措施的实践中，不断地推出新的款式——这也体现了产品更新的速度在加快。

6.4 对流线型风格的批评

流线型风格在美国20世纪30年代的发展并非一帆风顺，也曾受到设计界和相关（学术）机构的质疑、批评甚至是排斥。从时间看，这些质疑或批评在产品设计领域的流线型风格盛行时期就已经出现了。

对流线型的各种批评，主要来自欧洲和美国国内的设计机构、设计师或社会学等领域的研究者。他们认为：“流线型风格与这种新的审美象征意义在美国也立刻招致了批评。这种新的美学后来被纽约现代艺术博物馆（简称MOMA，建于1929年）称为‘装饰艺术’，并且这种流线型的风格被予以抵制。该馆的主任艾尔弗雷德·巴尔（Alfred Barr）在20世纪20年代赴欧洲和苏联研究现代艺术与建筑，他称这些风格为‘肤浅的现代’（superficially modern）。该馆建筑与设计部的馆长菲利浦·约翰逊（Philip Johnson）后来声称：‘在工业设计界，这种公认的泪滴形时尚风格甚至被应用于烤箱和电冰箱（的外观），并非我们博物馆所青睐的包豪斯机器艺术’。”[1]

哈罗德·凡·多伦（Harold Van Doren）是一位对流线型设计的功用给予关注，并在相关著作中开展讨论的美国设计师。在其1940年出版的《工业设计实用指南》（*Industrial Design: A Practical*

1 Timo de Rijk. “The Design and Marketing of Electrical Household Goods as Dutch Americana, 1930-45” *Journal of Design History* Vol. 22 No. 2.2009. P: 120.

Guide）一书中，不仅详细描述了产品设计的模型制作与加工的各个步骤，并且还论及了流线型产品外观的具体制作方法。他于1949年在《设计》期刊发表了一篇题为“流线型：时尚还是功能？”（*Streamlining: Fad or Function?*）一文，对流线型风格的作用和意义予以了反思。凡·多伦虽然并非美国流线型设计的主要代表，但其注重产品设计方法与步骤，显示了当时美国工业设计师严谨的工作态度和科学理性的一面。

事实上，对美国30年代流线型设计的批评，更多地来自于相异的工业生产与设计体系——如欧洲制造体系下的现代设计观。众所周知，欧洲现代设计的发展有其深刻的艺术与手工业背景：从早期的设计改良运动（英国的工艺美术运动）到德意志制造联盟和包豪斯均是如此。例如，德意志制造联盟的主旨就是要“使艺术、工业和手工艺行业合作以提高商业活动的地位。”[1]其核心成员之一，建筑师彼得·贝伦斯曾在1909年的一个展览上的讲座中，为自己在AEG所担任的角色这样解释：“不要将展览的产品视为实用艺术品，而应当视为可用之物，至少它们能够装饰人们的环境并能服务于一个有用的目的。”[2]

彼得·贝伦斯尤其强调，二者之间的区别在于工业产品设计的目的，是为了取得“良好的比例”（good proportion）而不是“装饰”（ornament）。对于产品的装饰和造型，彼得·贝伦斯认为要抛开个人的因素，采用“非个性的”（即理性的）和“几何形的”形式。尤其是工业用途的产品，应当简洁且突出功能性。几何形的设计形式并非包豪斯的首创，在彼得·贝伦斯被聘为德国AEG公司顾问设计师期间，其设计的部分产品外观就已经采用了这种简洁的形式。

彼得·贝伦斯相信，产品的技术并不能完全地决定产品的形式。他认为产品“美和美学的价值能够通过技术的手段得以实现”，但仅限于技术是艺术活动的工具：一个成熟的文化，仅仅以艺术的语言表述。[3]彼得·贝伦斯强调艺术家（设计师）要具有创造力，而不应当注重流行的风格或样式。在《风格》（1922年）

1 Bauhaus archive, Magdalena Droste. *Bauhaus*. Taschen. 2006. P: 12.

2 John Heskett. *Design in Germany 1870-1918*. Trefoil. 1986. P: 140.

3 John Heskett. *Design in Germany 1870-1918*. Trefoil. 1986. P: 141.

一文中，他指出："从创造力的角度讲，有创造力的艺术家真诚地（genuinely）创作某些新的东西，而不是关注其所处时代的风格。"[1] 可见，欧洲现代设计更为强调的是产品的功能，而不是关注其风格。这一点，尤其在经历了包豪斯之后，更是加强了理性主义设计的审美特点。所以，欧洲现代设计的倡导者对美国流线型风格的批评，其实也是审美观的形式与功能关系理解上的差异所造成的。

甚至到了二战结束后的50年代中期，这种认识上的差距还在不断地扩大。欧洲的功能主义设计在乌尔姆设计学院的倡导下进一步地得到加强——甚至走向了更为理性的设计与科技的结合。如任教于德国乌尔姆设计学院的马克斯·比尔（Max Bill）等人，就对美国流线型风格给予了批评："比尔和同时代其他欧洲设计师一样，强烈地抵制国际流行的美国明星式设计师雷蒙德·罗维，尤其是于1950年出版的讲述其如何成功的自传《精益求精》(*Never Leave Well Enough Alone*)。比尔谴责罗维及其'虚假的作为表面简洁的流线型'在为了刺激销售量的利益驱使下，全然对于一切设计之伦理的漠视。"[2]

众所周知，马克斯·比尔作为一位曾受训于包豪斯的学员、设计师和乌尔姆设计学院的创办者之一，深受欧洲现代主义设计思想——尤其是包豪斯设计思想的影响。但比尔的错误在于，他仍然坚定地持有一种设计的评价标准，去批评另外一种无论是形成背景还是评价标准截然不同的设计（风格）。这实际上，也是间接地用一种消费观与生活方式的态度，去否定另外一种消费观与生活方式的态度。因此，这样的批评不但无益，反而蒙蔽了对于问题的深入分析与理解。

由此可以看出，如若站在上述任何一种设计（风格的）立场去批评另一种风格，不仅失去了批评应当具有的公正性和严谨性，也失去了批评所要达到的说服力。对美国30年代流线型风格的批评，还包括以盗用包豪斯的名声为借口进行抨击。如英国设计理论家雷纳·班汉姆（Reyner Banham）和马尔多纳多对流线型风格

1 Stephen Bayley, "In Good Shape: Style in Industrial Products 1900 to 1960," *London, The Design Council*, 1979. P: 32.

2 Paul BettsScience. "Semiotics and Society: The Ulm Hochschule für Gestaltung in Reviewed." *Design Issues*, Vol. 14, No. 2 (Summer, 1998). P: 71.

的批评更多地渗入了一种偏见。这是因为，在他们看来："美国的样式主义设计在20世纪30年代冒用了包豪斯较高的声望，在包豪斯或包豪斯之后出色的设计只能被视作新学院主义的某种形式，也就是一个审美模式的替代品。"[1] 他们不仅仍从功能主义设计的视角来评价美国商业化的流线型风格，并且认为这种风格其实盗用了包豪斯风格的名望。他们的批评陷入另一个显然错误的认识中：首先，包豪斯设计并非注重产品的外在形式和表现风格——包豪斯设计甚至反对风格化的倾向。其次，流线型风格不但追求产品简洁流畅的外观，而且具有鲜明的商业化特点——这体现了美国产品制造体系迥异于欧洲的一面。因此，指责流线型风格盗用包豪斯之名的理由不但站不住脚，而且还说明批评者对美国流线型风格形成的背景及其历史作用缺乏应有的认识。

从现有文献来看，对美国30年代流线型设计风格最为苛刻的批评，可以认为是发表于1967年英国建筑期刊上的一篇文章。该文认为流线型风格是一种"邪恶的风格"(evils of style)，是流线型设计师们所采用的一种商业化且华而不实的"现代性的"体现。[2] 足见流线型风格所产生的各方影响及其所受到的批评已经超越了对于产品设计本身的讨论，而上升为了一种带有明显情绪化的批评。

美国的流线型设计风格不但遭到了来自欧洲设计界的批评，同样也受到了来自国内艺术机构的批评和排斥。这其中就包括在美国现代艺术领域有重要影响力的机构——纽约现代艺术博物馆（MOMA）。该馆于1934年春季举办了一个由设计部负责人菲利浦·约翰逊（Philip Johnson）组织的"机器艺术"(Machine Art）展，显示了其功能主义的审美倾向："所收集的家用品、工业器械和工具虽然大都是美国生产的，但（展览）总体上反映了该博物馆偏好于包豪斯的设计原则，并且公开地鄙视一种20世纪30年代风靡于美国市场的流线型装饰（风格）。相比之下，这种机器艺术品的口号是几何形、简洁并且（用）真材实料，它们在此次展览中的内涵及阐释，最终促成了一个部门的哲学

1 Herbert Lindinger. *Ulm Design*. Ernst Sohn. Berlin.1990. P:137. 中文部分可参见本人译：赫伯特·林丁格尔. 乌尔姆设计. 1版. 北京：中国建筑工业出版社，2011. P: 140-141.

2 David A. Hank ans Anne Hoy. *American streamlined Design*. Flammarion. 2005. P: 232.

(departmental philosophy)。”[1] 甚至该馆30年代至40年代的部分设计部门负责人撰文，试图修正人们对于好设计的观点，以强化对当时正流行的流线型设计风格的批评。因为他们坚信："美国不仅到了要摆脱俗气和低劣的家具的时刻，也包括欠合理的、商业上应受到谴责和以风格促销售的流线型装饰模式的产品。"[2] 不仅如此，纽约艺术博物馆在其设计展览和竞赛中，一方面鼓励其认可的（欧洲）功能主义设计的同时；另一方面也对"这种严重扭曲的'现代派'和'流线型'的时尚风格采取了抵制行为"。[3] 这表明纽约艺术博物馆，在当时已经成为对流线型风格进行抵制和批评的一个学术平台。

纽约艺术博物馆当时的态度——具体说是菲利浦·约翰逊的偏好，使得部分美国工业设计师不得不迫于现状，思考自己在产品设计方面的风格或设计定位。这就导致了这样一种状况的出现：在美国当时经济大萧条的背景下，以其制造业的生产模式为基础，要积极地推行欧洲理性的现代主义设计。所形成的一个悖论是：纽约艺术博物馆为了促进美国现代设计的发展，却因为没有真正认识到本国制造业的商业化生产和营销模式等方面均有迥异于欧洲的模式，要在产品面向的消费群体和审美传统相异的状况下，"移植"来自欧洲的功能主义设计。

因此，这种做法不但没有促进当时对美国经济产生积极影响的国内现代主义设计风格——流线型风格的发展，还从展览和舆论批评方面给予了抨击和排斥。由此可见，纽约艺术博物馆的态度和措施实际上是成为了对这种设计风格的遏制而不是推动。而作为一种商业化风格的流线型设计，与美国当时为摆脱经济危机影响，追求商业发展和利润最大化的价值观基本保持了一致。这一点，不仅是纽约艺术博物馆及其他批评流线型设计风格的人们没有认识到的，也是以往对此问题进行研究时容易忽视之处。

对流线型风格批评所导致的一个直接结果就是，美国部分工业设计师试图将这两种不同的设计风格"人为"地结合在一起。如设计师约翰·瓦索斯（John Vassos），就对包豪斯设计风格和流

1 Sidney Lawrence. "Declaration of Function: Documents from the Museum of Modern Art's Design Crusade, 1933-1950." *Design Issues*, Vol. 2, No. 1 (Spring, 1985), P: 67.

2 Sidney Lawrence. "Declaration of Function: Documents from the Museum of Modern Art's Design Crusade, 1933-1950." *Design Issues*, Vol. 2, No. 1 (Spring, 1985), P: 67-68.

3 "American Art and the Museum." *The Bulletin of the Museum of Modern Art*, Vol. 8, No. 1, American Art and theMuseum (Nov., 1940), P:11.

线型的设计风格进行了折衷地表现。这是因为瓦索斯："将自己的风格与（纽约）艺术博物馆 1934 年举办'机器艺术'展的负责人菲利浦·约翰逊所青睐的（风格）相比较，对一种欠合理的工程技术影响下的设计风格——流线型风格予以了抵制，但他也认为（机器艺术）对于美国消费者而言过于严谨。在他的收音机设计中，有意识地将严谨地倡导'纯粹的'设计主张的包豪斯功能主义与流线型风格的柔和轻缓相结合，使设计体现新颖性的同时也反映了现代主义的某些基本原则。"[1]

在瓦索斯看来，大多数美国消费者们所青睐的是："采用一种修正后的现代风格，有吸引力、易于使用和实用的产品设计。"[2] 只有采用这种现代风格的设计，才能使消费者们予以接受并因此获得成功。瓦索斯的这种设计思想，并非完全地来自他本人的设计实践，而是受到了其他设计师的影响。有资料表明，他"汲取了将艺术与手工艺与现代主义风格相结合的英国现代主义设计师如科茨（Coates）的思想"。[3] 不难理解，瓦索斯的产品设计，实际上是一种兼顾产品审美品质、功能和风格的折衷体现。

从资料来看，瓦索斯并非唯一认为对美国流线型的（商业）设计风格有必要予以适当修正的工业设计师。另一位美国产品设计师布鲁克斯·史蒂文斯（Brooks Stevens）也有着与瓦索斯相同的观点，他在 30 年代曾将流线型运用于机车外观的设计，并有意将流线型风格与功能主义设计进行某种适当的整合，以创造出既具有功能性又体现出流线型动感和力量的产品。

此外，还有其他设计师提出了观点近似的批评和见解。如亨利·德雷夫斯对某些流线型风格的产品：如卷笔刀、钢笔和钟表等就予以了批评。他在 1955 年首次出版的著作《为人而设计》（*Designing For People*）中，对某些极端的流线型产品予以了抨击："如果不是中了迷药，他们只是介绍了流线型风格的半个真理（half-truth）。火车、钢笔和卷笔刀款式采用作为一种理想形式的泪滴形是愚蠢的，一件物体随意地改变其外观，是为了要装模作样地将空气阻力降至最低。"[4]

---

1 Danielle Schwartz. "Institution Modernism for the Masses: The Industrial Design of John Vassos." *Archives of American Art Journal*, Vol. 46, No. 1/2 (2006), P: 15.

2 Danielle Schwartz. "Institution Modernism for the Masses: The Industrial Design of John Vassos." *Archives of American Art Journal*, Vol. 46, No. 1/2 (2006), P: 15.

3 Deborah Chambers. "The Material from of the Television set", *Media History*, Vol. 17, No. 4, 2011.P:363.

4 Henry Dreyfuss. *Designing for People*. Allworth Press 2003. P: 77.

从德雷夫斯的批评中，可以看出他对于流线型设计是持有一定（功能）标准的，而不是将这种风格滥用于全部产品设计中。与瓦索斯折衷的设计态度相比，德雷夫斯则更加明确地表达了自己坚持功能与形式结合的设计观——这一点，在他从 1930 年起与贝尔实验室合作设计的系列电话机方案中，已经予以了体现。

不过，德雷夫斯并没有完全地反对流线型设计风格。虽然他认为流线型风格在 30 年代受到了工程师和唯美主义者们的嘲讽，但是至少在 30 年代流线型风格流行过之后，设计师们学会了光洁、优雅和轻松的设计处理办法。[1] 这说明，德雷夫斯已经认识到了流线型风格所具有的符合现代人需求的特点。如对于光洁（度）的要求，体现了消费者希望消费品便于清洁的愿望。这在本文前面章节已经予以了论述。

在看到对流线型风格批评的同时，也有美国的艺术机构在 30 年代末开始对流线型风格给予了认可与支持。这在当时无疑体现了部分学术机构对于流线型风格的态度发生了一些转变。如与纽约现代艺术博物馆的批评态度相对的是，美国大都会博物馆（Metropolitan Museum）对于当时的流线型设计风格则持一种肯定的态度。在该博物馆 1939 年 12 月出版的一份展览信息（公报）中，提及了将在 1940 年 4 月至 9 月期间举办“当代美国工业艺术展”（Contemporary American Industrial Art）。此次展览的组织者计划邀请 22 位建筑、工业及其他领域的设计师共同参与，这其中就有贝尔·格迪斯、唐纳德·德斯基（Donald Deskey）、达尔文·提格和雷蒙德·罗维等工业设计师。此次展览的所有参展品，均是由美国国内的设计师设计并在美国本土加工制造。[2] 该展览邀请这些工业设计师参与，实际上从一个侧面体现出了该博物馆的一种态度——即将 30 年代末（流线型风格）的产品设计视为一种当代的美国工业艺术，从而也证明了流线型风格在当时的消费品设计中已经占据了不可忽视的地位。

实际上，在 1945 年二战结束以后对流线型设计风格的批评，导致了许多美国设计师逐渐拒绝这种（独特的）流线型风

1 Henry Dreyfuss. *Designing for People*. Allworth Press.2003. P: 77.

2 参见“Contemporary American Industrial Art: 1940.” *The Metropolitan Museum of Art Bulletin*, Vol. 34, No. 12 (Dec., 1939), P: 270-271.

格，而转向了对欧洲几何形设计风格的效仿。对此，当时的一位设计师甚至说现在（指当时）成为了一种“欧几里得的白话文”(euclidean vernacular) ——指对欧洲几何形设计的简单模仿。[1] 这一方面显示了欧洲现代设计对美国的影响；另一方面说明了 30 年代的流线型风格在经济危机结束后，也就失去了其赖以存在的背景。但是必须要看到的是，这种风格在当时所产生的作用和影响并不会因为来自不同的批评而被忽视（这也正是 30 年代的美国流线型风格一直被加以讨论的原因之一）。

6.5 “营销工具”论

在 20 年代末至 30 年代中期，将流线型设计视为一种产品市场营销工具的观点，从汽车制造领域拓展到了产品设计领域。这不仅是因为汽车制造商（如通用汽车公司）开始重视产品（汽车）设计的风格，而是因为在 1929 年经济危机爆发以后，急剧萎缩的市场迫使制造商开始将生产倾向于普通消费品（日用品）的生产，所以流线型从汽车设计被引入到产品设计领域。

当然，这一过程并非只是对流线型形式的“借用”，确切地说是一种“挪用”——将动态的机车设计形式挪用于静态的消费品。更重要的是，在将这种科学的形式引入产品设计领域的同时，也通过这种形式赋予了产品“科技”的因素，从而使静态的消费品不但呈现出运动感和节奏感，也与科学的机车设计形式相联系。因此，流线型设计从动态的机车设计领域进入到静态的消费品设计的过程中，也将其空气动力学的“科技”因素引入到了促进销售等市场的相关战略。

从现有的史料来看，流线型的设计（无论功能探索还是消费风格），对于 30 年代的美国工业发展和工业设计职业的出现，均起到了积极的促进作用和影响。同时，这些积极的作用和影响也是伴随着“营销工具”论的观点不断发展的。“营销工具”论将产

1 Hugh Aldersey-Williams. *New American Design*. Rizzoli International Publications, Inc. 1988. P:19.

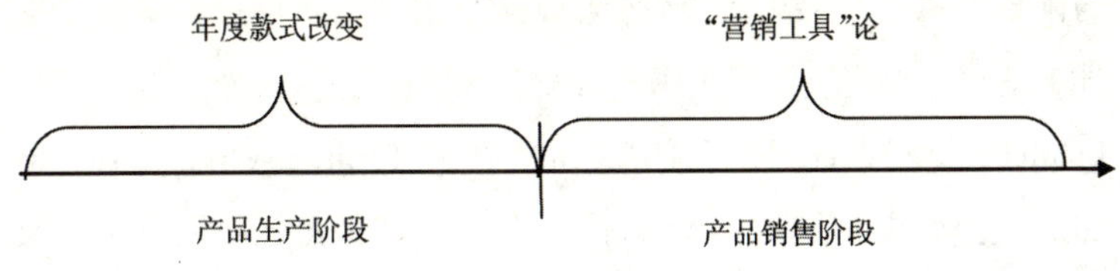

图 6.2 产品设计风格的两个不同阶段

品的设计风格视为市场销售的一种新"工具"，最初是由从事产品营销与广告（宣传）的从业者提出。实际上，"营销工具"论可以认为是对斯朗主义"年度款式改变"战略措施从另一种阶段的解读："年度款式改变"是由制造商所提出，"营销工具"论则来是产品销售商的观点。因此，两者间略微的差异在于所处的阶段不同，前者注重的是产品款式的不断更新——是一种生产的更新，并主要是针对生产的阶段而言；后者视流线型风格为一种市场营销的有力"工具"——是针对产品市场销售的阶段而言。但在同时，也需要认识到两者的共同之处：1. 均将流线型风格视为一种市场竞争的手段；2. 均将产品的设计风格视为一种市场需求的手段；3. 产品的设计风格不是为了提高其性能，而是为了更好地促进销售。下面图示显示了两者间的关系（图 6. 2）：

从流线型设计在 30 年代产品设计中的发展来看，将流线型风格视为一种市场营销工具，是一种对这种设计风格的阶段性认识，体现了流线型设计在 30 年代早期产品制造与销售过程中的角色和作用。如美国广告商厄尼斯特 · 埃尔默 · 卡尔金斯（Earnest Elmo Calkins，1868-1964）就将这种流线型的设计风格视为一种"新的市场营销工具"[1]。这体现了作为广告商的卡尔金斯，在当时将市场的销售（量）作为衡量设计的唯一标准。这也体现了在 1932 年时，流线型风格在产品中所具有的意义和象征性并没有得到体现。

持"营销工具"论观点的人，并不仅仅是卡尔金斯一人。他的观点，可以被认为是谢尔顿与阿伦斯在 1932 年出版的《消费工程》一书中"以废止促销费"观点的进一步延伸。当然，谢尔顿

1 Danielle Schwartz. "Institution Modernism for the Masses: The Industrial Design of John Vassos." *Archives of American Art Journal*, Vol. 46, No. 1/2 (2006), P: 9.

与阿伦斯关于产品生产与营销的观点，在第 5 章中已经予以了论述，这里主要提及的是美国设计史学家杰弗里 · L · 米克尔（Jffrey L. Meikle）和设计理论研究者托尼 · 弗莱（Tony Fry）等人所提出的观点。如杰弗里 · L · 米克尔认为 ："设计师的流线型风格以及对于玻璃和钢材的使用，从而使得制造商们能够更新自己的产品，并能够迎合现代美国人的需求。"[1] 而在托尼 · 弗莱看来 ："工业设计的出现是与美国消费社会同时存在的，并且（工业设计）能够出现并非理想主义所致，而是眼前迫切的经济需求。"[2] 在这里，无论杰弗里 · L · 米克尔所指的迎合需求，还是托尼 · 弗莱所谓的经济需求，均是为了实现同一个目的——即首先是将工业设计视为一种营销的工具和竞争的战略。

此外，罗维也对这一问题给予了关注。他认为当时美国工业设计的使命就是要增加产品的销售量，而这一目标使得设计师们义不容辞地肩负起了辅助产品制造业走出经济危机影响的历史责任——实际上，正是经济危机推动了工业设计加快走向职业化。对此，他曾这样写道 ："在过去 15 年中，美国设计师在这一领域成功地将设计技术予以发展，并且美国的产品最大地得益于专业的顾问设计师和工业家之间的合作。工业同我们设计观相结合基于更多地提升产品销售的愿望——使贸易得到增长。"[3] 对于欧美设计差异方面，罗维曾也直率地表示，在英国听到过很多关于设计美学的阐述，这对他来讲是"不可思议的"。在他看来，自己的使命就是要"去除丑陋和拙劣的创意之物"[4]，并能够折衷地表达设计者的信仰和追求——即实现产品商业化和实用功能的美学统一。从这一点来看，罗维的设计思想是与"营销工具"论是基本一致的。

本文认为，"营销工具"论是流线型风格在 30 年代早期发展中出现的一种观点。这种观点的提出基于产品的营销而不是生产，因此与倡导"年度款式改变"的企业生产战略有所不同。此外，"营销工具"论的思想是在美国 30 年代经济危机影响下的结果，并随着经济状况的改变而产生了新的变化：在 30 年代末，随着美

1 Christin Essin Yannacci. *Landscapes of American Modernity: A Cultural History of Theatrical Design, 1912-1951*. 2006. P: 144.

2 Christin Essin Yannacci. *Landscapes of American Modernity: A Cultural History of Theatrical Design, 1912-1951*. 2006. P: 144.

3 Stephen Bayley, *In Good Shape: Style in Industrial Products*, The Design Council, 1979, P: 71.

4 Blum, Martina, *Technology and Culture*, Volume45, Number4, October 2004, P: 854-855.

国经济的逐步恢复，流线型风格已经发展为一种新的象征科技进步的文化元素，并具有了一种符号化的象征意义。所以“营销工具”论思想也随着这种变化逐渐失去了原有的意义，而淡出了人们对流线型风格的讨论。

6.6 反思：超越动态功能主义

在 30 年代的美国，流线型设计发生了两次转变：1. 从最初机车设计的动态功能主义转向刺激产品销售的“营销工具”——即“形式追随市场”；2. 从“形式追随市场”转变为一种（技术）进步的象征。下面的图示显示了这种变化的基本过程（图 6.3）：

从上面图示的两次转变中，可以发现流线型风格的发展从实际的物（机车或消费品）拓展了其含义，成为体现美国科技进步和乐观精神的一种象征。要客观地认识这时期美国流线型风格并进行评价，首先不能以不变的观念和视点看待流线型设计。也就是说，如果仍以追求速度的动态功能主义视角，来认识与评价静态的日用消费品风格，流线型并非是一种合适的形式。但是，从市场营销的需求来看，流线型风格则体现了其能够促进销售的优势。所以，不难理解为什么流线型风格在美国 30 年代出现后会招致批评和排斥。

正因如此，要正确认识流线型设计及其风格，就需要有针对地进行分析，而不是以一种不变的标准，审视这种已在形式与功能的作用和意义方面产生了变化的设计形式。甚至在美国 30 年

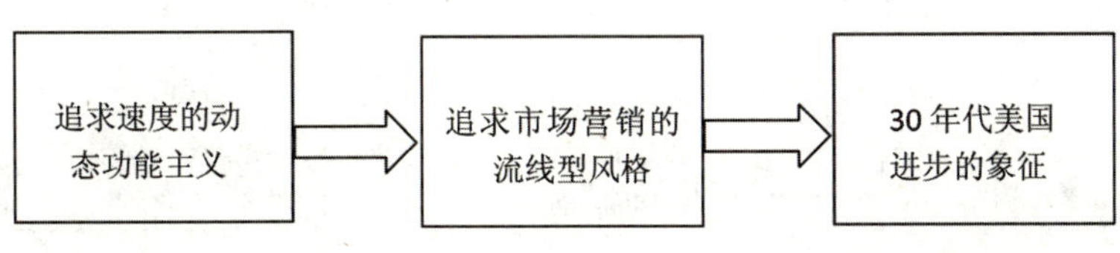

图 6.3 流线型设计的两次转变

代后期，只有超越流线型对于物品的功用，才能真正认识到流线型风格的产品在那时所具有的语义和象征性。因此，超越对于物品的固定功用和目的，是深入认识流线型设计不同发展阶段的前提——也是不可忽视的依据。流线型设计在30年代经历了两次转变之后，通过普通的日用消费品和富图拉玛所体现出的象征性，更多地指向了一种富于进取的乐观精神和进步思想。如果仍以动态的功能主义或促进销售的思想，来看待流线型设计所具有的这一特点和价值取向，不仅会被器物所囹圄，并且将羁绊于提高速度或“形式追随功能”等观念。从这一点而言，要完整地认识30年代美国流线型设计及其风格，就需要根据上述的两次转变调整认识和评价标准（图6.4）。

从流线型的两次转变原因分析，离不开30年代美国经济、文化背景和制造业特点的影响。反过来，流线型设计风格也影响了这时期的美国文化及其审美取向。如通过日用消费品“有计划地废止”市场战略，美国的大众消费文化能够在30年代得以发展，这其中商业化的流线型风格起到了不可忽视的推动作用。因此，对美国文化的了解也是认识流线型风格的前提条件，而文化“在社会科学中至少有两层含意。大多数的经济学家和政治学家们

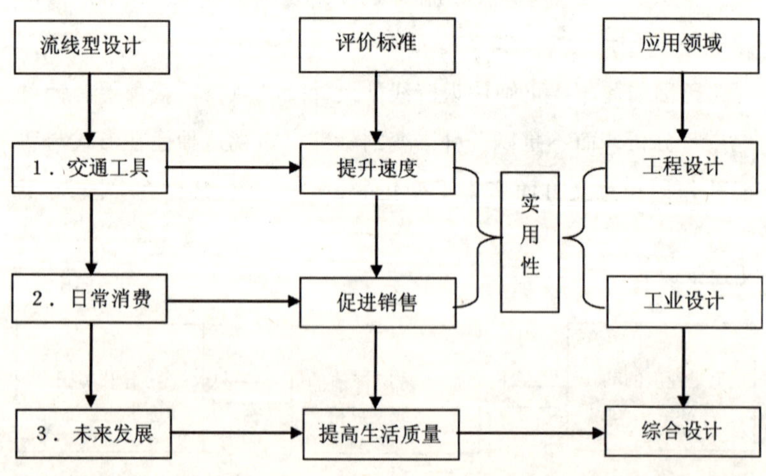

图6.4 流线型设计的三个阶段及其评价标准

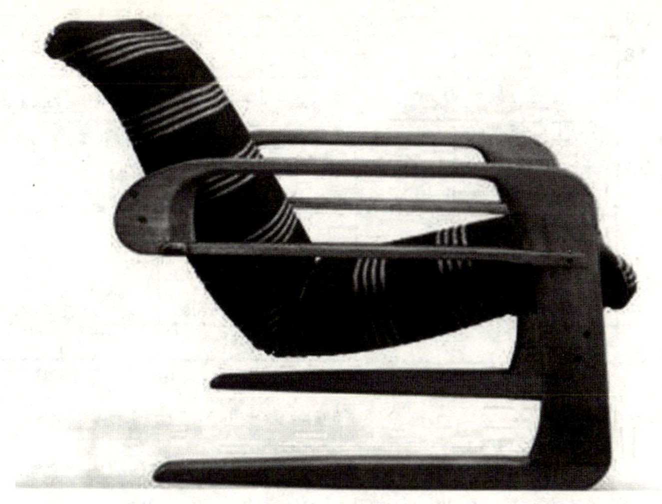

图 6.5 韦伯 扶手椅：Airline 1934～1935 年
图片来源：David hanks and Anne Hoy, *American streamlined design: The world tomorrow*, Flammarion. 2005.

用它来指由价值观、信念和符号所组成的观念体系。多数人类学家和越来越多的社会学家们用文化去指一个社会的整个自适应系统——广泛的社会习俗”。[1] 所以需要看到的是：作为一种特定经济背景下流行的产品设计风格，流线型风格与欧洲现代设计风格的差异性，也反映了美国工业（或产业）文化与欧洲国家间相异的特点。在有的学者看来，这是由于“不同国家的工业文化差异非常大，并随时间的推移而变化。尽管产业（工业）文化可以改变，产业文化常保持某些基本的特征。因此，美国工业在 20 世纪（指 19 世纪）大部分时间，在自由的市场中围绕着自然选择的过程予以组织；英国的工业围绕着来自国家和市场干预下的企业家的自主；法国的工业更大程度上围绕着集中的公共决策和协调来组织的”。[2]

美国流线型设计风格在 30 年代发展的十年间：“最大限度地为停滞的经济提供了市场营销的工具：各种工业产品被更新设计是为了刺激消费和重建公众的信仰，即将团结一致的美国作为国家进步的主要源泉。工业（界）重塑自身形象，将这种风格通过

1 Frank R. Dobbin. “The social construction of the Great Depression: Industrial policy during the 1930s in the United States, Britain, and France.” *Theory and Society* 22: 1-56, 1993. P: 5.

2 Frank R. Dobbin. “The social construction of the Great Depression: Industrial policy during the 1930s in the United States, Britain, and France.” *Theory and Society* 22: 1-56, 1993. P: 5.

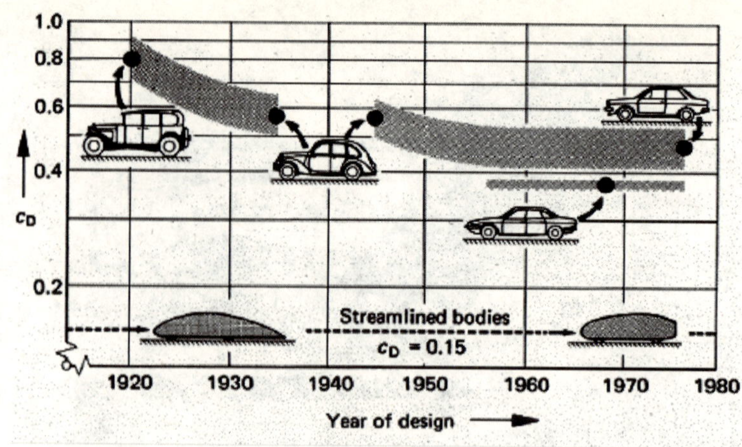

图 6.6 1920～1980 年期间汽车车身设计与阻力系数的演变图
图片来源：Guido Buresti. The Influence of Aerodynamics on the Design of High-Performance Road Vehicles.KTH Stockholm, 2004.P:29.

与机械效率、空气动力学设计、和科学创新相密切联系，使自己作为一个经济的拯救者，能够战胜这次美国历史上最严重的经济灾难。"[1] 这种积极乐观的精神，甚至从一些富于动感形式的家用品流线型设计中可以明显地感受到（图 6.5）。同时，这时期流线型风格的汽车车身设计不仅进一步降低了风阻系数，还成为汽车设计的一种整体发展趋势，并影响到了 20 世纪 30 年代以后的汽车样式（图 6.6）。

此外还需要注意的一点是，这时期设计师对产品形式的探索精神。因为随着流线型风格的蓬勃兴起，在日常消费品中得到普及并且逐渐受到消费者们认可的同时，也伴随着当时的设计师对于这种风格的不断研究和总结。他们对产品设计的研究态度是严谨而务实的，甚至试图在形式与功能间找到一种均衡。如曾在 1940 年出版了《工业设计》艺术的美国工业设计师凡 · 多伦，他早在 1940 年就对流线型产品的设计方法和模型制作进行了详细论述（图 6.7）。

所以通过上述分析可知，流线型在 30 年代的美国工业设计发展过程中经历了两次主要的转变，并因此形成了三种不同的认识

1 Judith A. Barter. "Designing for Democracy: Modernism and Its Utopias." *Art Institute of Chicago Museum Studies, Vol. 27, No. 2, Shaping the Modern:American Decorative Arts at The Art Institute of Chicago, 1917-65* (2001), P: 14.

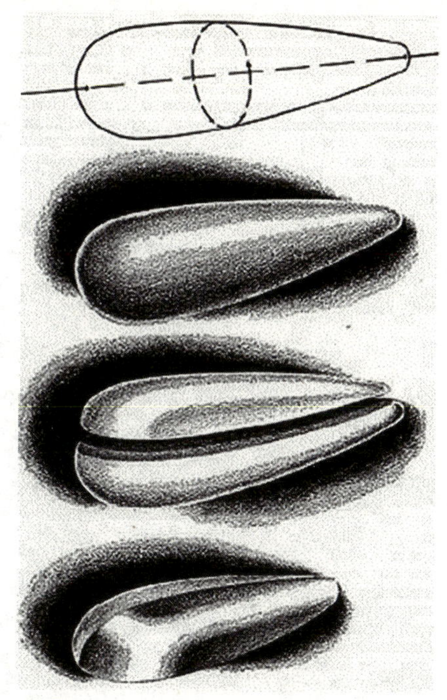

图 6.7 凡 · 多伦　流线型外观制作分析　约 1940 年
图片来源：Bret H. Smith. *Streamlining and Familiar Objects IDSA*, Auburn University.

和评价的标准。当然，对流线型设计及其风格的客观认识，还需要看到当时设计师们精益求精的态度和富于创造了的设计表达。尽管本文认为要正确认识流线型设计及其风格，需要超越对于物品一般功用的专注，但也不是脱离具体的设计，空泛地对其进行分析，而是要根据具体阶段采用相应的标准，来看待这种设计及其风格的作用及其存在的意义。

而此前对流线型设计及其风格予以批评的部分观点，恰恰基于一种不变的标准来进行评价，所以不可避免地产生了一种批评的“错位”现象。这种批评“错位”的现象不但蒙蔽甚至误导了后学者，也使人们对于流线型设计及其风格在日用消费品领域应用的价值和影响被忽视。更重要的是，当时积极参与这种风格的应用并以此为推动美国经济发展的设计师们，有一些重要设计理

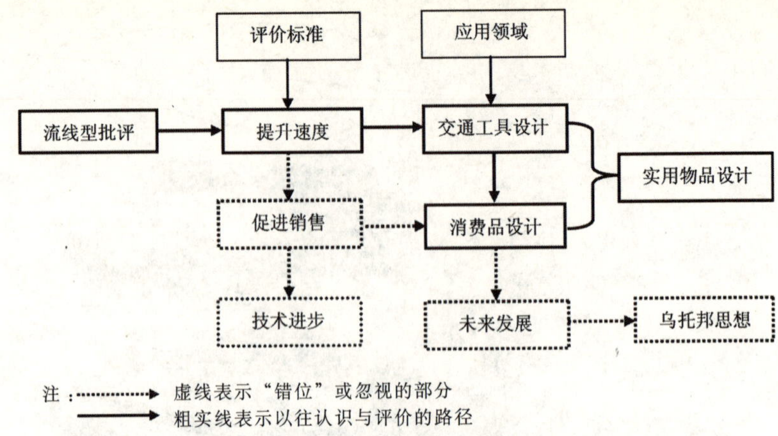

图 6.8 对流线型认识与评价的“错位”现象分析

论和思想被深埋于上述“错位”的批评之中（图 6.8）。

众所周知，在美国，工业设计是产品制造商们参与残酷市场竞争并谋求生存的一种必要手段，所以产品制造商们采取了不断更新产品款式的措施以保持其市场的销售份额。欧洲的工业设计一般以团体的协会或相应组织形式引导并参与公众审美意识的培养，这与美国私人（或个体）化的设计行为形成了鲜明的对比。如 1915 年成立于伦敦的工业设计组织“DIA”（Design and Industrial Association），其职能同“工艺美术运动”和“德意志工作联盟”较为相似，主导着（工业）设计的讨论及相关活动，有着“培养英国公众和工业（界）审美意识的职责”。[1]“大萧条时期”出现的“消费设计师”们顺应了特定历史阶段的设计要求，并采取了一种积极的态度探索产品的消费风格，是罗维等设计师成功的主要因素之一。所以，对流线型设计及其风格的批评“错位”，部分原因也是由于欧美不同的设计与制造体系影响的结果。在超越动态功能主义和物品束缚的同时，也要甄别这两种不同的制造体系和设计观。超越动态功能主义，实际上是在功能主义的基础上是摆脱目的性的束缚，整体地审视流线型设计及其风格对于 30 年代美国所具有的特殊意义和作用。这样才能避免对其批评的盲目性和误读现象发生。

1 Stephen Bayley. *In Good Shape: Style in Industrial Products*. The Design Council, 1979, P: 17.

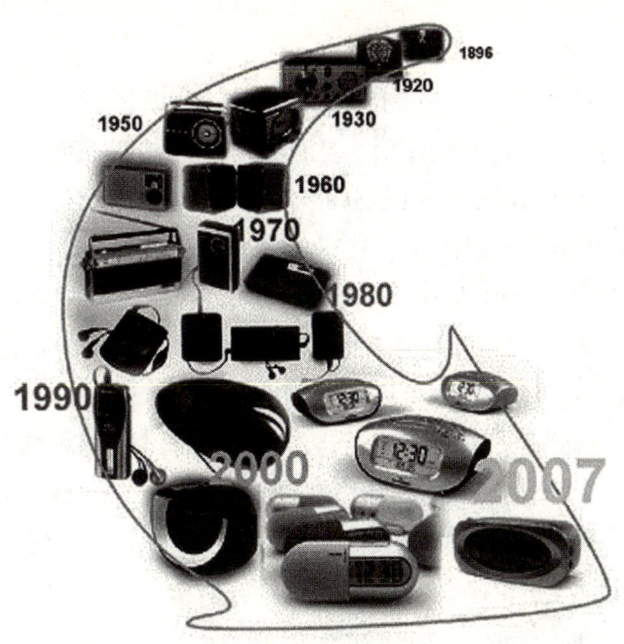

图 6.9 产品朝着流线型设计（风格）发展的趋势
图片来源：Hengfeng Zuo, Mark Jones. *Using Organic and Curvaceous Forms as a Reference Point for New Product Development.* 10th Generative Art Conference 12-14 December 2007 Milan. P: 3.

因此，本文的上述观点值得研究者（尤其是批评者们）进行反思：为什么流线型在欧美机车设计中同步探索与应用的过程中，却在美国 30 年代形成了一种流行的产品设计风格，并且美国 30 年代的流线型风格在其他国家或地区具有不可复制性特点？可以明确的是，虽然流线型设计能够被欧洲国家的设计师们广泛地予以采用，但是美国这一时期的流线型风格有其特殊的历史、经济、文化甚至技术背景，并且流线型风格也是工业设计史上第一个来源于工程师的产品设计风格。

此外，流线型设计及其风格虽然在 20 世纪 30 年代的美国产品（消费品）领域受到了众多的质疑和抨击，但是流线型在这些产品设计领域的发展却呈现出一种蓬勃发展的态势（图 6. 9）。

6.7 小结

本章前两节将流线型设计与同时代其他设计（风格）进行了比较，并对其异同关系予以论述，目的在于对流线型设计的各种批评进行重新辨析与思考。从上述分析来看，对流线型设计及其风格的误读和“错位”理解在当时已经出现了。因为，在 30 年代时美国的某些艺术（设计）机构，对于流线型设计风格的观点是持批评和排斥态度的。如纽约现代艺术博物馆（MOMA）非但没有成为流线型设计在 30 年代积极作用和影响的肯定者，反而对这种风格予以了否定并排除在其组织的展览活动之外。事实上从该博物馆所扮演的角色来看，不但在当时成为了源于欧洲的现代主义设计在美国的传播者，而且也是对流线型设计风格进行批判的一个学术平台。

通过本章的论述，美国流线型设计及其风格在 30 年代的不同发展阶段和特点可总结为以下几个方面 ：

1. 流线型设计及其风格来源于早期对于流线型形式的飞行探索和实践，是工程师将其从飞机或相关追求（飞行或行驶）速度的设计领域，引入到汽车车身设计之中，并进一步拓展到产品（日用消费品）的外观设计。因此，美国 30 年代的流线型设计及其风格并非源于国内或欧洲的现代主义设计或艺术，而是一种由工程设计师率先发展而来的美国现代主义设计风格（图 6.10）。

2. 正是因为流线型设计在美国 30 年代发展的特殊背景和商业性等特点，迥异于欧洲现代主义设计（风格）及其审美追求，才引发了对这种设计形式和风格的各种批评。然而由于这两种当时共同出现在欧美的设计风格，因形成背景、所属制造体系、审美追求、评价标准和面向的消费群体等诸多方面均不相同，所以形成了以往对这种风格的认识与评价存在一定的“错位”和误读现象。这一方面是因为流线型设计在美国 30 年代的发展中经历了两次转变，从而在设计目的和评价标准方面也发生了变化所造成 ；另一方面是因为当时美国特殊的经济大萧条背景，促成了这种科学的设计形式与产品的竞争和市场营销相联系，带有了显著的商业性特点。

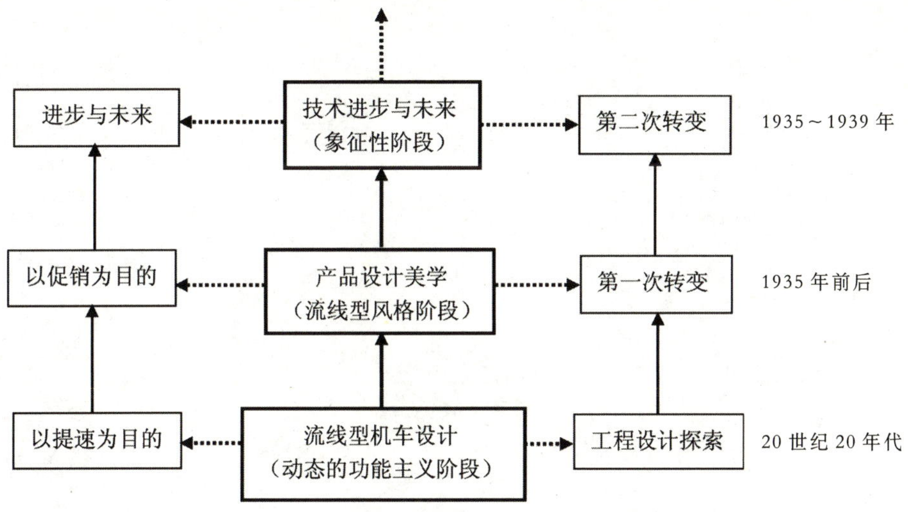

图 6.10　20 世纪 30 年代美国流线型设计发展的两次转变及其特点

3. 要对流线型设计客观地评价，就需要认识到这种风格的功用和不同目的应当是与其评价标准保持一致的。以追求速度的流线型机车设计要求评价用于静态物品外观设计的流线型风格，不但无助于认识流线型设计反而只能导致误读现象继续存在。这不仅失去了对流线型设计及其风格在美国 30 年代的作用和影响的正确判断，也容易忽视对这时期美国第一代工业设计师们的设计思想和理论的发掘，甚至更重要的是错误地理解了美国工业设计史上一段探索消费和走出经济危机的历程。

4. 流线型设计在普通消费品中的应用，虽然在 20 世纪 30 年代的美国体现了一种商业化的倾向，且呈现出与同时期欧洲设计截然不同的风格化特点，但同时昭显了一种新的设计发展趋势和价值取向：它打破了 20 世纪初期欧洲设计以艺术或手工艺为基础的格局，为美国式的设计与商业相结合模式奠定了基础。所以，超越动态功能主义并不是仅要求理解美国“大萧条时期”消费品外观设计流线型风格化的市场战略，而是要将追求速度的机车设计观念予以拓展，重新审视流线型用于静态产品的外观及其所具有的功能和视觉效应。

| 第七章 |

结语：再识流线型设计

7.1 从速度美学到产品美学

通过对20世纪30年代美国流线型设计的发展与不同阶段特点的分析，可以清晰地认识到流线型设计风格形成于美国经济危机的背景之下，并与其工业发展的模式和大众消费观念有着直接的联系。与德国的理性主义或功能主义设计不同，流线型设计风格并非源于19世纪末至20世纪初盛行于欧美的“艺术与手工艺”（Arts & Crafts Movement）等设计改良运动，而是源于对自然界生物形态的模仿和科学原理的探索，并将其应用于追求速度的交通工具设计实践之中。因此，仅从功能主义的角度肯定流线型设计的功用，或从消费角度赞扬流线型设计风格的“促销”作用，甚至以欧洲设计美学的观点审视30年代美国流线型产品，既是一种认识与评价上“错位”，也不能深刻地解读这种设计风格在当时美国制造业和经济危机中所扮演的角色及其历史意义。

必须看到的是，流线型风格是30年代流行于美国的一种有特殊历史背景的日常用品样式，具有时代性、商业性和时尚性特点。相比之下，流线型设计与同时代影响欧洲设计的德国理性主义和功能主义的“机器语言”——即几何形设计一样，均是早期现代主义设计发展过程中兴起的不同视觉形式和表现语言。如果说（德国）包豪斯的几何形直线设计语言与立体主义绘画、荷兰风格派、俄罗斯构成主义甚至是意大利未来主义有着不可分割的联系，并且是追求功能至上，摆脱不实用的装饰而体现出的一种新的几何形直线视觉语言，那么美国的流线型设计语言则是为了追求产品在视觉上的“技术进步”，摆脱低迷的经济危机而展现出的一种新的视觉形式。因此，30 年代的美国流线型风格具有以下特点：

1. 这种风格经历了从速度美学到产品美学的转变。流线型设计在这 10 年间至少体现了两次较大转变：第一次转变是从动态的交通工具的设计领域进入到静态的大众消费品（即日用品）设计中，并体现出了“形式追随市场”的商业性特点；第二次转变是从流行的流线型产品风格发展为一种面向未来技术进步与发展的技术形式，并成为了技术进步与走出经济危机的一种象征形式；

2. 流线型作为一种设计风格，虽然将曲线运用于静态的日常生活用品外观，但是同样也去除了繁琐的装饰，使其更加符合便于清洁、易于维护和简洁的现代感等消费需求；

3. 流线型风格的产品设计美学不再是以提高速度降低能耗为审美要求，而是通过促进销售而体现产品的设计之美，并且在“年度款式改变”的战略推动下，凸显了促进消费的功能和提高产品销售速度的作用。而“年度款式改变”使得流线型风格在产品设计与生产中，一方面体现为产品款式的推陈出新，另一方面则体现了设计师不断对自己设计的自我改变；

4. 流线型风格的产品面向的是大众消费群体。这种设计风格与产品批量化生产相结合，面向的是不同阶层的消费者：通过“年度款式改变”的方式，将技术最先进的最时尚的产品款式卖给富裕阶层，并把相对过时的产品低价处理给低收入阶层。

因此，作为一种新的视觉语言，流线型设计风格之所以在 20 世纪 30 年代的美国能够蓬勃发展起来，并不只是制造商和设计师共同推动的结果——尽管在他们最初的目的是想刺激消费以增加市场需求，真正使流线型设计成为一种广为接受的流行风格，主要原因是这种设计形式为消费者所带来的一种技术进步和对未来充满希望的象征，从而使流线型设计风格在制造商、工业设计师、销售商和消费者们的共同参与下，成为了 20 世纪 30 年代的一种

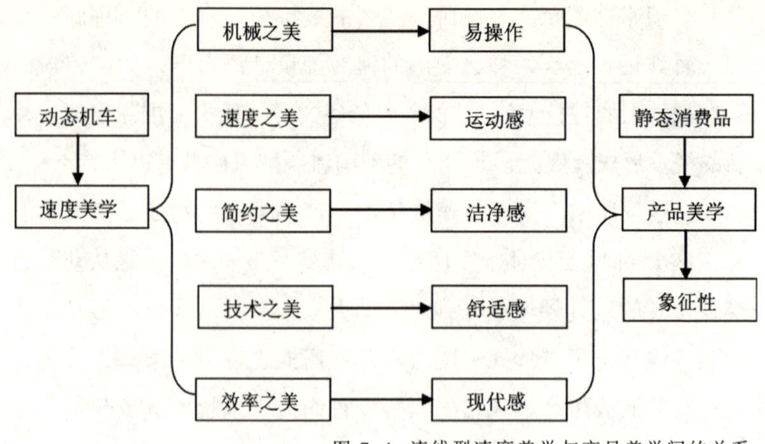

图 7.1 流线型速度美学与产品美学间的关系

新的现代设计语言。下图显示了流线型从机车（交通工具）设计领域引入产品设计领域后，所体现出的速度美学与产品美学间的相互关系（图 7.1）：

7.2 作为对经济危机的一种回应

流线型设计风格是对美国 1929～1939 年经济危机期间，在产品制造与营销领域所采取的一种积极措施和回应。认识到这一点，是客观评价这种特有的消费品流行风格的前提。在当时，这种积极回应并非只是简单地通过刺激消费的方式达到提升产品销售量的目的，其中也包括了对深处经济危机中的消费者们潜在心理需求的一种应答——产品平滑流畅的流线型外观，被作为因经济危机而带来精神压力的一种抚慰方式。虽然产品的款式设计从 1926 年起得到制造商们的重视，并引发了产品更新设计和款式的竞争。但本文认为，制造商起初考虑的是“借用”流线型的科学形式，而这只是流线型风格出现并得到流行的外因，而真正促成这种形式成为一种时尚设计风格的内因，则是由于这种风格被赋予的象征意义与内涵。

由此可知，以往对流线型设计风格的认识，往往只专注于这种风格来源、形成以及运用的范围，而忽视了这种风格被倡导且得到流行在当时具有象征科技进步的积极意义。因此，流线型风格的形成因素虽然是复杂的，但其作为克服经济大萧条的一种有力措施，则是其出现的最主要因素之一。此外，30 年代美国的家庭主妇对于冰箱设计的需求，在一定程度上也推动了流线型风格的出现：1. 流畅的曲线——现代感的象征，并且不留死角便于清洗，进一步促使了制造商和设计师顺应这种需求进行设计与生产；2. 流线型在机车设计领域的应用与普及，流线型风格的产品外观（设计）与技术进步相联系；3. 白色——象征着清洁健康。因此，20 世纪 30 年代的流线型设计风格，并非只是制造商和设计师“借用”于工程设计领域的一种外在造型形式，也是一种新的产品审美形式——这种形式具有特定的“视觉可用性”作用。

7.3 超越物品：一种时代象征符号

本文在前面章节已经论述，流线型设计风格来源于工程设计领域对空气动力学原理的运用，是一种借用在非运动物品外观的设计语言和形式。但这并非意味着流线型运用于物品的外观，就失去了其全部的特点和形式的优势。

从流线型设计风格在美国 30 年代成为一种流行的产品设计风格这一现象来看，美国制造商和设计师在那一时期就已经开始注重消费者的心理需求和对于日常生活用品的外在需求。流线型设计风格在日常生活用品中的运用，虽然失去了降低空气和水的阻力的优势，但是这种形式在另一方面的优势——饱满、柔顺、平滑和流畅感却凸显了出来，并满足了大萧条时期消费者的视觉感受和心理需求。

正因如此，不能简单地认为脱离了空气动力学使用目的的流

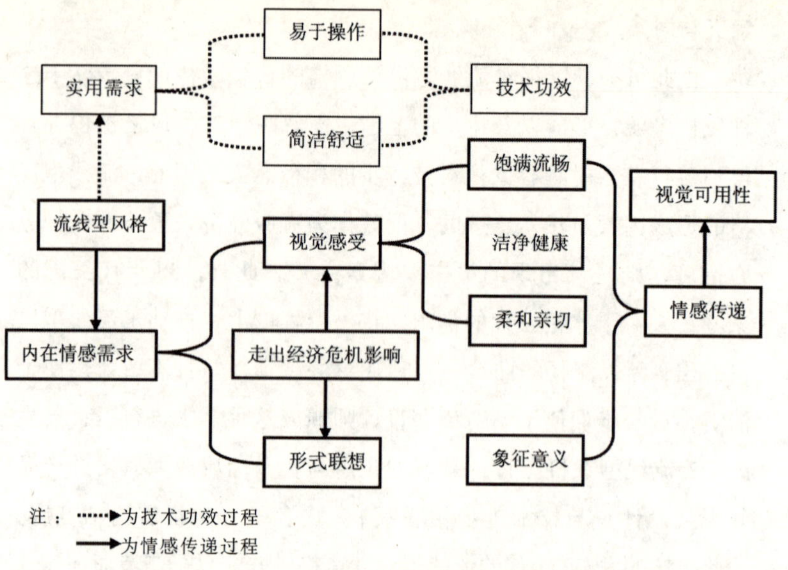

图 7.2 20 世纪 30 年代美国流线型设计风格实现情感传递的过程

线型形式就失去了其全部的功能与意义，以致把流线型的设计风格理解为一种流于表面的肤浅样式。有必要指出的是，20 世纪 30 年代以前的流线型设计和 30 年代的流线型设计，在含义和范畴两方面均产生了变化。因而，对这种风格的评价标准和作用也需要有客观的针对性，不能将动态的流线型设计与静态的流线型风格混为一体，而是有必要予以甄别。这样才能客观地认识到二者之间存在的区别。

因此，要对流线型的产品设计风格有一个客观的认识，就必须了解这种风格形成的社会与经济背景、目的和意义以及产生的作用和影响，并且放弃以动态功能主义的思想和“形式追随功能”的设计思想来看待 20 世纪 30 年代美国的流线型风格，而是要在“形式追随市场”的基础上，关注当时普通消费者的心理需求——尤其是在这种特有的历史背景下，民众的需求已不只是外在的实用需求，也是指内在的情感需求和对一种象征精神的渴望。下图是对流线型风格的两种不同需求的实现过程进行分析（图 7.2）：

从形成过程来看，在流线型风格形成的过程中，产品制造商在第一阶段（从20年代后期至30年代初期）并非想要“有计划地”制造一种具有象征意义的流行风格，而是借用流线型的科学形式“包装”其产品，以达到促进销售的商业目的。而在第二阶段（30年代中期），产品设计师将这种借用于机车设计的形式，表达产品简洁、易操作和清洁度等理念，创造了一种具有速度感和现代感的流行风格。第三个阶段（30年代后期），也是流线型风格最为成熟和被消费者所认可的阶段。这一阶段流线型风格成为了克服经济危机影响的一种体现于外观的审美形式，被赋予了一种象征技术进步与发展的含义。流线型设计的“视觉可用性”作用，在这一阶段得到了充分发挥。

整体来看，产品流线型风格的外观在被赋予技术进步和发展的象征含义以后，才更充分地传递出情感的作用。也就是说，流线型从机车的科学设计形式引入消费品外观是一个表述技术进步之意的商业化阶段。其后流线型又从一种流行的设计风格成为象征美国走出困境和不断发展的符号，是一个产品语义升华的阶段。这两个阶段是一种递进的关系，却又呈现出明显区别。因此，对于流线型设计及其风格的认识和评价需要有针对地甄别，不能一概而论。

7.4 没有结束

美国20世纪30年代的流线型风格不但形成于特殊的历史时期（经济大萧条的十年），也是当时美国经济政策、工业生产方式、产品营销模式和消费价值观等诸多因素影响下的结果。因此，并非所有的流线型设计样式都是流线型风格——流线型风格的形成离不开商业利益的驱使，但同时具有鲜明的时代特征。如果脱离了在30年代美国经济大萧条的时代背景及其对产品制造与消费的需求指向，流线型设计就不可能发展为一种当时流行的产品风格——而只能是采用流线型形式进行产品设计的活动。从这个意义来讲，美国这时期的流线型风格具有不可复制性，尤其是这种风格的来源和制造商们有计划的操作，在（西方）工业设计史中较为独特。

所以，尽管在美国流线型风格流行的30年代，也有其他国家的设计师采用流线型形式设计家具或其他日常生活用品，但这只是采用流线型形式的设计品，其虽具有使用功能和美感，却没有流线型风格所含有的技术进步的象征意义和精神内涵。因此，这种风格的外观所传达的语义，并非一种固定不变的产品内在属性，而是在特定条件下被赋予的一种审美观。在30年代以后，随着美国走出经济危机的影响，流线型风格已经不再具有“克服”危机的内涵和特殊象征意义，而被赋予了新的内容。

最后需要说明的是，流线型设计不仅在30年代的美国经济复苏中起到不可忽视的促进作用，也成为这个时代的标志和科技进步的象征。可以认为，流线型设计风格的出现，打破了20世纪初欧洲设计师垄断并引领设计发展的局面，使美国设计师不仅探索出了适合于本国制造体系的运行模式和风格，更重要的是找到了设计与市场相结合的发展方向、身份和自信心。从此，美国设计走向了一条与欧洲不同的发展之路——面向市场的商业化设计。

对流线型设计风格的研究，不仅是为了深入客观地认识和记录过去，也是为了更好地了研究并发掘相关的设计理论。需要指出，与美国30年代流线型设计密切相关的一些市场战略，如“年度款式改变”和“有计划地废止”等在今天已经成为了不少产品（尤其是汽车）在生产与销售中所普遍采用的措施，而“消费工程”至今仍具有一定的参考价值。因此，流线型设计的理论与实践研究意义在未来仍将凸显。

附录 A

20 世纪 30 年代流线型设计专利图

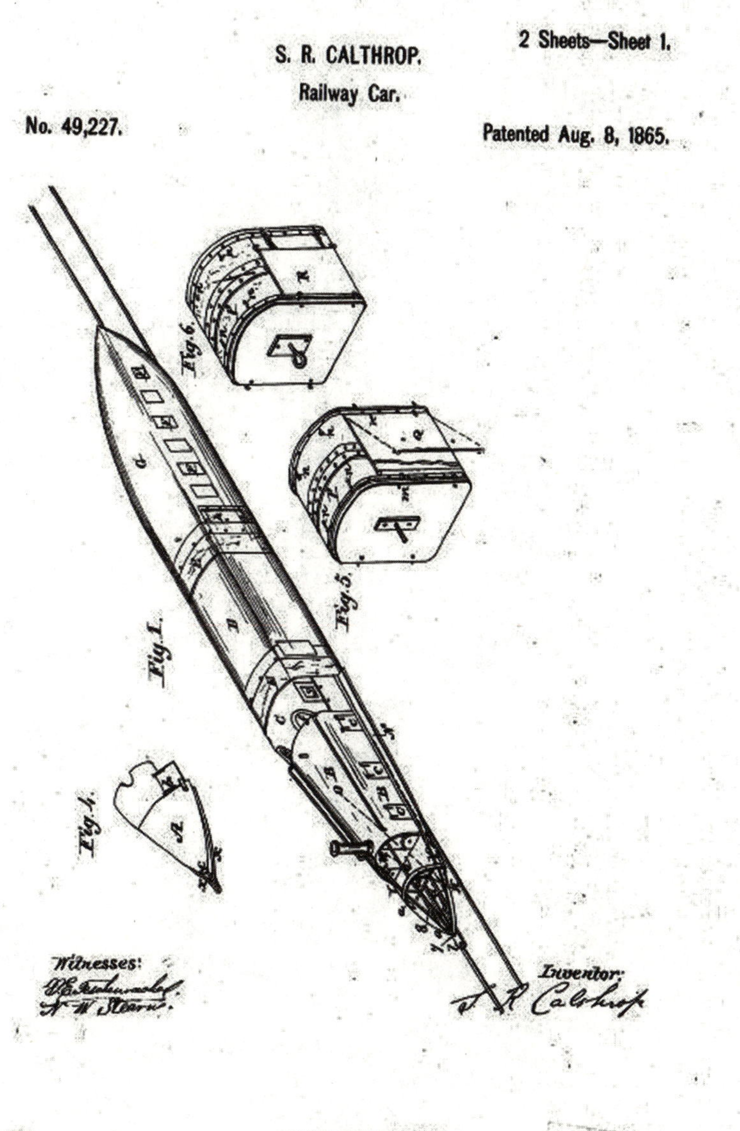

附图 A.1 塞缪尔 · R · 考尔索普（Samuel R. Calthrop） 流线型的火车与蒸汽引擎
专利号：49227　1865 年

S. R. CALTHROP. 2 Sheets—Sheet 2.

Railway Car.

No. 49,227. Patented Aug. 8, 1865.

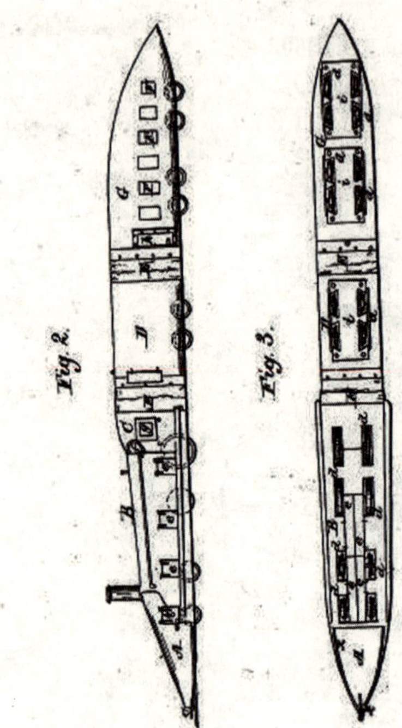

Witnesses:

Inventor:

S. R. Calthrop

附图 A.2 塞缪尔 · R · 考尔索普（Samuel R. Calthrop）

流线型的火车与蒸汽引擎

专利号：49227 1865 年

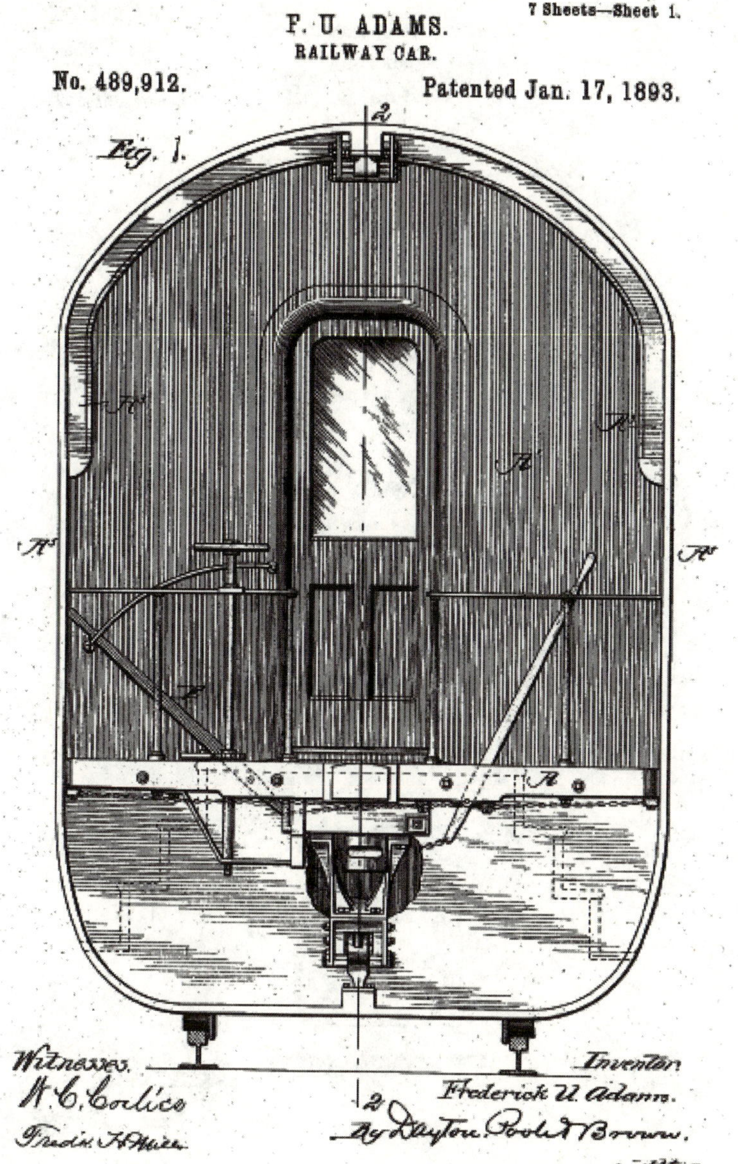

附图 A.3 P · U · 亚当斯（P.U.Adams）火车与蒸汽引擎
专利号：489912　1893 年

June 7, 1927. 1,631,269

P. JARAY

MOTOR CAR

Filed Aug. 19, 1922 2 Sheets-Sheet 2

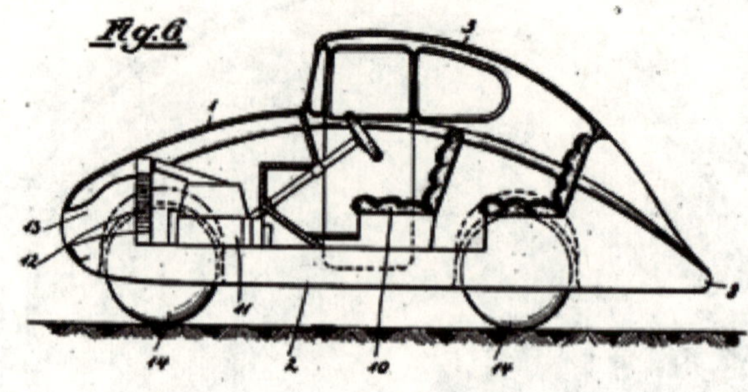

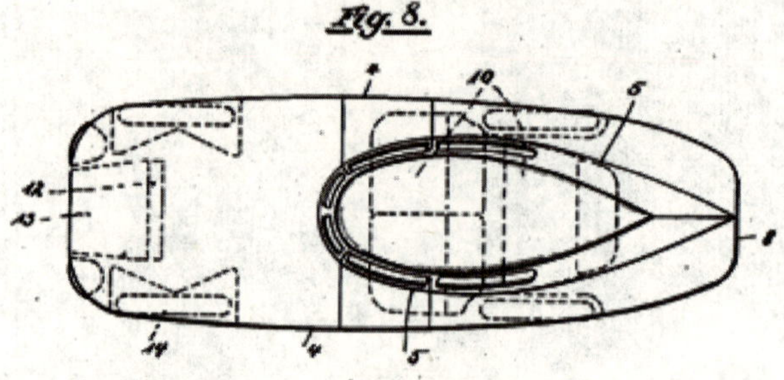

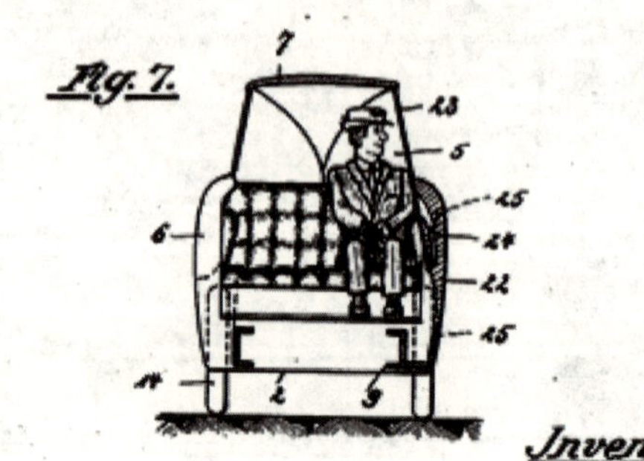

Inventor:

Paul Jaray

by [signature]

Attorney.

附图 A.4 保罗 · 加雷 流线型汽车

专利号：1631269 1927 年

Feb. 14, 1933. R. G. F. LOEWY Des. 89,282

LOCOMOTIVE

Filed April 23, 1932 2 Sheets-Sheet 1

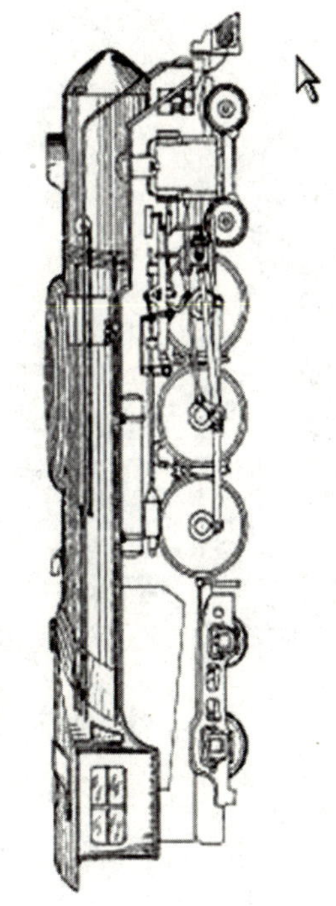

INVENTOR

BY

ATTORNEY

附图 A.5 雷蒙德 · 罗维 流线型 4～6～4 Hudson 型蒸汽引擎
专利号：89282 1933 年

Nov. 13, 1934. N. BEL GEDDES Des. 93,809

LOCOMOTIVE UNIT FOR A RAILWAY TRAIN

Filed Oct. 12, 1933

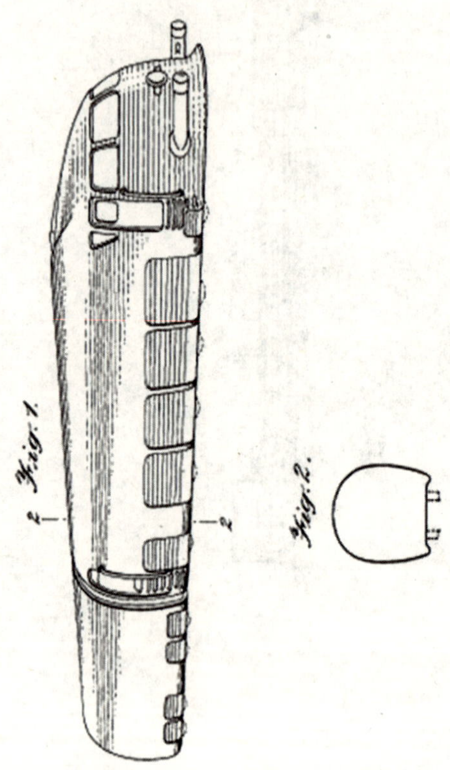

INVENTOR.
Norman Bel Geddes
BY
Sheffield & Betts
HIS ATTORNEYS.

附图 A.6 贝尔 · 格迪斯 流线型的蒸汽引擎

专利号：131934 1934 年

Aug. 3, 1937. R. G. F. LOEWY ET AL **Des. 105,533**

RAILWAY CAR UNIT

Filed March 10, 1937 2 Sheets-Sheet 1

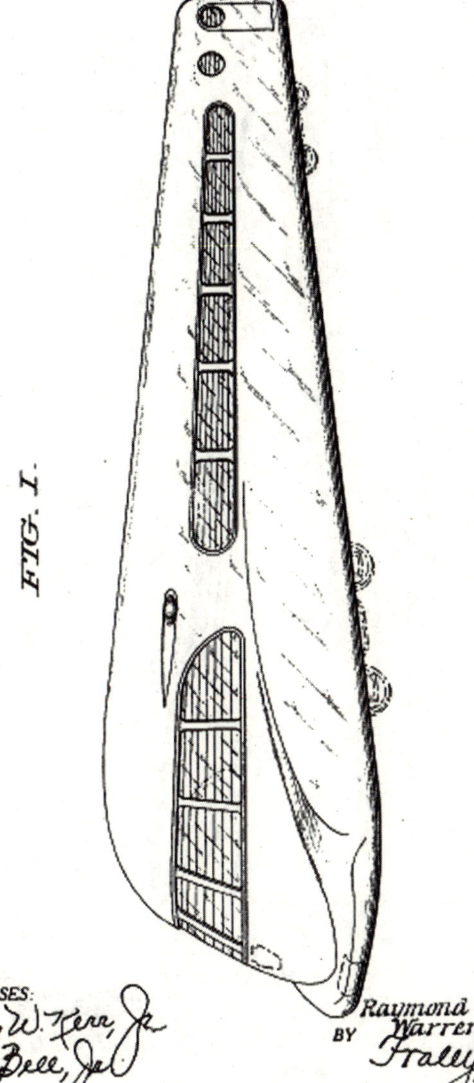

WITNESSES:
Thomas W. Kerr, Jr.
William Bell, Jr.

INVENTORS:
Raymond G. F. Loewy &
Warren R. Elsey,
BY Fraley & Paul
ATTORNEYS.

附图 A.7 雷蒙德·罗维 流线型的旅客列车

专利号：105533 1937 年

Aug. 3, 1937. R. G. F. LOEWY ET AL **Des. 105,534**

RAILWAY CAR UNIT

Filed March 10, 1937 2 Sheets-Sheet 1

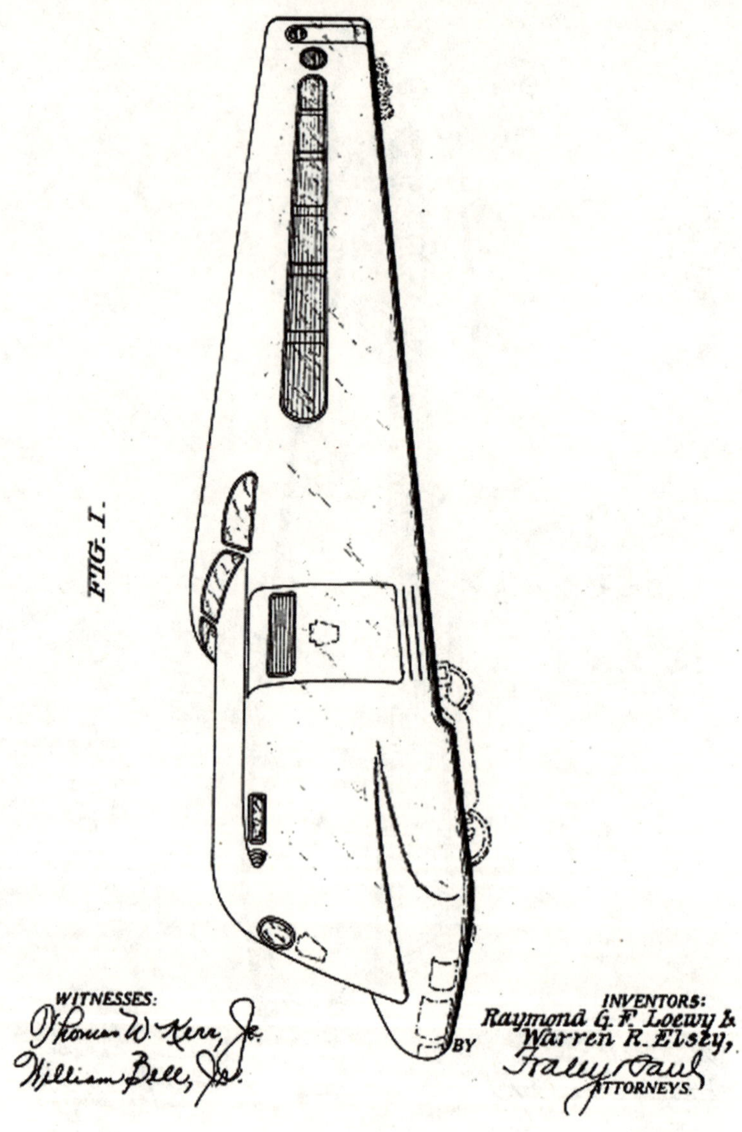

附图 A.8 雷蒙德 · 罗维 流线型旅客列车

专利号：105534 1937 年

Sept. 21, 1937. **R. G. F. LOEWY** **Des. 106,143**

LOCOMOTIVE

Filed March 10, 1937 **2 Sheets-Sheet 1**

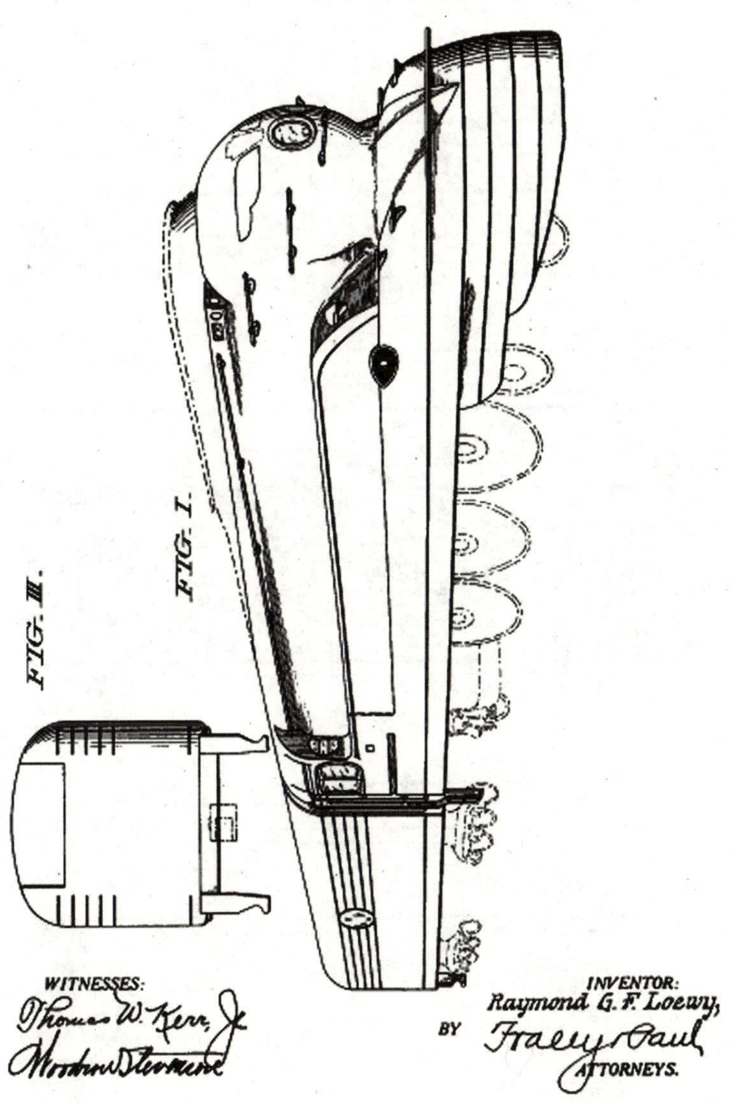

附图 A.9 雷蒙德 · 罗维 流线型的旅客列车

专利号：106143 1937 年

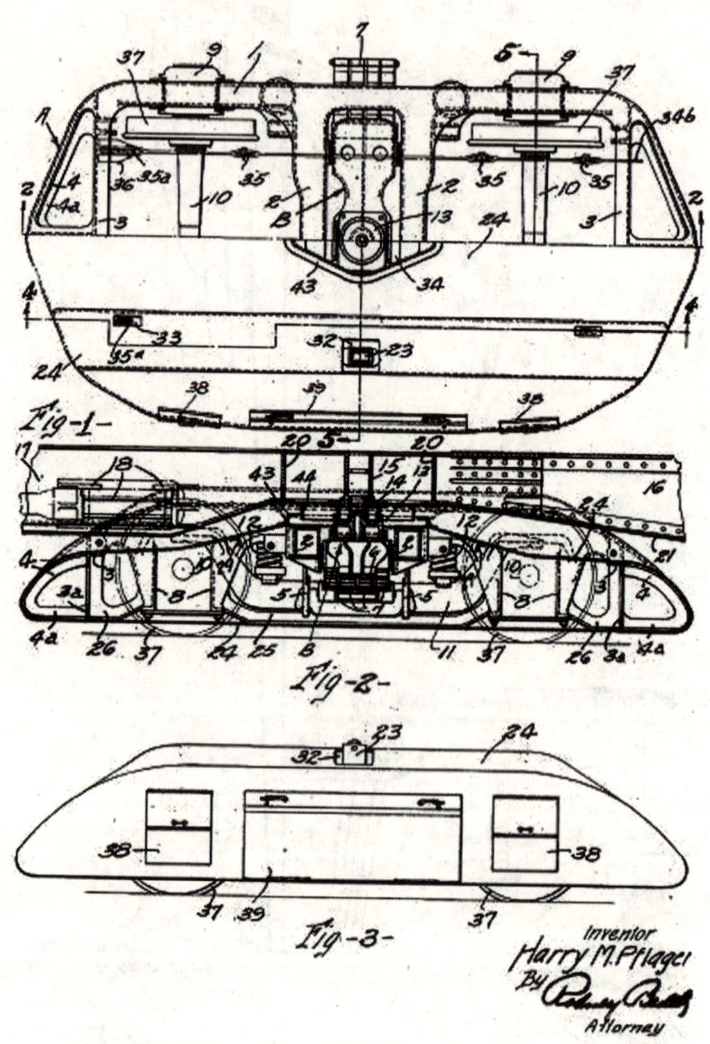

附图 A.10 亨利 · M · 普夫拉格　流线型机车

专利号：2098517　1937 年

Aug. 15, 1939. H. DREYFUSS Des. 116,180

LOCOMOTIVE

Filed Sept. 28, 1938 2 Sheets-Sheet 2

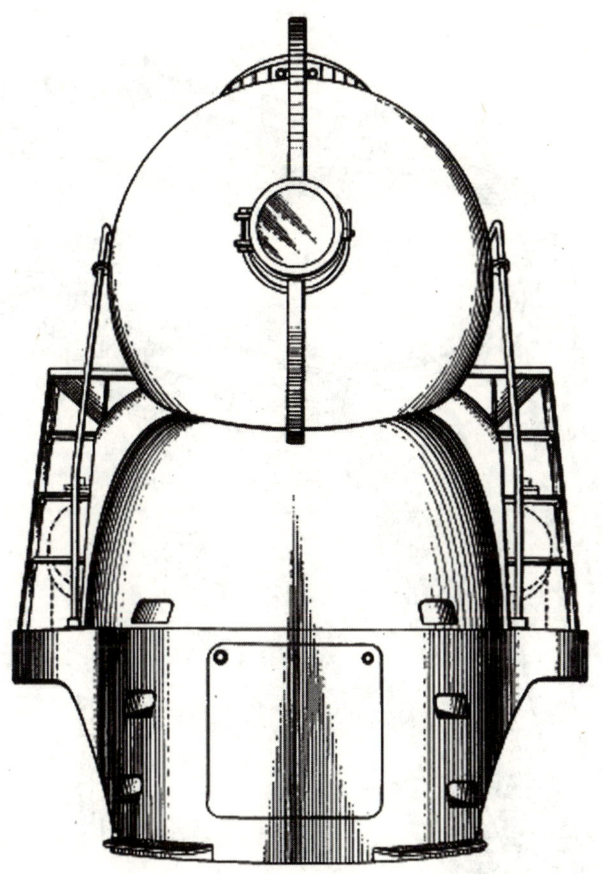

INVENTOR.

BY

ATTORNEY.

附图 A.11 亨利 · 德雷夫斯　纽约中央铁路流线型
4～6～4 型蒸汽引擎（New York
Central Streamlined 4-6-4 Hudson Type Steam Locomotive）
专利号：116180　1939 年

Aug. 15, 1939. H. DREYFUSS Des. 116,180

LOCOMOTIVE

Filed Sept. 28, 1938 2 Sheets-Sheet 1

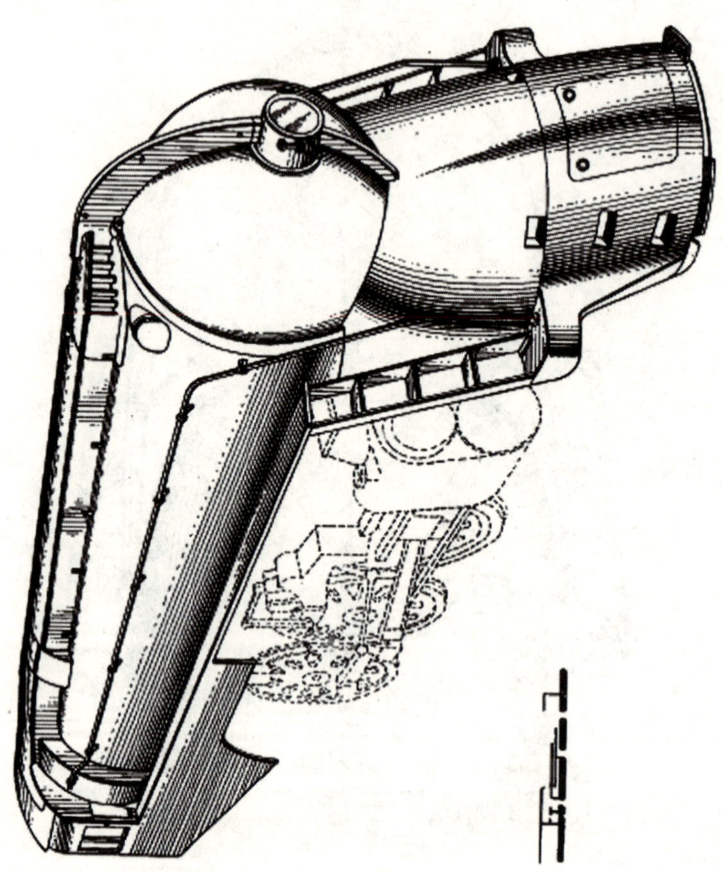

INVENTOR

BY

ATTORNEY.

附图 A.12 亨利·德雷夫斯 纽约中央铁路流线型 4～6～4 型蒸汽引擎（New York Central Streamlined 4-6-4 Hudson Type Steam Locomotive）专利号：116180 1939 年

March 6, 1934. R. LOEWY Des. 91,676

PENCIL SHARPENER

Filed May 29, 1933

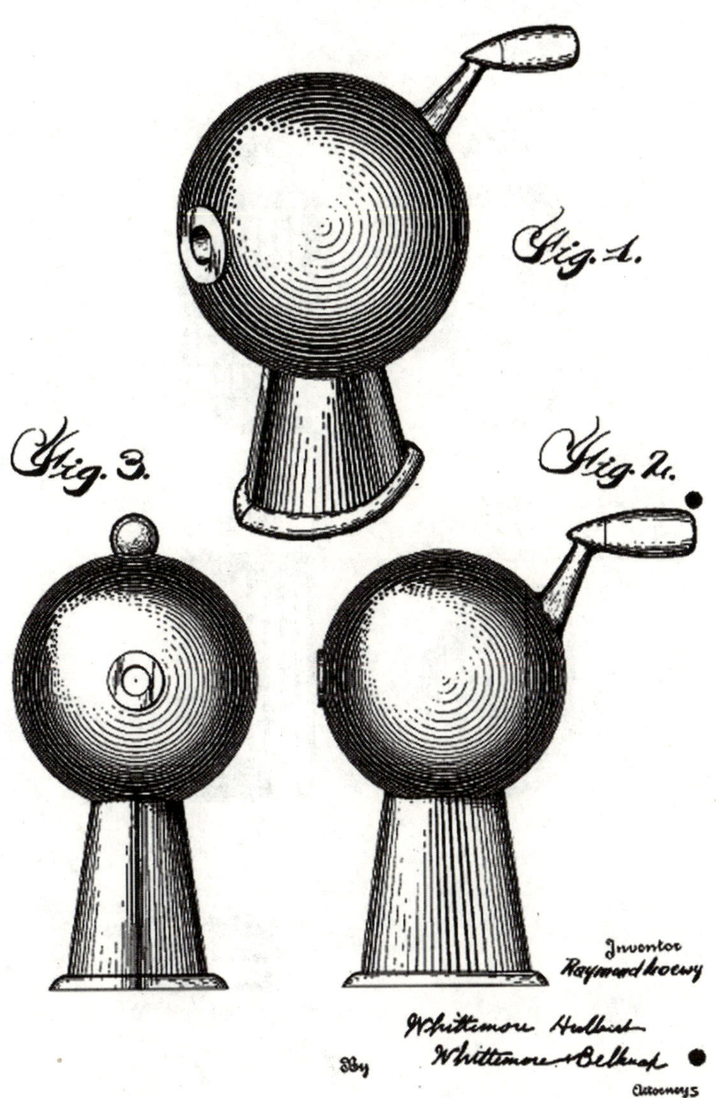

附图 A.13 雷蒙德·罗维 卷笔刀

专利号：48232 1934 年

July 23, 1935. W. D. TEAGUE Des. 96,347

CAMERA CASING

Filed April 6, 1935

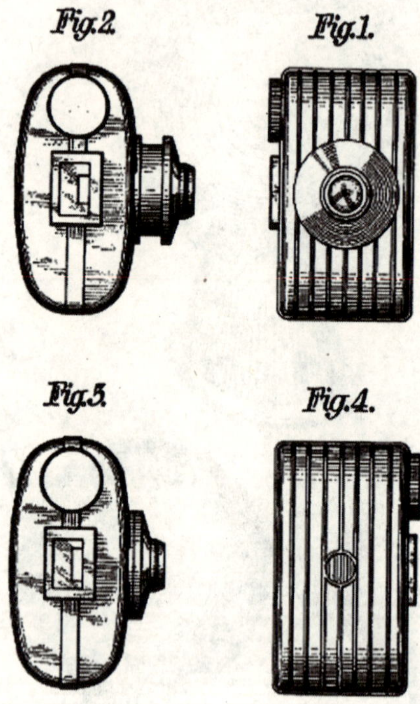

INVENTOR:
Walter D. Teague,
BY
ATTORNEYS.

附图 A.14 达尔文 · 提格 相机
专利号：56252 1935 年

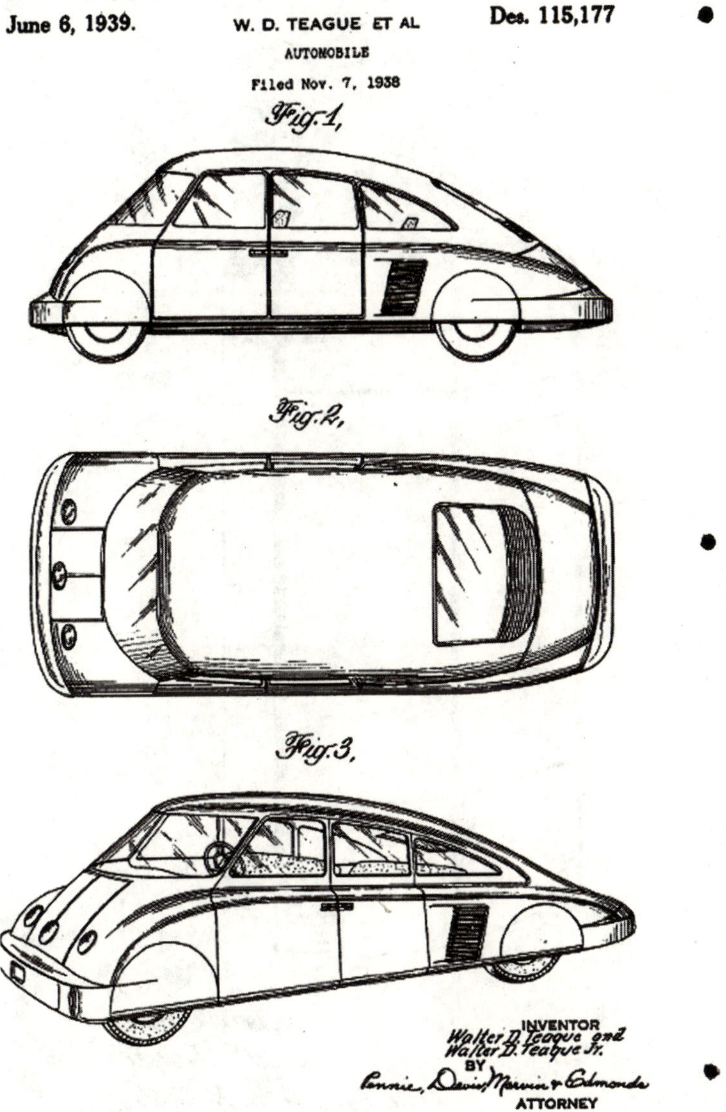

附图 A.15 达尔文·提格 汽车
专利号：80918 1939 年

Feb. 23, 1937. R. LOEWY Des. 103,332

REFRIGERATOR

Filed Nov. 16, 1936

Inventor

Raymond Loewy

By Frank H. Marks, Atty.

附图 A.16 雷蒙德 · 罗维 1936 年款“冷点”冰箱

专利号：65919 1936 年

Oct. 31, 1939. R. LOEWY Des. 117,380

DOOR HANDLE

Filed April 10, 1939

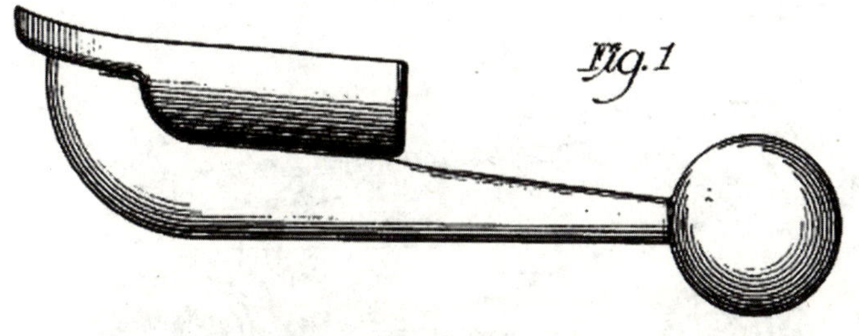

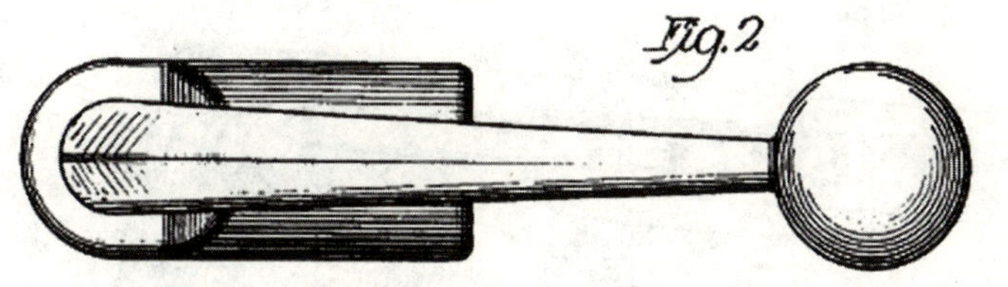

附图 A.17 雷蒙德·罗维 门把手

专利号：84168 1939 年

Jan. 24, 1939. R. LOEWY Des. 113,009

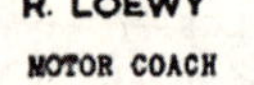

Filed Nov. 12, 1938

FIG.1.

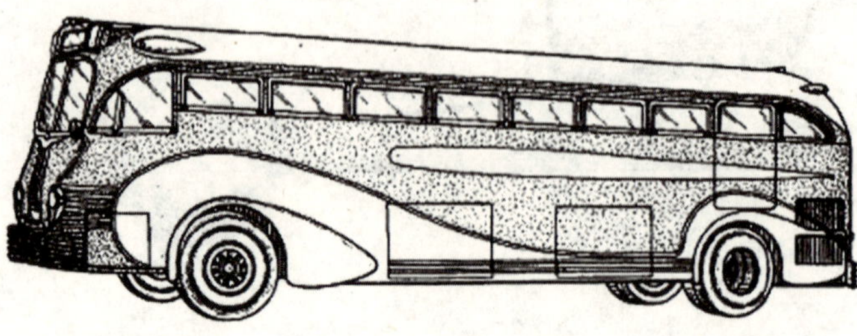

FIG.2.

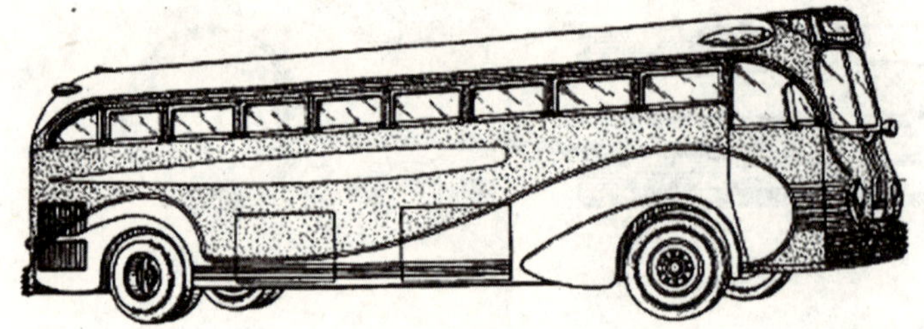

FIG.3.

Inventor:
Raymond Loewy.
By: Harold Olsen
Attorney

附图 A.18 雷蒙德·罗维“灰狗”公共汽车
专利号：81055 1939 年

Nov. 8, 1938. R. LOEWY Des. 112,080

REFRIGERATOR CABINET

Filed May 13, 1938

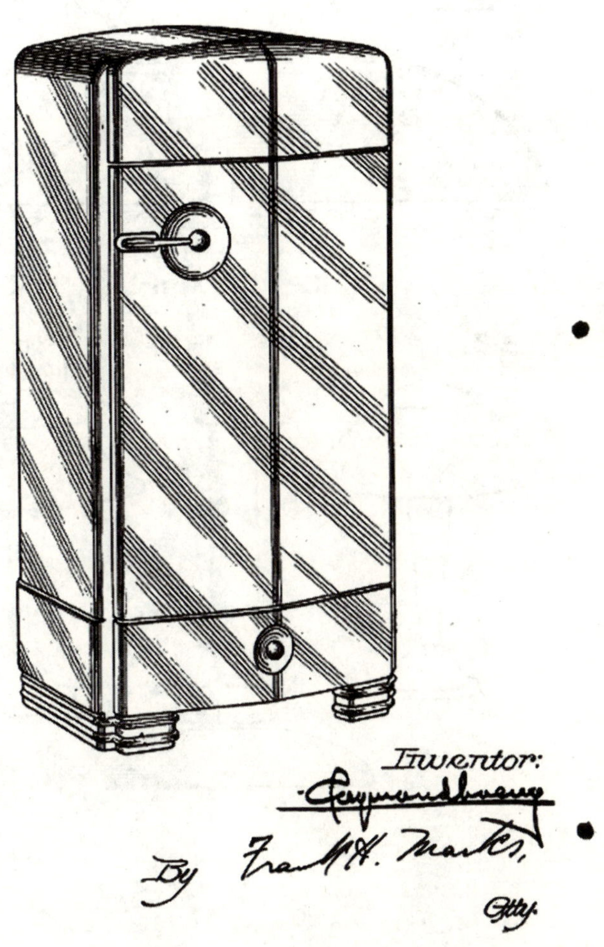

附图 A.19 雷蒙德·罗维 1938年款“冷点”冰箱

专利号：81055 1939年

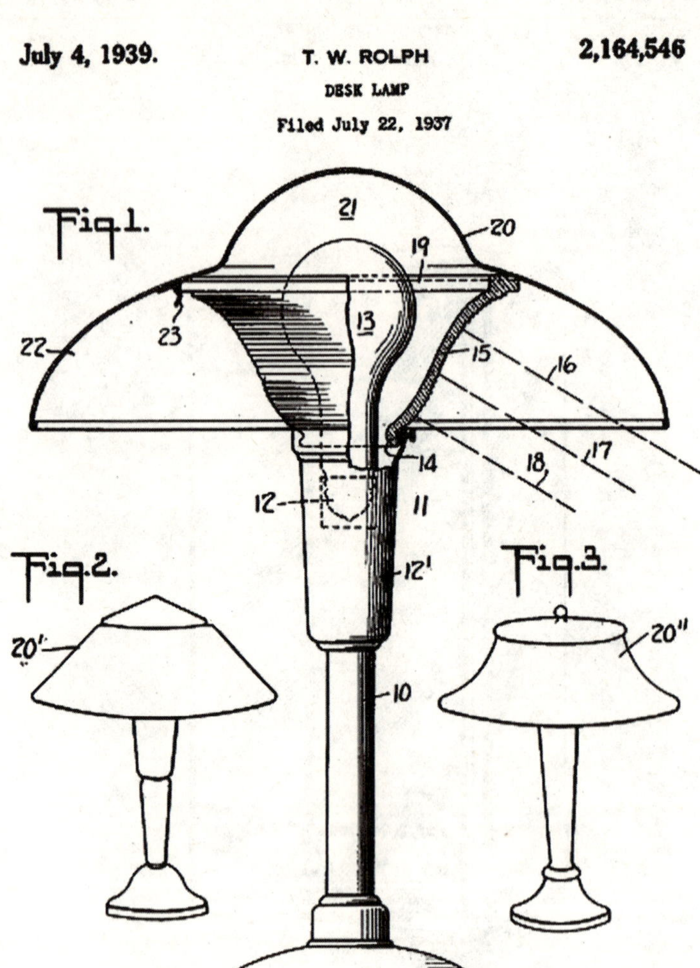

INVENTOR
Thomas W. Rolph
BY
ATTORNEY

附图 A.20 托马斯 · M · 拉尔夫 1937 年款台灯设计
专利号：155038 1939 年

May 25, 1937. W. D. TEAGUE Des. 104,643

THERAPEUTIC APPARATUS CABINET

Filed March 1, 1937

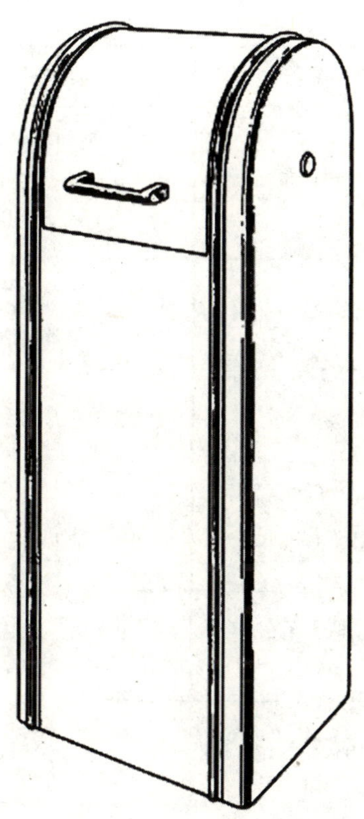

INVENTOR.
WALTER DORWIN TEAGUE.

BY Allen + Allen
ATTORNEYS.

附图 A.21 达尔文 · 提格 医疗设备用柜
专利号：67921 1937 年

附录 B

20 世纪 30 年代流线型设计主要事件表

年份	流线型的科学探索	流线型的消费风格
	格迪斯 1929 年设计流线型的远洋客轮	1926 年斯朗将风格概念引入通用汽车公司； 1929 年经济危机爆发；
1930 年	查尔斯 · 博尼设计了流线型汽车	亨利 · 德雷夫斯设计贝尔实验室合作为其设计电话机
1931 年	贝尔 · 格迪斯设计火车 NO.1	美国失业率从 1930 年的 9%上升至 16%
1932 年	贝尔 · 格迪斯设计公共汽车 NO.2	贝尔 · 格迪斯出版 *Horizons*
1933 年	富勒的 Dymaxion 概念车在芝加哥世博会展出	美国推行 1933 年至 1935 年“新政” 经济危机使失业率达到约 25%
1934 年	克莱斯勒公司发布 1934 年款“气流”	韦伯设计扶手椅 Airline
1935 年	威廉 · 斯托特设计了 Scarab	西尔斯公司推出 1935 年款“冷点”冰箱
1936 年	福特公司推出 1936 年款“和风”	罗维设计 Westinghouse 电熨斗
1937 年	1937 年美国汽车基本上采用了流线型	流线型风格被广泛运用于日用品设计中
1938 年	纽约中央铁路公司推出“20 世纪快车”	海勒设计风扇“气流”
1939 年	通用公司 1939 年 FUTURAMA 展	纽约世博会开幕

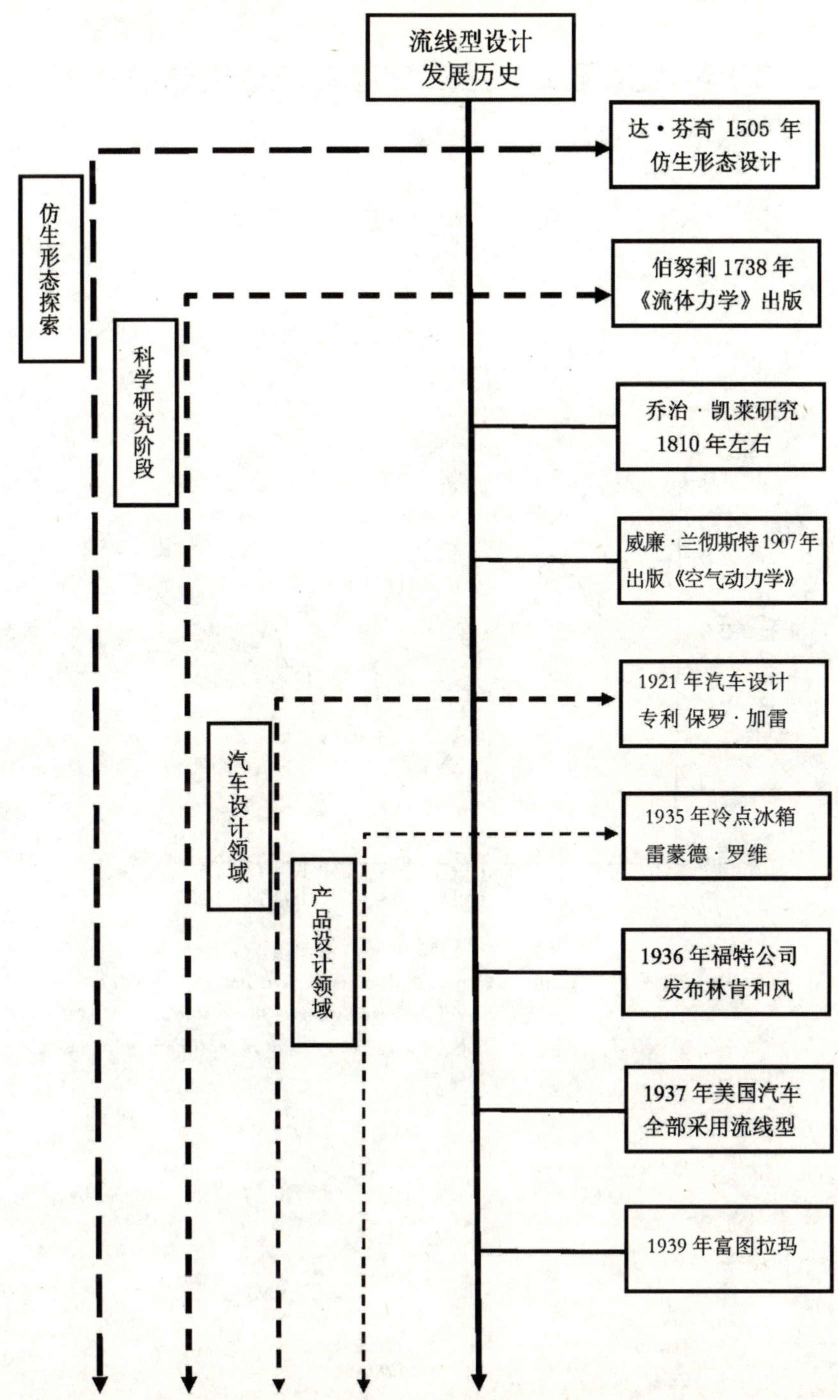
流线型设计
发展历史
达·芬奇 1505 年
仿生形态设计
伯努利 1738 年
《流体力学》出版
乔治·凯莱研究
1810 年左右
威廉·兰彻斯特 1907 年
出版《空气动力学》
1921 年汽车设计
专利 保罗·加雷
1935 年冷点冰箱
雷蒙德·罗维
1936 年福特公司
发布林肯和风
1937 年美国汽车
全部采用流线型
1939 年富图拉玛
仿生形态探索
科学研究阶段
汽车设计领域
产品设计领域

20 世纪 30 年代美国工业生产与消费价格指数统计表

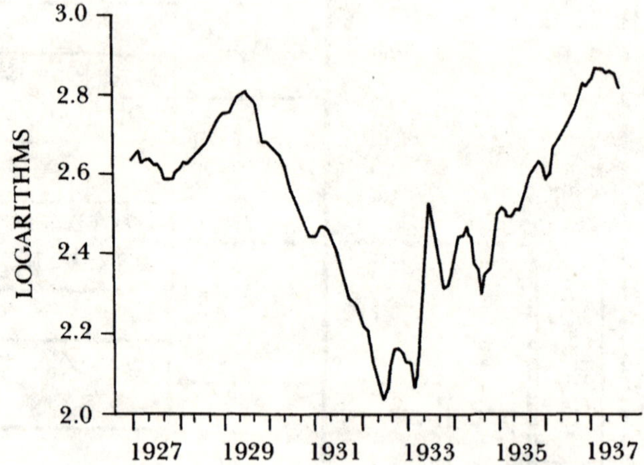

附录 C.1 1927～1937 年美国月度工业生产 1986 年

图表来源："The industrial production series is from the U.S." *Board of Governors of the Federal Reserve System*(1986, Table A.5, p. 171). This series is on a 1977 base and is seasonally adjusted.

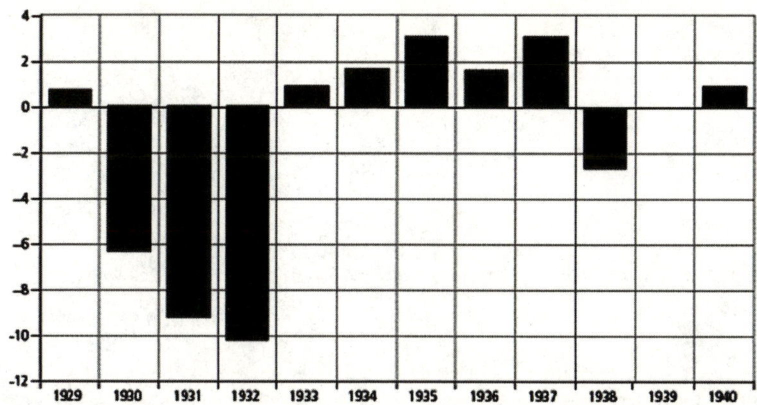

附录 C.2 1929～1940 年美国的消费价格指数变化

图表来源：*Measuring the Great Depression*.

The Federal Reserve Bank of St. Louis, P: 13.

参考文献

[1] Guy Julier. *The Thames & Hudson Dictionary-Design Since 1900*. Thames & Hudson, London. 2004.

[2] Catherine McDermott. *Design: The Key Concepts*. Routledge. 2007.

[3] Mel Byars. *The Design Encyclopedia*. MOMA. 2004.

[4] Victor Margolin. "A Decade of Design History in the United States 1977-87." *Journal of Design History*, Vol. 1, No. 1 (1988), PP: 60.

[5] Donald J. Bush, *The Streamlined Decade*, (New York, George Braziller), 1975.

[6] David hanks and Anne Hoy, *American streamlined design: The world tomorrow*, Flammarion. 2005.

[7] Jeffrey L. Meikle. *Twentieth century limited: industrial design America, 1925-1939*. Temple University Press, Philadelphia.1979.

[8] William H. Yong with Nancy KYong. *The1930S*. Greenwood Press. 2002.

[9] Norman Bel Geddes. *Horizons*. Little, Brown, And Company, Boston.1932.

[10]Christina Cogdell. *Eugenic Design: Streamlining America in the 1930s*. University of Pennsylvania Press Philadelphia, 2004.

[11] David Raizman. *History of Modern Design: Graphics and Products since the Industrial Revolution*, Laurence Publishing, 2003.

[12] John McDonald, Catharine Stevens. *My Years With General Motors*. Doubleday, 1990.

[13] Carma Gorman. *The Industrial Design Reader*. Allworth Press, 2003.

[14] Edward Lucie-Smith. *A history of industrial design*. Phaidon-Oxford. 1983.

[15] Dennis P. Doordan, *Design History: An Anthology*, (The Mit Press, Cambridge, Massachusetts London, England), 1995.

[16] Toledo museum of Art. *The alliance of Art and industry-Toledo design for a*

Modern America. Distributed by Hudson Hills Press. 2003.

[17] Hugh Aldersey-Williams. *Nationalism and Globalism in Design*. Rizzoli. 1992.

[18] Arthur J.Palos. *The American design adventure*, (Massachusetts, The MIT Press), 1988.

[19] Terry Smith, *Making the Modern: Industry, Art, and Design in America*, (Chicago and London, The University of Chicago Press), 1993.

[20] George H. Marcus, *Masters of Modern Design: A Critical Assessment*. New York, The Monacelli Press, 2005.

[21] Penny Sparke, *Design and Culture: 1900 to the Present*, (London and New York, Routledge), 2004.

[22] Adrian Forty, *Objects of Desire: Design and Society 1750-1980*, (London, Thames & Hudson Ltd), 1986.

[23] Reyner Banham. *Theory and Design in the First Machine Age*. Cambridge, Massachusetts, The MIT Press, 1980.

[24] David Pye. *The Nature and Aesthetics of Design*. New York, Van Nostrand Reinhold Company, 1982.

[25] Arthur J.Palos. *American design ethic. A history of industrial design*. MIT Press, 1983.

[26] Penny Sparke. *A Century of Design: Design Pioneers of the 20th Century*. (London, Mitchell Beazley), 1999.

[27] Wolfgang Schmittel, *Design Concept Realisation*, (ABC Edition Zurich), 1975.

[28] Stanley Abercrombie, *George Nelson: The Design of Modern Design*, (Cambridge, Massachusetts London, England, MIT Press), 1994.

[29] Norman Friedman, *Submarine Design and Development*. Naval Institute Press, 1984.

[30] Richard Buchanan, Victor Margolin, *Discovering Design: Explorations in Design Studies*. Chicago and London. The University of Chicago Press, 1995.

[31] Volker R. Berghahn. *The Americanisation of West German Industry 1945-1973*, (New York, BERG), 1986.

[32] Mike Press and Rachel Cooper. *The Design Experience: The Role of Design and Designers in the Twenty-First Century*, (England, Ashgate), 2003.

[33] Penny Sparke, *Design in Italy: 1870 to Present*, (New York, Abbeville Press, Publishers), 1988.

[34] Marianne Aav and Nina Stritzler-Levin, *Finnish Modern Design: Utopian Ideal and Everyday Realities, 1930-1997.* New Haven, London, The Bard Graduate Center for Studies in the Decorative Arts and Yale University Press, 1998.

[35] Otl Aicher. *The World as Design*, (Berlin, Ernst Sohn), 1994.

[36] Donald A.Norman. *The Design of Everyday Things.* (New York ,Basic Books), 2002.

[37] Tom Wolfe, *From Bauhaus to Our House*, (New York, Farrar Straus Giroux), 1981.

[38] Marian Page, *Furniture Design by Architects*, (London, The Architectural Press Ltd), 1983.

[39] S. Jonathan Wiesen. *West German Industry and the Challenge of the Nazi Past, 1945-1955*, (Chapel Hill and London), 2001.

[40] John Heskett, *Design in Germany 1870-1918*, (London, Trefoil Books Ltd), 1986.

[41] Jeannine Fiedler, Peter Feierabend, *Bauhaus.* H.F.ullmann, Tan dem Verlag Gmbh, 2006.

[42] Margret Kentgens-Craig. *The Bauhaus and America First Contacts 1919-1936.* The MIT Press, 1999.

[43] Nigel Cress, *Developments in Design Methodology*, (New Yrok, John Wiley & Sons), 1984.

[44] *The automobile: a century of progress*/prepard under the auspices of the SAE Historial Committee. Warrendale, 1997.

[45] Patricia Bayer, *Art deco interiors : decoration and design classics of the 1920s and 1930s*, (London : Thames & Hudson Ltd), 1999.

[46] Edsall, Larry, *Concept cars: From the 1930s to the Presentl*, (Vercelli, White Star), 2003.

[47] Nada Westerman and Joan Wessel, *American design classics*/by; introduction by Arthur J. Pulos, (New York, Design Publications), 1985

[48] Paul Wood, *Varieties of modernism*, (New Haven: Yale University Press), 2004.

[49] Harry N. Abrams. *American modern 1925-1940: design for a new age*/by J. Stewart Johnson. New York Inc, 2000.

[50] *U.S. industrial design: society of industrial designers.* New York: The Studio Publications Incorporated, 1949.

[51] Paul Betts. *The Authority of Everyday Objects: A Cultural History of West*

German Industrial Design. Berkeley, Los Angeles, London, University of California Press, 2004.

[52] John Pile, *Furniture Modern + Postmodern Design + Technology*. New York, John Wiley& Sons, Inc, 1990.

[53] Charles H. Flurscheim, *Industrial Design in Engineering: A Marriage of Techniques*. Berlin, Heideiberg, New Yòrk, Tokyo, The Design Council London, Springer-Verlag, 1983.

[54] Charlotte& Peter Fiell, *1000 Chairs*, (London, Taschen), 2005.

[55] Charlotte& Peter Fiell, *Design of the 20th Century*, Taschen, 2005.

[56] Nicola Hamilton, *Design and Industrial: The Effects of Industrialisation and Technical Change on Design, London*, The Design Council, 1980.

[57] Nikolaus Pevsner, *Pioneers of Modern Design: From William Morris to Walter Gropius*. New Haven and London, Yale University Press, 2005.

[58] Michael Collins, *Towards Post-Modernism: Design Since 1851*, (London, The Trustees of the British Museum), 1987.

[59] Margret Kentgens-Craig. *The Bauhaus and America First Contacts 1919-1936*. Cambridge, Massachusetts, The MIT Press. London, England, 1999.

[60] Raymond Loewy, *Industrial design* (Laurence King), 2000.

[61] Russell Flinchum, *American Design*, MOMA, 2008.

[62] Charles H. Flurscheim. *Industrial Design in Engineering*. The Design Council, Springer-Verlag, 1983.

[63] Victor Papanek. *Design for the real world: Human ecology and social change*, New York: Van Nostrand Reinhold Company, 1984.

[64] David Gartman, *A Social History of American Automobile Design*, London and New York, Routledge, 1994.

[65] David Bell and Joanne Hollows, *Historicizing Lifestyle: Mediating Taste, Consumption and Identity from the 1900s to 1970s*, England, ASHGATE. 2006.

[66] Susan Currell and Christina Cogdell, *Popular Eugenics: National Efficiency and American Mass Culture in the 1930s*, Athens, Ohio University Press. 2006.

[67] Nigel Whiteley, *Design for Society*, London, Reaktin Books. 1998.

[68] Gregory Votolato, *American Design In The Twentieth Century*, Manchester and New York, Manchester University Press, 1998.

[69] Nikolaus Pevsner, *Pioneers of Modern Design: From William to Walter Gropius*, (New Haven and London, Yale University Press), 2005.

[70] Stephen Bayley, *In Good Shape: Style in Industrial Products 1900 to 1960*, London, The Design Council, 1979.

[71] Michel Zumbrunn, *Auto Legends: Classics of Style and Design*, London, New York, Merrell, 2006.

[72] Shelley Nickles, "'Preserving Woman': Refrigerator Design as Social Process in the 1930s", *Technology and Culture*, 2002, 43: 693-727.

[73] Paul M. Gregory, A Theory of Purposeful Obsolescence, Southern *Economic Journal*, 1947, 14: 24-45.

[74] Stanislav D. Dobrev, Tai-Young Kim, Glenn R. Carroll, Shifting Gears, "Shifting Niches: Organizational Inertia and Change in the Evolution of the U.S." *Automobile Industry*, 1885-1981.

[75] James J. Flink, "Three Stages of American Automobile Consciousness", *American Quarterly*, 1972, 24: 451-473.

[76] Claude S. Fischer and Glenn. R. Carroll, "Telephone and Automobile Diffusion in the United State, 1902-1937", *The American Journal of Sociology*, Vol. 93, No.5 (Mar, 1999), PP.1153-1178.

[77] Michael Lamm. "The Beginning of Modern Auto Design", *The Journal of Decorative and Propaganda Art*, 1990, 15:61-77.

[78] Timothy F. Bresnahan and Daniel M. G. Raff, *Intra-Industry Heterogeneity and the Great Depression: The American Motor Vehicles Industry, 1929-1935.*

[79] DAPA, Dianne Pilgrim, Richard Guy Wilson, "DAPA Duoview: Dianne Pilgrim and Richard Guy Wilson", *The Journal of Decorative and Propaganda Arts*, Vol. 4 (Spring, 1987), PP. 60-73.

[80] Robert Lewis, "Local Production Practices and Chicago's Automotive Industry, 1900-1930", *The Business History Review*, Vol. 77, No. 4(Winter, 2003), PP. 611-638.

[81] Frank R. Dobbin, "The Social Construction of the Great Depression: Industrial Polity During the 1930s in the United State, Britain and France", *Theory and Society*, 1993, 22, PP. 1-56.

[82] Guillaume De Syon, "The teardrop That Fell From the Sky: Paul Jaray and Automobile Aerodynamics", *ITEA Journal*, 2008,29, PP. 14-16.

[83] John Mchale, "Toward the Future", *Design Quarterly*, No. 72, Toward the Future (1968), PP. 3-31.

[84] Nigel Whiteley, "Toward a Throw-Away Culture. Consumerism, 'Style Obsolescence' and Culture Theory in the 1950s and 1960s", *Oxford Art Journal*, Vol. 10, No.2, The 60s (1987), PP. 3-27.

[85] Roland Marchand, "The Designers go to the Fair: Walter Dorwin Teague and the Professionalization of Corporate Industrial Exhibits, 1933-1940", *Design Issue*, Vol. 8, No. 1 (Autumn, 1991), PP. 4-17.

[86] David Gartman, "Reification of Consumer Products: A General History Illustrated by the Case of the American Automobile", *Sociological Theory*, Vol. 4, No. 2 (Autumn, 1986), PP. 167-185.

[87] Stanislaus von Moos and Alice Kennington, "Hans Erni and the Streamline Decade", *The Journal of Decorative and Propaganda Arts*, Vol. 19, Swiss Theme Issue (1993), PP. 121-149.

[88] Robert W. Rydell, "Selling the World of Tomorrow: New York's 1939 World' Fair", *The Journal of American History*, Vol. 77, No.3 (Dec, 1990), PP. 966-970.

[89] Michael Waldman, "A New Perspective on Planned Obsolescence", *The Quarterly Journal of Economics*, Vol. 108, No. 1 (Feb, 1993), PP. 273-283.

[90] Matthew C. Sonfield, "Custom Automotive Coachbuilding in the United State, 1900-1940", *Design Issue*, Vol. 12, No. 2 (Summer, 1996), PP. 47-60.

[91] Arthur Loomis Harmon, Paul Philippe Cret, Ely Jacques Kahn, "Contemporary American Industrial Art: 1934", *The Metropolitan Museum of Art Bulletin*, Vol. 29, No. 12, Part 1 (Dec, 1934), PP. 201+203-205.

[92] Paul F. Norton, "World's Fairs in the 1930s", *The Journal of the Society of Architectural Historians*, Vol.24, No.1(Mar, 1965), P. 27-30.

[93] Richard F. Bach, "Contemporary American Industrial Art: 1940. Fifteenth Exhibition", *The Metropolitan Museum of Art Bulletin*, Vol. 35, No. 4(Apr, 1940), P. 74-76.

[94] Victor Margolin, "A Decade of Design History in the United States 1977-1987", *Journal of Design History*, Vol.1, No.1 (1988), PP. 51-72.

[95] Susan Sellers, "Mechanical Brides: The Exhibition", *Design Issues*, Vol.10, No.2 (Summer, 1994), PP. 69-79.

[96] Peter J. Kuznick, "Losing the World of Tomorrow: The Battle Over the Presentation of Science at the 1939 New York World's Fair", *American Quarterly*, Vol. 46, No. 3 (Sep, 1994), PP. 341-373.

[97] Christina Cogdell, "The Futurama Recontextualized: Norman Bel Geddes's Eugenic 'World of Tomorrow'", *American Quarterly*, Vol. 52, No. 2 (Jun, 2000), PP. 193-245.

[98] Carma R.Gorman, "Educating the Eye: Body Mechanics and Streamlining in the United States, 1925-1950", *American Quarterly*, Vol. 52, No. 2

(2006), PP. 839-868.

[99] John Mchale, "Toward the Future", *Design Quarterly*, No. 72, Toward the Future (1968), PP. 3-31.

[100] Neil Harris, "Review: Artists of Capitalism", *Reviews of American History*, Vol. 9, No.1 (Mar, 1981), PP. 106-111.

[101] Penelope Hunter-Stiebel, "The Decorative Arts of the Twentieth Century", *The Metropolitan Museum of Art Bulletin, New Series*, Vol. 37, No.3, The Decorative Arts of the Twentieth Century (Winter, 1979-1980), PP. 2-52.

[102] "Streamlining Saves Power of 1933 Automobiles", *The Science News-Letter*, Vol. 24, No.657(Nov. 11, 1933), P. 308.

[103] "Streamlining Steam Locomotive Used American Airplane Principles", *The Science News- Letter*, Vol. 29 No. 781(Mar. 28, 1936), P. 205.

[104] Sidney Lawrence, "Declaration of Function: Documents from the Museum of Modern Art's Design Crusade, 1933-1950", *Design Issues*, Vol.2, No.1(Spring, 1985), PP. 65-77.

[105] Rudy Koshar, "Cars and Nations", *Theory, Culture & Society* 2004 (SAGE, London, Thousand Oaks and New Delhi), Vol. 21(4/5): 121-144.

[106] David Gebhard, "Kem Weber : Moderne Design in California, 1920-1940", *The Journal of Decorative and Propaganda Arts*, Vol.2 (Summer-Autumn,1986), PP.20-31.

[107] Robert A.M.Stern, "Relevance of the Decade", *The Journal of the Society of Architectural Historians*, Vol. 24, No.1(Mar,1965), PP. 6-10.

[108] Richard N. Langlois and Paul L.Robertson, "Explaining Vertical Integration: Lessons from the American Automobile Industry", *The Journal of Economic History*, Vol.49, No.2, The Tasks of Economic History (Jun, 1989), PP.361-375.

[109] Jeffery L. Meikle. "'The Machine Age in the America 1918-1941', an Exhibition at the Brooklyn Museum", *Technology and Culture*, Vol. 28, No.3 (Jul, 1987), PP.666-669.

[110] "French Streamlined Car Will Run 53 Mils to the Gallon", *Science News-Letter*, Vol. 35 No. 78122 (Jun. 3, 1939), PP. 339-340.

[111] Grace Lees-Maffei, "Introduction: Professionalization as a Focus in Interior Design History", *Journal of Design History*, Vol. 21, No.1(2008) PP. 1-18.

[112] Craig M. Vogel. "Notes on the Evolution of Design Thinking: A Work in

Progress", *Design Management Review*, Vol. 20, No.2, (Spring, 2009), PP. 17-27.

[113] Kristina Wilson, "The American Century: Art and Culture, 1900-2000", *Winterthur Portfolio*, Vol. 35, No. 2/3, (Summer- Autumn, 2000), PP. 175-187.

[114] Barry M. Katz. "Technology and Design-A New agenda", *Technology and Culture*, Vol.38, No.2, (Apr, 1997), PP. 452- 466.

[115] Nicholas J. Cull, "Overture to an Alliance: British Propaganda at the New York World's Fair, 1939-1940", *The Journal of British Studies*, Vol. 36, No.3 (Jul, 1997), PP. 325-354.

[116] Gary Kulik, "'Raymond loewy: Design for a Consumer Culture': At the Hagley Museum Library", *Technology and Culture*, Vol.44, No.3 (Jul, 2003), PP. 566- 573.

[117] Susan Strasser, "The Alien Past: Consumer Culture in the Historical Perspective", *Journal of Consumer Policy*, Vol.26 (2003), PP. 375- 393.

[118] Neil Harris. "Artists of Capitalism." *Reviews in American history*, Vol. 9, No. 1 (Mar, 1981), PP. 106-111.

[119] Victor Papanek. "The Future Isn't What It Used to Be." *Design Issues*, Vol. 5, No.1 (Autumn, 1988), PP. 4-17.

[120] Nigel Whiteley. "Toward a Throw-Awar Culture. Consumerism, 'Style Obsolescence' and Cultural Theory in the 1950s and 1960s", *Oxford Art Journal*, Vol. 10, No.2, The 60s (1987), PP. 3-27.

[121] Gary Kulik. "'Raymond Loewy: Design for a Consumer Culture': At the Hagley Museum and Library." *Technology and Culture*, Vol. 44, No. 3 (Jul, 2003), PP. 566-573.

[122] Judith A. Barter, "Designing for Democracy: Modernism and Its Utopias", *Art Institute of Chicago Museum Studies*, Vol. 27, No. 2, Shaping the Modern: American Decorative Arts at The Art Institute of Chicago, 1917-65(2001), PP. 6-17+105.

[123] James Newcomb, "Depression Auto Styling", *Winterthur Portfolio*, Vol. 35, No. 1 (Spring, 2000), PP.81-100.

[124] Christina Cogdell. "Products or bodies? Streamline design and Eugenics as Applied Biology", *Design Issues*, Vol.19, No.1 (Winter, 2003), PP. 36-53.

[125] Jane Webb Smith. "Streamlining With Friction: An Exhibition Review", *Winterthur Portfolio*, Vol. 25, No. 1 (Spring, 1990), PP. 55-66.

[126] Garth Wilson. "Designing Meaning: Streamlining, National Identity and the Case of Locomotive CN6400", *Journal of Design History*, Vol. 21, No.3, PP.237-257.

[127] Charles K. Hyde. "'Streamlining America', an Exhibit at the Henry Ford Museum, Dearbron, Michigan." *Technology and Culture*, Vol. 29, No.1 (Jan, 1988), PP. 125-129.

[128] Carol Newman, Jr. "Setting the World to Streamlines", *The Science News-Letter*, Vol. 20, No. 549 (Oct. 17, 1931), PP. 246-247+253.

[129] Donald J. Bush. "Streamlining and American Industrial Design." *Leonardo*, Vol. 7, No.4 (Autumn, 1974), PP. 309-317.

致谢

在此书出版之际，借此机会表达我对教师及亲朋好友们的尊敬与谢意。首先，要衷心感谢恩师张夫也教授对我博士四年的指导、帮助和理解！正是张老师给了我回到清华大学从事设计历史与理论研究的机会，他的宽容、豁达和乐观精神对我影响很大，能在张老师门下学习无疑是我人生的一个重要阶段！

其次，感谢清华大学美术学院艺术史论系陈池瑜教授、中央美术学院设计学院周至禹教授、清华大学建筑学院高冬教授、中国矿业大学力学与建筑工程学院冯忱教授、北方工业大学艺术学院宋长青教授，以及中国建筑工业出版社马彦老师等几年来的关心和鼓励。有必要提及的是，正是马彦老师当年的鼎力相助，才使得译著《乌尔姆设计——造物之道》顺利出版，那是一段虽艰辛但较为愉快的合作经历！

此外，还要感谢在读博四年中，对我有过热心帮助的几位同门博士和朋友。他们是：清华大学美术学院的同门师兄周志博士、中央美术学院的朱亮博士、北京工业大学设计学院的杨杰老师、浙江工商大学的闻松博士、河北师范大学新闻传播学院的李赢老师，以及在北京的好朋友孔墉老师和盛丽等人；同时，感谢清华大学美术学院艺术史论系张夫也教授工作室其他同窗们给予的热情相助和支持！在交付出版前，本书幸得“福州大学哲学社会科学学术著作出版基金”的鼎力相助，向福州大学校方深表谢意！

特别重要的，是要在此表达我对父亲谢再生（几个月前老人离我们而去）以及我的母亲王守芳的深深敬意！二老为人忠厚朴实，工作兢兢业业，他们为新疆的建设贡献了自己的青春和热情！二老不仅相扶着把我们兄妹四人带大，对我有养育之恩，并且在平凡的生活与工作中为我树立了好的榜样！谢谢家中兄妹在我读博士几年中不断地给我以鼓励！尤其是读博士那几年我不能在年迈的父母在身边照顾他们，心中一直感到愧疚！感谢兄妹们的付出！

最后，只想说一句：受人恩惠，始终铭记于心！

王敏

2014年12月修改于厦门